高等学校教材

铁路调度计划与统计

贾晓秋　吕希奎　主　编
任向达　副主编
宋建业　主　审

中国铁道出版社

2017年·北京

内容简介

本书包括铁路运输计划、铁路运输调度工作、铁路运输统计分析三篇内容。第一篇主要内容包括铁路货运计划、车流径路的确定、铁路运输技术计划、货车运用数量指标计划、货车运用质量指标计划、运用车保有量计划和机车运用计划、运输方案等;第二篇主要内容包括概述、车流预测及调整、货运日计划及铁路局轮廓计划、铁路调度日(班)计划、列车运行调整、旅客运输工作日常计划、高速铁路运营调度等;第三篇主要内容包括分界站货车出入计划、现在车统计、货车停留时间统计、货车运用效率统计、铁路运输工作分析等。

本书可作为交通运输专业本科及研究生教材,也可供从事铁路运输相关工作的人员学习参考。

图书在版编目(CIP)数据

铁路调度计划与统计/贾晓秋,吕希奎主编.—北京:中国铁道出版社,2017.7

高等学校教材

ISBN 978-7-113-23257-3

Ⅰ.①铁… Ⅱ.①贾… ②吕… Ⅲ.①铁路运输—运输调度—高等学校—教材 ②铁路运输—运输统计—高等学校—教材 Ⅳ.①U292.4 ②F530.34

中国版本图书馆CIP数据核字(2017)第137892号

书　　名:**铁路调度计划与统计**
作　　者:贾晓秋　吕希奎　主编

责任编辑:悦　彩　　**编辑部电话**:010-51873206　　**电子信箱**:sxyuecai@163.com
封面设计:郑春鹏
责任校对:苗　丹
责任印制:郭向伟

出版发行:中国铁道出版社(100054,北京市西城区右安门西街8号)
网　　址:http://www.51eds.com
印　　刷:北京尚品荣华印刷有限公司
版　　次:2017年7月第1版　2017年7月第1次印刷
开　　本:787 mm×1 092 mm　1/16　印张:13.5　字数:341千
印　　数:1～2 000册
书　　号:ISBN 978-7-113-23257-3
定　　价:32.00元

前言

铁路运输生产计划是极为重要的铁路日常调度指挥工作的基础，其内容不仅包括路局重车车流表、空车调整计划、区段行车计划、运用车保有量计划、机车工作量指标以及运输方案等技术计划，还包括铁路日常的车流调整、轮廓计划、日计划和列车运行调整计划。因而，铁路运输生产计划编制的质量，直接决定着铁路企业的日常运营效率。

本书是在多年教学经验的基础上，结合铁路现场运营的实际情况，着重对铁路运输计划中的技术计划编制、调度计划编制和车流统计等内容进行编写。为了便于读者理解，在编写过程中，书中增加了一些说明，例如，在第一篇第二章对车流径路的讨论中，增加了相应虚线作为指示标记，给出车种别重车车流表，便于计算并制定后续铁路运输计划；给出货车运用指标计算的详细过程及说明等。

全书由石家庄铁道大学交通运输学院贾晓秋、吕希奎任主编，任向达任副主编，兰州交通大学宋建业任主审。其中，贾晓秋负责全书统稿和编撰，吕希奎负责有关计算和验证工作，任向达负责全书资料收集整理。

本书得到了兰州交通大学宋建业教授的细心审核和斧正，在此表示衷心感谢！在本书撰写过程中，交通运输部干部培训学院的穆尚伦老师、西南交通大学交通运输与物流学院的陶思宇老师、文超老师对本书提出了宝贵的意见和建议，感激他们的辛苦付出！同时，本书的编撰也参考了该领域的其他权威书籍的思想和观点，在此，向相关的专家和学者表示深深的敬意！

本书的出版分别得到了河北省高等学校科学技术研究项目(Z2017109)、国家自然科学基金(51278316)、河北省高等教育教学改革研究与实践项目(2015GJJG094)、石家庄铁道大学交通运输卓越计划(Z6611612)大力资助，在此表示诚挚的感谢！

由于时间仓促和水平有限，错误和不妥之处在所难免，我们热诚地期待读者的批评和指正。

贾晓秋

2017 年 3 月于石家庄铁道大学

目 录

第一篇 铁路运输计划

第一章 铁路货运计划 …… 2

第一节 概 述 …… 2
第二节 月度货运计划的货源组织、编制内容及方法 …… 8
复习题 …… 10

第二章 车流径路的确定 …… 11

第一节 概 述 …… 11
第二节 全国铁路环状车流径路图的基本概念 …… 13
第三节 绘制车流径路线 …… 14
第四节 查找车流径路的方法 …… 18
复习题 …… 22

第三章 铁路运输技术计划 …… 23

第一节 概 述 …… 23
第二节 技术计划的编制过程 …… 24
复习题 …… 25

第四章 货车运用数量指标计划 …… 26

第一节 使用车计划、接运重车去向计划和重车车流表 …… 26
第二节 卸空车计划 …… 33
第三节 空车调整计划 …… 33
第四节 各区段行车计划、分界站货车交接计划 …… 39
第五节 货车工作量计划 …… 46
复习题 …… 51

第五章 货车运用质量指标计划 …… 52

第一节 货车周转时间 …… 52
第二节 管内工作车、移交车和空车周转时间 …… 54
第三节 货车周转时间各项因素的确定 …… 56
第四节 各种货车周转距离的计算 …… 58
第五节 货车平均中转距离与各种管率的计算 …… 71

第六节 货车周转时间的计算 …… 75
第七节 货车日车公里 …… 78
复习题 …… 78

第六章 运用车保有量计划和机车运用计划 …… 79

第一节 运用车保有量计划 …… 79
第二节 机车运用计划 …… 82
复习题 …… 86

第七章 运输方案 …… 87

第一节 概　述 …… 87
第二节 跨局运输方案和路局运输方案 …… 89
复习题 …… 92

第二篇 铁路运输调度工作

第一章 概　述 …… 94

第一节 铁路运输调度的机构设置 …… 94
第二节 铁路运输调度的任务 …… 95
复习题 …… 98

第二章 车流预测及调整 …… 99

第一节 车流预测 …… 99
第二节 车流调整 …… 101
复习题 …… 105

第三章 货运日计划及铁路局轮廓计划 …… 106

第一节 货运日常计划的构成 …… 106
第二节 货运日常组织工作 …… 107
第三节 铁路局轮廓计划 …… 111
复习题 …… 123

第四章 铁路调度日(班)计划 …… 124

第一节 概　述 …… 124
第二节 货运工作计划 …… 125
第三节 列车工作计划 …… 131
第四节 机车车辆工作计划 …… 136
第五节 日计划的审批和下达 …… 136
复习题 …… 138

第五章　列车运行调整…… 139

第一节　列车调度员工作…… 139
第二节　实绩和计划列车运行线…… 140
第三节　列车始发组织工作…… 142
第四节　列车运行调整计划…… 143
复习题…… 148

第六章　旅客运输工作日常计划…… 149

第一节　客运调度工作…… 149
第二节　旅客输送日计划及站车客流信息传报…… 151
复习题…… 153

第七章　高速铁路运营调度…… 154

第一节　调度指挥模式…… 154
第二节　高速铁路运营调度系统概述…… 159
复习题…… 165

第三篇　铁路运输统计分析

第一章　分界站货车出入统计…… 167

第一节　货车统计的基本规定…… 167
第二节　分界站货车出入报表…… 171
复习题…… 175

第二章　现在车统计…… 176

第一节　现在车报表…… 176
第二节　现在车统计相关报表…… 187
复习题…… 190

第三章　货车停留时间统计…… 191

第一节　货车停留时间分类与计算…… 191
第二节　货车停留时间统计方法及报表…… 193
复习题…… 197

第四章　货车运用效率统计…… 198

第一节　货车运用效率指标…… 198
第二节　货车运用效率报表…… 199
复习题…… 201

第五章 铁路运输工作分析 …… 202

第一节 车站工作分析 …… 202
第二节 路局运输工作分析 …… 203
复习题 …… 207

参考文献 …… 208

第一篇 铁路运输计划

为了保证顺利完成铁路运输任务，铁路部门制定了一系列的运输计划，包括铁路货运计划、车流计划、技术计划、货车运用指标计划、运用车保有量计划和机车运用计划、运输方案。这些计划的制定和实施，能够使铁路企业在现有通过能力的情况下，按照合理的车流径路将货物送达到目的车站，并且在现有机车车辆的数量条件下，尽量提高机车和车辆运用的各类指标。本篇着重阐述这些计划编制的基本内容和方法。

第一章　铁路货运计划

第一节　概　　述

一、铁路运输生产计划管理系统

为了明确调度工作在铁路运输计划系统中的地位和作用，下面详细讨论铁路货运计划中的各个子计划的内容和作用。铁路货运生产计划管理系统如图 1-1-1 所示。

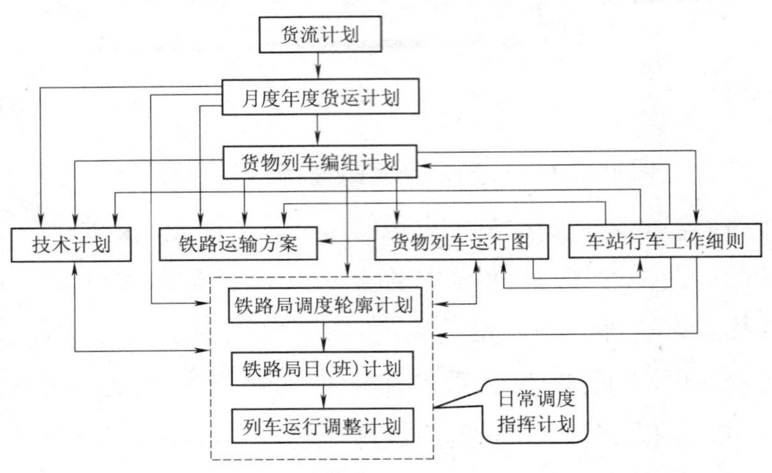

图 1-1-1　铁路运输生产计划管理系统图

1. 货流计划

在当前市场经济条件下，随着社会经济对小批量、附加值高、轻质类货运需求的快速增长，运输市场呈现多元化发展态势。尽管运输产品开发和运输资源的配置已经转向以运输市场为主体，然而，计划仍然是组织现代化运输大生产的重要手段。货运计划在综合平衡运量需求和运能供给、组织日常运输生产方面仍然发挥着整合、协调和优化的重要作用。运输计划通常分为长远、年度和月度运输计划。

货运是生产企业的原材料供应、产成品销售或社会商品流通和地区物资交流等所产生的改变货物位移的需求，是来自运输企业之外的一种派生性的需求。在一定时期内，能够产生一定品类和数量的货运需求的源点，称为货源。一定时间内沿一定方向的货物的流动，称为货流。货物装车以后，就可转化为车流。有了货流计划，就可以确定货流及车流的数量和方向，这是进行铁路货运组织工作的前提和基础。

2. 货物列车编组计划

在全国路网上，每天都会产生社会经济部门或个人向铁路部门提交的货运需求，这需要一套宏观的统筹规划方案来合理安排各类货流形成具体车流的办法、车流形成列车的方法、车流在路网上的运行径路以及协调铁路网中各线路、车站运送能力等方面的内容。这样一整套方法才能保证货物能从始发站安全、高效地运送到终到车站，同时又能合理分配路网中的运输能力和技术站中列车的解编任务。全路网的货物列车编组计划是完成这种任务的一套科学方法。货物列车编组计划编制的好与坏，直接影响着一个社会的物流效率和成本高低。

3. 列车运行图

经过货物列车编制计划的规划步骤，货流就形成了在路网上运行的各支列车流。此时的各支列车流具有三个基本特征：始发站、终到站、运行径路。这仅是一个宏观的粗糙规划。此时，各支车流与实际铁路各类能力大体上是适应的，但还需要对货物列车编组计划作进一步的安排，以更加切实可行的列车在时间上的运行计划方案，进一步适应铁路实际运输能力的要求。我国铁路网上各种运行等级的列车均有，在高速铁路网上，高中速旅客列车混合运行；在既有线上，一部分旅客列车与货物列车混合运行，同时快运货物列车、普速货物列车等也混合运行。由于各类列车的运行速度和运行等级不同，为确保行车安全，需要列车之间相互配合，合理利用铁路通过能力。铁路列车运行图严格规定了各次列车在各个车站和区间的到发时刻、到发次序、作业程序等内容，是铁路向社会公布的列车时刻表的图谱形式。铁路列车运行图实际上又是对货物列车编组计划的一次修正和具体实现。

列车运行图是铁路部门组织日常运输生产活动的重要文件，是协调车务、机务、车辆、工务、电务等铁路部门组织工作的指导文件。组织按图行车是我国铁路的出发点和落脚点。因而，列车运行图编制的质量也直接影响着铁路部门的运营效率和其对社会的服务水平。

4. 技术计划

为了完成月度货运计划，即保证按图行车的需要，应为每支货流配置一定的机车车辆。铁路运输生产技术计划（以下简称技术计划）具体刻画了如何配置各类货车车辆和机车给各支货流。技术计划既包含需要多少机车车辆的运用数量方面的指标，也包含机车车辆运用的质量指标。

5. 运输方案

为了有条不紊地完成月度货运计划、列车编组计划、列车运行图、技术计划、站段指标计划等技术文件所确定的运输任务，铁路部门需要对每一个月、一旬的货运工作、列车工作和机车工作等进行综合部署。因而，需要制订一段时期的综合性的铁路运输方案，以便使有关部门密切配合，共同完成运输任务。

6. 铁路局调度轮廓计划、日（班）计划以及列车运行调整计划

铁路局调度轮廓计划、日（班）计划以及列车运行调整计划这三类计划均是日常运输生产计划。如果说前面的计划是任务型的计划，那么这三类计划就是在前面的运输计划基础上，具体规定的每日执行的运输工作。由铁路调度组织机构每日具体执行。

铁路局调度轮廓计划为编制铁路局日（班）计划中的货运工作计划、列车工作计划、机车工作计划提供具体的框架和数据依据。每日铁路调度指挥中心要向各铁路局、铁路局要向管内站段下达次日轮廓计划，其内容包含地区别卸车数、装车数，分界口列车、车辆交接任务等。

由于铁路实际运输生产受到很多因素影响，铁路调度指挥部门需要根据每天的任务，做出具体安排。而铁路局日（班）计划中的货运工作计划、列车工作计划、机车工作计划就是具体安排铁路局每天如何组织货流、如何组织列车运行、如何组织机车车辆供给，使得各部门协调配合完成运输任务。

另外，由于存在各种随机因素干扰，往往不能完全按照列车运行图规定的时刻组织运输生产，因而，需要对正在运行(某一个 3～4 h 阶段)的列车做出必要的调整，以保证日(班)计划的内容，这就是 3～4 h 列车调整计划。

需要强调的是，这些计划均是在每天完成的，其中列车调整计划每个 3～4 h 又有所不同。

7.《车站行车工作细则》

《车站行车工作细则》简称《站细》，是车站按照每日基本运输任务，结合本站行车设备条件制定的。因而，每个车站的《站细》都不相同。《站细》主要规定车站技术设备的合理使用与管理，接发列车和调车工作组织，作业计划的编制和执行制度，车站技术作业过程，车站通过能力和改编能力等，用以指导车站日常工作。

由上述系统可知，铁路运输生产与调度指挥涉及的内容位于铁路货运生产计划管理系统的下部，属于铁路调度指挥部门的作业计划和执行内容。因而，包括铁路月度货运计划、技术计划、运输方案、铁路局调度轮廓计划、日(班)计划、列车运行调整计划等内容。

铁路货运计划是运输生产计划管理系统中的源头，以下介绍铁路货运计划的一些概况。

二、铁路货运计划概况

铁路货运计划按其编制期限分为长远计划、年度计划和月度计划。长远计划的运量规划通常为五年或十年，根据国民经济发展的远景制定，代表一段时期内全路的运量规模和货物周转量等基本经济指标预期达到的目标，并且是铁路网发展规划和技术装备发展的重要依据。年度计划直接反映计划年度国民经济计划中铁路应完成的运输任务，包括当年的货物发送量、货物流向、货物平均运程、货物周转量和货运密度等经济指标，作为列车编组计划、列车运行图和分配各铁路局货运任务的依据。月度计划是保证年度计划按月完成的具体计划，是铁路组织运输生产的基础。

我国铁路实行长期计划指导下按月组织运输生产的制度，即：首先制定铁路发展的长期规划和年度运输计划，从宏观上保证铁路运输能力与运量相适应；在这一基础上，每月制定月度货运计划，依据月度货运计划制定技术计划，确定各局区段行车量和机车车辆保有量，最后编制运输方案，制定保证实现月度运输计划的技术组织措施。

三、铁路货运计划的基本任务

铁路货运计划的基本任务是：根据党和国家的经济政策、运输政策和市场需求，在国家宏观调控和计划运输的原则指导下，密切产、供、运、销的关系，充分发挥铁路运输设备效能，正确安排各种货运量，完成铁路年度运输任务，最大限度地满足国民经济发展和市场需求。

铁路货运计划的具体任务是：

1. 落实货源，正确分配各部门各单位的货运量，充分满足国民经济各部门对运输的需求。

2. 在充分合理利用运输能力的基础上，正确分配各铁路局的货运量。

3. 最大限度地组织均衡运输、直达运输和成组装车，提高货物送达速度和运输效率。

4. 正确分配各种运输工具之间的货运量，组织水陆联运，协调铁路与短途运输工具之间的关系，综合利用国家各种运输工具。

四、铁路货运计划中对货物品类的划分

货运计划品类以车数和吨数为计算单位。计划车数的计算方法按照中国铁路总公司(以下简称铁路总公司)公布的货车静载重标准或装车站实际完成的静载重标准折算。

具体品类主要按货物的自然属性及以下因素确定:

1. 根据国民经济发展的需要。

2. 考虑运量大小,运量很小的物资不必列为一个品类。

3. 与年度货运计划的品类相一致,以便于统计分析。

4. 考虑特种车辆的需要,如易腐货物需要冷藏车,单列一个品类,便于车辆安排和日常运输的掌握。

我国现行铁路月度货运计划品类划分为煤,石油,焦炭,金属矿石,钢铁及有色金属,非金属矿石,磷矿石,矿物性建筑材料,水泥,木材,粮食,棉花,化肥及农药,盐,化工品,金属制品,工业机械,电子电气机械,农业机具,鲜活货物,农副产品,饮食品及烟草制品,纺织品、皮革、毛皮及制品,纸及文教用品,医药品,其他货物 26 个品类。每一品类包含哪些具体货物,可以查阅“铁路货物运输品名分类与代码表”。

五、铁路货运计划的基本内容

铁路运输生产货运计划的主要内容有:

1. 全路分品类的发、到铁路局货运量计划。

2. 国际联运发、到铁路局货运量计划。

3. 主要港口水陆联运计划。

4. 外贸到港计划。

5. 通过限制区段货运量计划。

6. 铁路总公司、铁路局下达的各类重点物资、重点厂矿、企业装车计划。

7. 零担、集装箱运输计划和直达列车、整列短途列车及成组装车计划。

8. 品类别货车静载重指标计划等。

六、铁路货运计划的编制

1. 编制原则

为了提高运输计划质量,在编制货运计划前,首先进行货源调查,以基础车站、铁路局为单位来分片包干各个货源地,定期调查物资的产、供、销的变动情况,积极组织计划运输、合理运输、直达运输和均衡运输。具体地说,其编制原则为:

(1)以物资生产计划及供求关系为基础,合理规划产、供方向。

(2)考虑各种运输方式之间的分工,组织合理运输,消除过远、对流、重复和其他不合理运输。

(3)积极组织直达运输,加速物资运送。

(4)在现有铁路运输能力的基础上,合理安排各种货物运量:即坚持铁路总公司、铁路局分工负责审批计划,对能力紧张的铁路区段或车站,严格控制其重空车流的总限额。

(5)充分利用空车方向的运力,减少空车走行,提高运网生产效率,适应市场需求。

(6)优先保证重点物资运输。

2. 编制步骤

开展铁路货运计划的编制工作具体包括以下步骤：

(1)运输需求计划

托运人可根据自己的运输需求，随时向铁路营业网点申请运送自己的物品。大宗稳定货源可根据生产情况提出均衡的运量输送建议。运输需求计划表的一般格式见表1-1-1。

表1-1-1 铁路运输需求计划表

年 月份运输需求计划表　　发货单位章　　名　　称________

年 月 日提出　　（批准计划号码）　　电话号码________　　地　址____________

顺号	到达			发货单位		货物		吨数	车种代码	车数	由铁路部门填写				发站	电报码	
	局	车站	电报码	名称	电话号码	名称	代码				计费重量运价号	核减号	特征号	装车数一批		品类	代号
1																	
2																	
3																	
4																	
5																	
6																	

(2)运输需求申请的受理

铁路各营业网点随时受理托运人提出的运输需求申请，货运计划人员及时核实运输需求申请的填报内容及货源情况，并将其传输到铁路局数据库。

(3)各局货运任务和运输生产技术指标的下达

铁路总公司根据运输能力、同期实际和运输任务完成情况及各项客观因素，定时下达各局下一计划周期的货运任务和运输生产技术指标。

(4)运输生产货运计划指标的生成

①铁路局根据上级下达的任务和指标，应用铁路计算机网络，结合运输能力、装车实际及相关因素等核定货源。

②对国家指定的重点物资、合同运输、大宗稳定货源等，定时集中核定；对零散货源，由网点随时受理上报。

③由铁路局核定的运量生成可装车货源数据库，通过网络上报和下达到各网点并通知托运人。

④根据货源货流、车种、去向和分界口能力，收集处理有关信息，生成完整的货运计划各项指标。

(5)签订运输合同

各营业网点所在的车站根据上级批准同意的运输需求申请内容，根据车站作业能力，考虑各项客观因素后，与货主签订运输服务合同。

根据货运计划即可确定铁路运输量(简称运量)计划，其中主要含货物发送吨数、装车数、货物到达吨数、卸车数、货物周转量及货物平均运程等。

①货物发送吨数，指一个车站、铁路局或全路在一定时期内所发送的全部货物吨数 $\sum P_{发}$，即

$$\sum P_{发} = P_{发,1} + P_{发,2} + \cdots + P_{发,n} \quad (\text{t}) \tag{1-1-1}$$

或

$$\sum P_{发} = P'_{发,1} + P'_{发,2} + \cdots + P'_{发,m} \quad (\text{t}) \tag{1-1-2}$$

式中　$P_{发,1}$、$P_{发,2}$、…、$P_{发,n}$——分别为站别货物发送吨数；

$P'_{发,1}$、$P'_{发,2}$、…、$P'_{发,m}$——分别为品类别货物发送吨数。

②装车数，指一个车站、铁路局或全路在一定时期内承运货物装车完了的车数，通常指一天的装车数 $U_{装}$，即

$$U_{装} = U_{装,1} + U_{装,2} + \cdots + U_{装,n} \quad (车) \tag{1-1-3}$$

或

$$U_{装} = U'_{装,1} + U'_{装,2} + \cdots + U'_{装,m} \quad (车) \tag{1-1-4}$$

式中　$U_{装,1}$、$U_{装,2}$、…、$U_{装,n}$——分别为站别货物装车数；

$U'_{装,1}$、$U'_{装,2}$、…、$U'_{装,m}$——分别为品类别货物装车数。

③货物到达吨数，指在一定时期内到达一个车站、铁路局或全路的货物吨数 $\sum P_{到}$，即

$$\sum P_{到} = P_{到,1} + P_{到,2} + \cdots + P_{到,n} \quad (\text{t}) \tag{1-1-5}$$

或

$$\sum P_{到} = P'_{到,1} + P'_{到,2} + \cdots + P'_{到,m} \quad (\text{t}) \tag{1-1-6}$$

式中　$P_{到,1}$、$P_{到,2}$、…、$P_{到,n}$——分别为站别货物到达吨数；

$P'_{到,1}$、$P'_{到,2}$、…、$P'_{到,m}$——分别为品类别货物到达吨数。

④卸车数，指一个车站、铁路局或全路在一定时期内填制货票的货车卸车作业完了的车数，通常指一天的卸车数 $U_{卸}$，即

$$U_{卸} = U_{卸,1} + U_{卸,2} + \cdots + U_{卸,n} \quad (车) \tag{1-1-7}$$

或

$$U_{卸} = U'_{卸,1} + U'_{卸,2} + \cdots + U'_{卸,m} \quad (车) \tag{1-1-8}$$

式中　$U_{卸,1}$、$U_{卸,2}$、…、$U_{卸,n}$——分别为站别货物卸车数；

$U'_{卸,1}$、$U'_{卸,2}$、…、$U'_{卸,m}$——分别为品类别货物卸车数。

⑤货物周转量，指在一定时期内，一个铁路局或全路在货运工作中所完成的货物吨公里数 $\sum PL$，即

$$\sum PL = P_1 L_1 + P_2 L_2 + \cdots + P_n L_n \quad (\text{t} \cdot \text{km}) \tag{1-1-9}$$

式中　P_1、P_2、…、P_n——分别为品类别货物运送吨数，t；

L_1、L_2、…、L_n——分别为品类别货物平均运输距离，km。

⑥货物平均运程，指每吨货物平均运输距离 L，即

$$L = \frac{\sum PL}{\sum P_{发}} \quad (\text{km}) \tag{1-1-10}$$

式中　$\sum P_{发}$——货物发送吨数，t。

第二节　月度货运计划的货源组织、编制内容及方法

在了解铁路货运计划的一般情况以后，本节着重阐述铁路月度货运计划的货源组织、编制内容和方法。

一、货源组织

在市场经济条件下，货源和货流的变化，是经济环境和交通条件变化引起的商品生产和供求关系变化的反映。通过货源调查，了解物资的生产、供应、销售情况，掌握货源货流变化情况及其规律性，为制定月度货运计划提供可靠的依据，从而经济合理地组织货物运输。

车站货源小组由车站主管货运副站长或货运主任为组长，以货运计划人员为主要成员。任务是：

1. 宣传和贯彻国家运输方针、政策和法令。
2. 每月深入厂矿、农村了解物资生产、销售、储运、装卸和短途搬运能力等情况，摸清货源及流向流量，组织计划运输。
3. 按时向上级汇报货源情况、提出运量建议。
4. 核实和推算货源，安排旬、日历装车，组织均衡完成运输任务。
5. 进行到货调查，配合到货单位做好接卸车准备工作。
6. 定期进行经济调查，了解吸引地区产、运、销变化情况和经济发展趋势。
7. 建立经济台账，积累资料，总结分析，掌握运输规律，改进工作，提高计划质量。
8. 密切与物资单位部门的联系，经常交流情况，协助企业改进运输管理。

车站和铁路局货源小组成员，应在运输需求计划提出之前深入发货单位，摸清货源、货流的品类数量等信息。在物资部门提出运输需求计划后，要核实货源，防止差错和遗漏。

二、月度货运计划的编制依据和内容

1. 月度货运计划的编制依据

(1)托运部门提出的运输需求计划申请。运输需求计划包括水换陆的换装计划、国防物资运输计划、国际铁路联运进口的交换资料、经运营铁路转提的运输需求计划以及发站提出的整车、集装箱、零担货物装车计划。

以上汇总的运输需求计划客观反映了物资部的运输要求，称为“原始运量”。收到请求计划的各级铁路货运部门在原提运量的基础上进行核实，剔除不落实部分，使其成为可运的有效货源，即“核实运量”。在核实运量的基础上结合运能情况，向上级提出计划运量的安排建议，即“建议运量”，供领导核定计划时参考。

(2)运输能力的资料，主要是总装车能力、各干线编组站的通过能力和改编能力、到站卸车能力、机车车辆能力(尤其特种车辆能力)等。

(3)国家运输政策和上级铁路运输部门对计划月的重点要求和指示。

2. 月度货运计划的内容

月度运输计划的基本内容就是核定的运输需求计划表的各项内容。全国铁路月度运输计划主要包括以下内容：

(1)各局货物品类装车计划。

(2)发、到铁路局货物品类运输计划。

(3)各局货物品类卸车计划。

(4)通过限制区段货物品类装车计划。

(5)各局货物品类静载重计划。

(6)分省、分主要矿煤炭装车计划。

(7)港口货物品类装卸车计划。

(8)国际铁路联运进出口计划。

(9)主要油田、炼油厂的原油和成品油运量计划。

(10)到达主要钢厂、焦化厂洗煤运量计划。

(11)重点矿山、铁矿石装车计划。

(12)其他重点物资装车计划。

(13)直达列车和成组装车计划。

除上述以外,还包括冷藏车运用计划、毒品车运用计划、铁路内部用料卸车计划、国防物资运输计划等。铁路月度运输计划一经确定,即作为国家运输任务布置下达,并成为检查考核工作的依据。

三、月度货运计划的编制方法及变更

1. 编制方法

我国铁路运输计划的编制,采取“两下两上,上下结合,逐级平衡,分级核定”的方法。

所谓“两下”指铁路总公司第一次往下布置关于编制计划的要求与重点指示和第二次下达铁路局的总装车任务、煤炭装车、限制区段装车、国际联运、国防物资以及水陆联运、内外贸到港等计划运量。

“两上”就是铁路局中旬上报铁路总公司“原始、核实、建议”运量等各种资料和下旬上报铁路总公司全部计划安排资料。

“逐级平衡,分级核定”就是铁路局组织主要站、车务段和管内主要物资的计划平衡,铁路总公司组织全国铁路货运计划平衡;各自根据权利范围,分别核定车站、铁路局的月度货运计划任务。铁路编制月度运输计划是在有关物资部门共同参与下进行的,上下结合、分工负责编制计划,体现了集中统一领导、群众路线和分级负责管理的精神。

2. 月度货运计划的综合平衡

综合平衡是编制月度货运计划的中心环节。组织月度计划综合平衡应遵守以下原则:

(1)执行国家方针政策。

(2)保证重点,兼顾一般。

(3)坚持合理运输原则。

3. 计划外运输和计划变更

(1)计划外运输

承认计划外运输可以满足各单位临时发生的紧急运输需要,弥补月计划货源的落空,又是超额完成月度货运计划不可缺少的手段。但大量的计划外运输往往打乱正常运输秩序,给运输全局带来不利影响。计划外运输主要是由以下原因造成的:

①外贸进、出口船舶临时靠港，国际铁路联运入超。

②发货部门漏提运输需求计划。

③物资产、供、销发生变化。

④运输与生产销售计划脱节。

⑤水陆联运货物跨月换装。

⑥静载重计划未完成。

⑦临时紧急运输，如国防需要、抢险、救灾、防洪、防涝、抗旱、抢收抢种等临时运输需求。

由于人们对客观规律认识的限制、自然灾害等原因，产生计划外运输是难以避免的，但不少计划外运输是可以经过组织工作避免或减少的。

处理计划外运输需求一要原则性与灵活性相结合，二要运输要求与运输能力相结合，做到既满足运输急需，又减轻对日常运输工作的冲击，降低计划外运输比重。

计划外运输是月度货运计划的一个重要组成部分。计划外运输实行铁路总公司、铁路局分工管理：铁路总公司负责处理国际联运、出口货物跨铁路局的到港货物，统配矿煤炭及通过铁路总公司掌管的限制区段货物的计划外的运输需求。铁路局负责处理局管内和铁总上述范围以外的跨局的计划外运输、通过铁路总公司授权铁路局管理的限制区段货物及局管内港口货物的计划外运输。

(2)计划变更

变更计划，是指月度计划确定后，计划执行前，发货人要求变更核定计划中某一项目。由于变更计划可能影响正常运输，所以对变更计划规定了一定的范围：

①变更到站，限新到站与原到站顺路，并不超过原到达铁路局，不违反合理运输流向和不增加限制区段运量。

②变更发站，只限专用铁道中有几个车站的企业。

③变更品名，一般只限原发货单位经营的同一品类的货物。

④变更收货人。

变更计划每车只能变更一次，并仅限变更范围内的一项(变更到站的同时可以变更收货人)。计划外运输不予变更。

【复习题】

1. 什么是铁路货运生产计划？其主要任务有哪些？主要包括哪些内容？主要编制原则有哪些？

2. 铁路货运计划是如何编制的？

3. 铁路货运计划的主要指标有哪些？

4. 月度计划综合平衡的原则是什么？

5. 引起月度货运计划变更的原因有哪些？月度货运计划变更范围是什么？

第二章　车流径路的确定

车流径路是铁路运输组织的重要基础，在制定铁路货运计划、列车编组计划、调度工作日常车流调整计划、编制车站调车作业计划时确定车流组号、计算货物运价里程等方面发挥着极为重要的作用，同时也是统计和财务部门计算各铁路局完成货物吨公里、分配其货运收入的依据之一。

第一节　概　述

车流径路是车辆由发站送往到站所途经的路线。由于路网的环状结构，某一发站至某一到站间往往存在着两条及以上的径路。为了加快货物送达、减少铁路运营支出和充分利用铁路综合运输能力，在运输日常工作中，车流应沿经济、合理的径路输送。

一、铁路车流径路的分类

车流随着列车从始发站到终到站，必然要途径一段铁路线路，称之为车流径路，车流径路是连接车流的始发站与终到站的通路，在该通路上的每一个区间上，只有该支车流所在的列车满足该通路上所有区间通过能力时，该通路才是有效通路，否则，该通路行不通。车流径路包括以下几类：

1. 按照运输距离分

(1)最短径路：在指定的发、到站间所有可能的车流径路中车辆走行距离最短的径路。

(2)特定径路：当车流按最短径路输送时，由于路网上某些路段所承担的运量超过了线路的通过能力，而为通过这些路段的部分车流特别指定的径路。此外，在日常运输组织中，一些特殊车流(如装载超限货物的车辆)可能需要指定径路输送；为了利用临管线或地方铁路分流，以减轻某些线路的运输负担或为了利用平行径路的单机的运输能力，也可能需要指定径路输送。以上情况规定的车流径路都称为特定径路。

(3)迂回径路：由于自然灾害、事故、线路施工封锁等原因，某些线路的运输条件发生变化时(如中断行车、列车限速运行、线路抢修需要较长时间的运行图天窗等)，在短期内对途经该线的部分或全部车流指定的输送径路。

2. 按照运营费用分

(1)经济的车流径路：是指车辆从发站输送至到站运营费用最小的车流径路。由于此类径路一般运输距离短或线路技术条件好，列车旅行时间也相对较短。

(2)不经济的车流径路：是指经济的车流径路以外的车流径路。

二、我国铁路采用的车流径路

一方面，很明显，走最经济的车流径路才最节省运费，而确定最经济的车流径路往往需要根据所走车流线路里程、线路技术标准、车流组织方法、机车类型和牵引重量标准、列车旅行速度、车流改编和运行的单位成本等运营费用和货物在途时间等技术资料共同综合确定，同时还需要依据相关技术经济原理，比较各种影响因素引发的综合结果的优劣性，可见，确定经济的车流径路是一项极为困难的复杂工作，而一旦相关影响因素发生变化，还需要重复上述分析和比较过程。因而，每统计一次相关数据都要耗费大量的人力、物力、财力，得到的结果也没有多大参考价值。

另一方面，线路里程一般是稳定不变的，而且两种分类方法所划分的车流径路通常具有对应关系：即最短车流径路也就是最经济的车流径路；特定径路是较经济的车流径路；迂回径路是在最短径路或特定径路不能通行或能力严重受限时的经济径路或经济的可行径路。

当然，可能存在由于最短径路技术条件较差，采用其他径路反而更加经济的情况，当不适宜再对既有最短径路进行技术改造升级时，可以指定特定径路。

所以，我国铁路采用最短径路输送车流。当最短径路的通过能力不足时，其不能负担的部分由特定径路输送；在不能按最短径路或特定径路输送时，根据调度命令临时指定车流迂回径路。

在正常条件下采用的径路是最短径路和特定径路，称之为正常径路；迂回径路则是在非正常情况下采用的临时径路，为非正常径路。

三、铁路车流径路的发布

铁路车流必须严格按照铁路总公司规定的径路输送。正常径路以“全国铁路环状车流径路图”和“全国铁路车流特定径路”文件的形式向全路发布，非正常径路则在事件发生时以调度命令的形式发布，供行车组织部门执行。

车流最短径路可以用不同的计算方法确定。

每一条车流特定径路都对应于一条车流最短径路，即特定径路一般有剩余运输能力，用来分担其对应的最短径路不能胜任的那部分车流的输送任务。所以为某一线路确定特定径路的先决条件是必须存在能力宽余的平行径路。

车流特定径路的确定过程如下：

1. 找出需要规定车流特定径路的线路

按最短径路计算年度货运计划分配给各线路的车流量，凡运量大于自身运输能力的线路即为需要指定车流特定径路的线路，需要由特定径路输送的车流量为两者之差。

2. 选择车流特定径路

对需要规定特定径路的线路，先划分出流量适当、可明确界定的车流，再为其找出次短径路，检查次短径路是否有能力承担需要分流的车流量。如果可以，它就作为特定径路；如果不能，再寻找其他径路。

在铁路运能尚不能满足全部运量要求的情况下，可能出现需要指定车流特定径路的线路找不出特定径路。这时，为了避免造成堵塞，只能限制各局通过该线路的装车，使车流量控制在合理的范围内，位于其上的局间分界站就称为“限制口”。

根据确定的特定径路及其分流的车流，逐条编写，汇集成册，就形成“全国铁路车流特定径路”文件；表示了车流最短径路及为经某一路段的全部车流指定的特定径路的全国路网的环状结构示意图，即为“全国铁路环状车流径路图”。

第二节　全国铁路环状车流径路图的基本概念

为了使全路车流组织工作有所依据，全国铁路各站的车流径路利用全国铁路环状车流径路图表示，并以全国铁路车流特定径路文件详细说明采用特定径路输送的车流。

一、全国铁路环状图

全国铁路环状图是由支点站和支点站之间的铁路线形成的简化路网示意图。全国铁路环状车流径路图是表示我国铁路环状线路上车流径路的图解，它主要由支点站、支点站间的铁路线及在其上标注的里程、本环半环长和车流径路线构成，略去了路网中所有的支线及节点以外的车站等次要信息，简明地反映全国铁路网状的车流情况。

在全国铁路环状图中，支点站是指衔接三个及其以上方向的车站及环状线路上的编组站、主要区段站。

本环指内部不存在任何连接环内任意两站的铁路线的环，如图 1-2-1 中环①②③⑥①和环③④⑤⑥③。

跨环是指由两个及以上本环组成的环。

简单跨环仅包含两个本环的跨环，如图 1-2-1 中环①②③④⑤⑥①和边③—⑥组成的整体就是由两个本环组成的简单跨环。

复杂跨环是指由三个及以上本环组成的跨环。

大环是指被查找的跨环最外方的闭合环路，如图 1-2-1 中环①②③④⑤⑥①。

两个环的共用线和共用支点是指在大环中由两个本环或本环与较小的跨环或两个较小的跨环所共有的线路和支点，如图 1-2-1 中支点③、⑥是共用支点，边③—⑥是共用线；在研究的两环中，仅在一个环中的线路和支点称为非共用线和非共用支点，如图 1-2-1 中①、②、④、⑤为非共用支点，边①—②、边②—③、边④—⑤等为非共用线。

图中在相邻两节点的连线上标注的数字为两节点间的线路里程，在每个本环内带下划线的数字为本环折半里程。

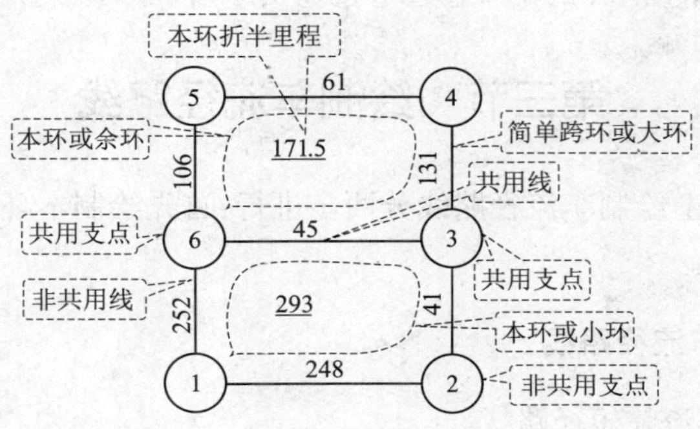

图 1-2-1　本环和简单跨环

二、车流径路线和全国铁路环状车流径路图

车流径路线是用来指明在本环或大环上由某一支点站发出的车流在路网上输送时应经过

的半环的带箭头的实线，分为车流最短径路线和车流特定径路线两种。

车流最短径路线是指从支点站发出，指向本环或大环上距该支点二分之一环长的车站或区间，如图 1-2-2 所示。车流最短径路线在本环上用黑色线表示，在大环上用红色线表示。

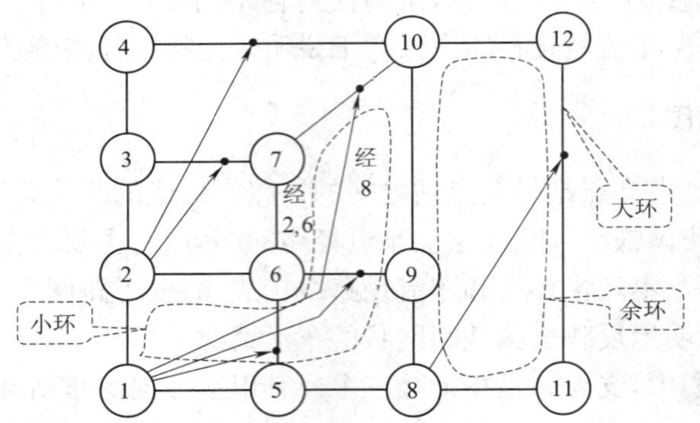

图 1-2-2　大环、小环与余环示意图

车流特定径路线规定从引出径路线的支点发出的车流在环上的径路，一般用蓝色线表示，它通常并不指向二分之一环长的位置。

全国铁路环状车流径路图是指已经标出了车流径路线的全国铁路环状图。

小环与余环：某非共用支点站无指向大环的最短车流径路线，则在大环内该支点站可能引出指向不同跨环的几条车流最短径路线，其中全环里程最长的跨环称为该跨环的小环，跨环上除小环以外的部分称为该跨环的余环。

如图 1-2-2 所示复杂跨环中，支点站①没有引向大环①⑤⑧⑪⑫⑩⑦⑥②①的车流最短径路线，该支点在这一复杂跨环上有三条车流最短径路线，其中指向全环里程最长的环是①⑤⑧⑨⑩⑦⑥②①，这就是该大环的小环，大环的剩余部分⑧⑪⑫⑩⑨⑧为余环。

在简单跨环中，所研究的支点站引出的本环车流径路线不指向共用线时，该支点站所在的本环即为小环，与该本环邻接的另一本环为余环。例如，在图 1-2-1 所示的简单跨环中，确定支点站①的车流径路时，①所在的本环①②③⑥①为小环，本环③④⑤⑥③为余环。

第三节　绘制车流径路线

在全国铁路环状图上绘制车流径路线分两步进行：首先绘制本环上的车流径路线；其次绘制跨环上的车流径路线。

一、在本环上绘制车流径路线

1. 在本环上绘制车流最短径路线

在本环上绘制车流最短径路线时，先要确定各线里程、计算该环的周长，在环中标注二分之一环长的里程数，然后在本环上以每一个支点作为出发点，依据《货物运价里程表》找出与该支点的距离等于二分之一环长的车站或区间，画出从该支点出发指向这一车站或区间的黑色箭头线，是该支点在本环上的车流最短径路线，如图 1-2-3 所示。

2. 在本环上绘制车流特定径路线

当本环与铁路部门规定的车流特定径路有关时，用蓝色箭头线根据径路文件的规定绘制特定径路。如图1-2-4所示的本环，半环长为960.5 km，径路文件规定向塘西与广州枢纽各站相互间装的重车经由京广线输送而不经京九线，向塘西经株洲至广州994 km，超过了半环长。

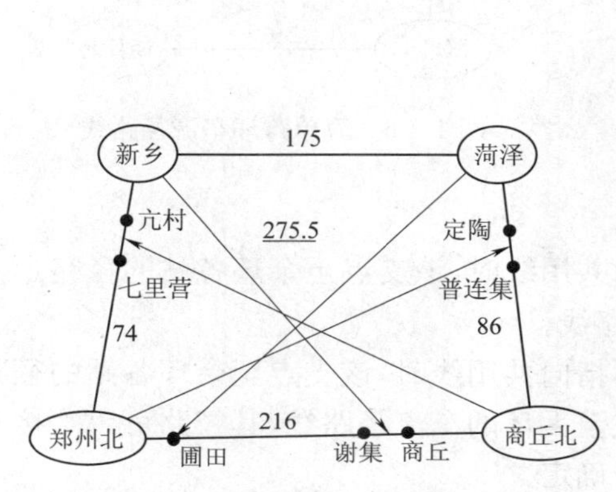

图1-2-3　本环车流最短径路线

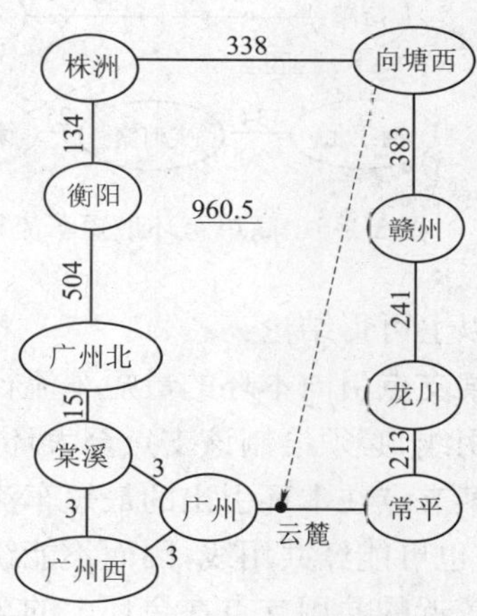

图1-2-4　本环车流特定径路线

二、在跨环上绘制车流径路线

1. 在跨环上绘制车流最短径路线

(1)在简单跨环上绘制车流径路线

①支点在本环上的径路线箭头指向共用线时

当某一支点在本环上的径路线箭头指向共用线时，由该支点至余环各站应走大环，而不经共用线。由此可知，余环上必然存在一点，使得车流由该支点从大环左侧和右侧进入余环至该点的距离相等。因而必须画出由该支点引出的大环车流最短车流径路线。如图1-2-5所示的简单跨环中，徐州北引出的本环车流径路线指向共用线上的沙土集—龙固集区间，因而必须给出徐州北至大环的车流径路线。

②支点在本环上的径路线箭头指向非共用线时

当某一支点在本环上的径路线箭头指向非共用线时，由该支点至余环各站的径路可能经大环，也可能经共用线，因而不能画出该支点在跨环上的车流径路线，其径路可以按距该支点较近的共用支点的车流径路线确定。

例如，图1-2-6所示的简单跨环上，商丘北在本环上的车流径路线箭头没有指向共用边(新乡—菏泽)，所以由商丘北往菏泽—衡水西—石家庄—新乡间各站的车流径路可能直接经大环(由菏泽驶入大环，此时未经过共用边新乡—菏泽)，也可能经过共用线(即行驶至菏泽时，转向新乡，经过共用线新乡—菏泽，到达新乡后驶入余环各站)，因而不能画出商丘北在跨环上的车流径路线，该点的径路可以按距离商丘北较近的共用支点(菏泽)在余环上的车流最短径路线确定，即：商丘北至菏泽—衡水西—石家庄—元氏各站走大环，至新乡—元氏间各站经共用线菏泽—新乡。

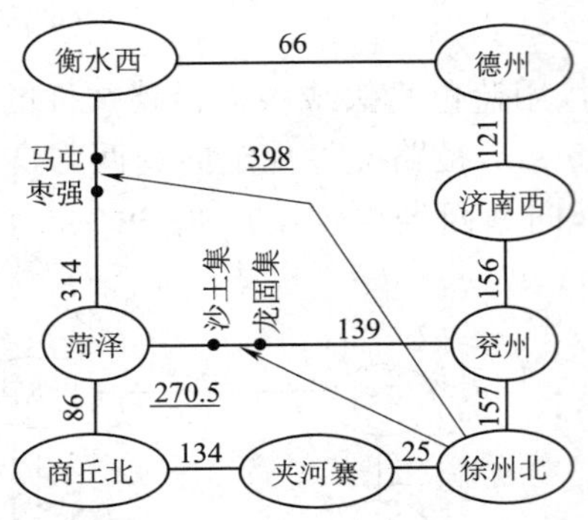

图 1-2-5 简单跨环最短车流径路线

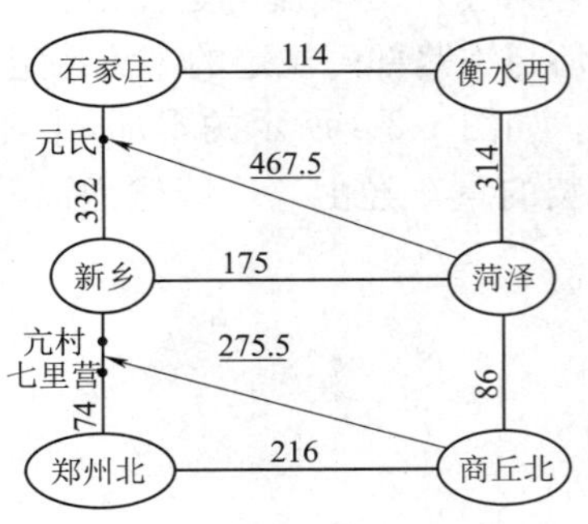

图 1-2-6 简单跨环车流径路线

由以上可得结论：

①某支点引向本环的最短车流径路线指向共用线时，该支点至余环各站的径路走大环而不经共用线，必须绘制该支点至大环的车流径路线。

②某支点在本环引出的最短车流径路线不指向共用线时，该支点至余环各站的径路可能走大环、也可能经共用线，因而不能绘制该支点至大环的车流径路线，其径路可以直接利用离该支点较近的共用支点在余环上的车流径路线确定。

这些结论是绘制车流最短径路线和查找车流最短径路的基础，需要理解并熟记。

(2)在复杂跨环上绘制车流径路线

要绘制某支点到全路各环的车流径路线，要由小及大地逐步推进：

①先确定出发支点在本环上的最短车流径路线。

②考虑与各相邻本环形成的简单跨环上的车流径路，按照上面得到的结论确定是否可以绘制出发支点在当前大环上的车流径路线：如果可以，画出至余环的车流经路线，将该简单跨环视作本环，再绘制其与相邻本环形成的“简单跨环”上的车流径路线；如果不可以，则将与相邻本环较近的共用支点作为新起点，直到该支点可能到达的最大跨环，使绘出的车流径路线集表示的环路范围覆盖该支点至全路各环。

③在复杂跨环上，为了清楚地表明某支点引出的跨环车流径路线是经过哪个大环，在可能发生混淆时，还需要在该径路线的两侧分别标明径路所经过的支点。

例如，在图 1-2-7 所示的铁路环状图上确定支点①至路网各站的车流最短径路：

a. 先画出支点①在本环①⑤⑥②①上的车流径路线。

b. 在简单跨环①⑤⑧⑨⑥②①中，支点①发出的本环车流最短径路线指向共用线⑤—⑥，因而必须画出支点①到该大环的车流最短径路线。

c. 简单跨环①⑤⑥⑦③②①中，支点①发出的本环车流最短径路线没有指向共用边②—⑥，所以支点①没有指向该简单跨环大环的最短径路线，应当把支点②看做新的起点。

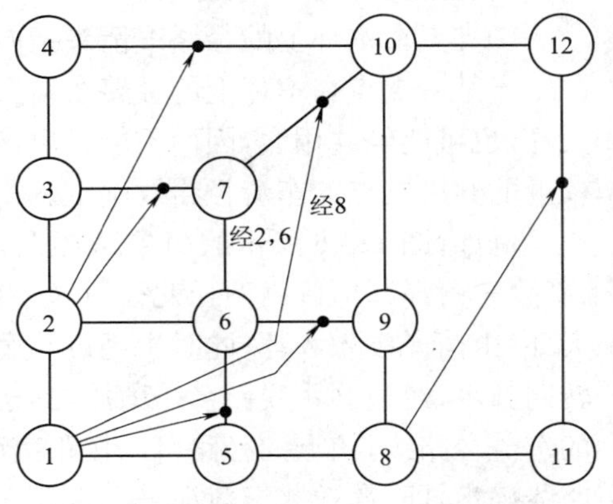

图 1-2-7 复杂跨环上绘制车流最短径路线

d. 支点②的本环车流最短径路线指向简单跨环②⑥⑦⑩④③②的共用线③—⑦，因而需要画出支点②至该跨环大环的车流最短径路线。

e."本环"①⑤⑧⑨⑥②①与本环⑥⑨⑩⑦⑥构成的"简单跨环"，支点①引出的"本环"车流径路线指向共用边⑥—⑨，因而必须画出支点①到大环①⑤⑧⑨⑩⑦⑥②①的车流最短径路线。为避免混淆，在该大环车流最短径路线两侧标注环的走向：左经支点②、⑥，右经支点⑧。

f. 在"本环"①⑤⑧⑨⑩⑦⑥②①与本环⑧⑪⑫⑩⑨⑧组成的"简单跨环"中，支点①引出的"本环"车流径路线指向非共用线⑦—⑩，而未指向共用边⑧—⑨和⑨—⑩，所以不能画出支点①至大环①⑤⑧⑪⑫⑩⑦⑥②①的车流径路线，而直接利用支点⑧的本环车流径路线。

经过以上步骤，支点①到路网各站的径路都已确定完毕。

绘制"全国铁路环状车流径路图"需要以每一个支点作为起点，分别确定其到图上各环的最短径路。由此可知，绘制工作量是巨大烦琐的。但在实际绘制时，复杂度有所减轻。因为在绘制过程中，可以利用已绘出的所有车流径路线。

2. 在跨环上绘制车流特定径路线

跨环上的车流特定径路与本环车流特定径路一样，也必须按照径路文件绘制。

如果文件规定了经某支点的全部车流所走的大环及车流径路在大环上的分界点，应直接绘制从该支点至分界点的车流特定径路线。如图 1-2-8 所示，跨环郑州北—商丘北—徐州北—兖州—菏泽—新乡—郑州北半环长 460 km，按最短径路，郑州北引向大环的车流径路线应指向南沙河—官桥之间，因而郑州北至兖州北上的车流应走新乡、菏泽到兖州，而径路文件中规定郑州北至兖州—林庄的车流走商丘北、徐州北到兖州，因而在该跨环中，郑州北的车流特定径路线指向孙氏店—兖州区间。

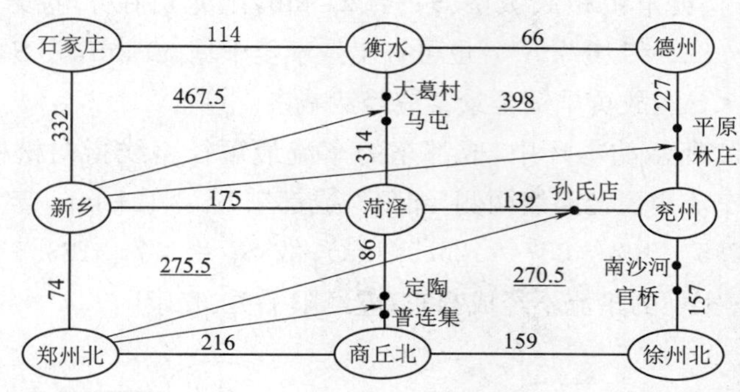

图 1-2-8　跨环车流特定径路

如果文件规定了经某支点的全部车流所走的大环，但未规定车流径路在大环上的分界点，则应以大环的折半里程确定分界点，并据此绘制特定径路线。

如果文件仅规定了经某支点的部分车流所走的大环，为了不使与该支点在该大环上已有的车流最短径路线相混淆，就不再另画出该大环上的特定车流径路线。这类特定径路，只能查找径路文件。

第四节 查找车流径路的方法

一、查找发、到站间的车流最短径路

1. 发、到站处在一个本环上

(1)发站是支点站

发、到站在同一本环上且发站是支点站时,车辆应走到站所在的半环。如图 1-2-9 所示,薛店处于宝丰引出的本环最短径路线右半环,所以车辆从宝丰到薛店的车流应走右半环,即从宝丰发车,经孟庙支点站到达薛店。

(2)发站不是支点站

①当发站不是支点站,而发站、到站位于某支点站本环车流径路线同侧时,应走该侧的半环。如图 1-2-9 中,平顶山、薛店都位于宝丰车流最短径路线的右侧,则平顶山—薛店的车流也应走这一侧,即平顶山经孟庙到达薛店。

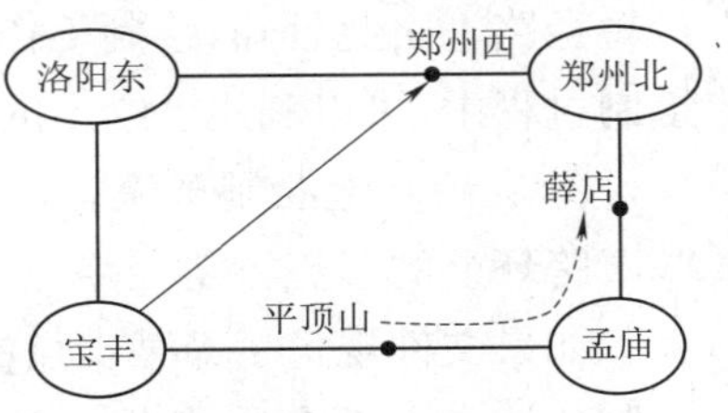

图 1-2-9 本环查找方法示意图(一)

②当发站不是支点站,且发站、到站又位于与发站邻近的支点站引出的本环车流最短径路线两侧时,须从《货物运价里程表》中查出发站至邻近支点站的距离 $S_{发}$ 和到站与发站的邻近支点站引出的本环车流最短径路线箭头指向处之间的距离 $S_{到}$,若 $S_{发}<S_{到}$,则该发站、到站间的车流应经过该支点站;若 $S_{发}>S_{到}$,则不经过。

例如,在图 1-2-10 所示的本环中,武威南引出的车流最短径路线指向土龙川,黄羊镇和景泰位于该径路线两侧,黄羊镇距武威南 $S_{发}=21$ km,土龙川在京包线 937 km 处、景泰在 821 km处,$S_{到}=937-821=116$(km)。也可查出景泰至干塘 60 km,故 $S_{到}=348-172-60=116$(km)。所以,$S_{发}<S_{到}$,故黄羊镇至景泰应经武威南。

又如,在图 1-2-11 所示的本环中,成都东的车流最短径路线指向松树坡—巴山区间,绵阳、曹家坝在成都东车流最短径路线两侧,绵阳—成都东 $S_{发}=121$ km,曹家坝至安康 177 km,箭头至安康应为 $882.5-402-357=123.5$(km),故 $S_{到}=177-123.5=53.5$(km)。所以 $S_{发}>S_{到}$,故绵阳至曹家坝的车流不经成都东,应经阳平关、安康。

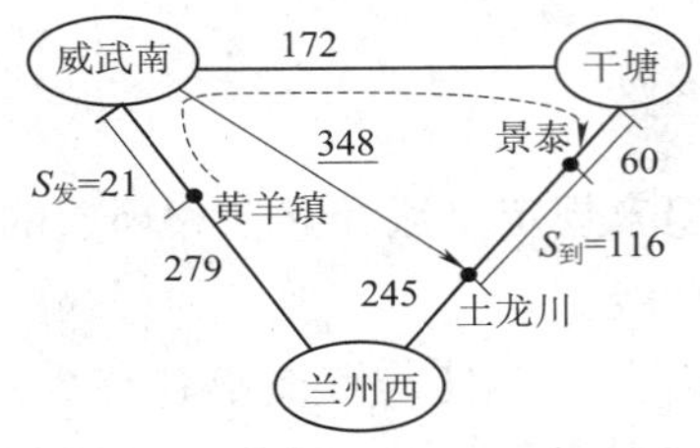

图 1-2-10 本环查找方法示意图(二)

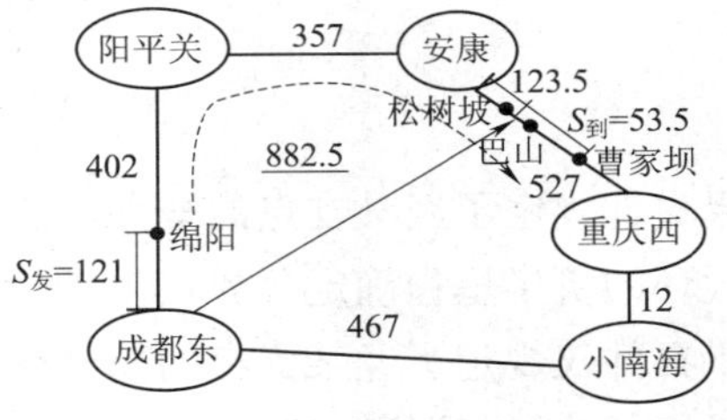

图 1-2-11 本环查找方法示意图(三)

2. 发站、到站在简单跨环上

(1)发站是支点站

①如发站是支点站，且从发站引出的本环车流最短径路线指向公用线，此时必有从该支点站指向大环的车流径路线，查找该支点站至大环各站的车流最短径路与在本环上查找的方法相同。

如图 1-2-12 中，查找沈阳支点站发往余环各站的车流径路，可以把大环沈阳—抚顺城—梅河口—莲河—吉林—长春—四平—沈阳看成本环，根据沈阳支点站引出的跨环车流最短径路线确定：沈阳至双河镇经抚顺城，沈阳至河湾子经四平、长春。

②如发站是支点站，且从发站引出的本环车流最短径路线不指向公用线，因而没有引出指向余环的车流径路线时，该支点站至余环各站的车流最短径路利用较近共用支点引向余环的车流最短径路线确定。

如图 1-2-13 中，塔山支点站发往余环各站的车流径路应经共用支点站锦州，然后再按锦州引出的指向余环的车流最短径路线确定至到站的径路：塔山至黑山经锦州、大虎山；塔山至阜新经锦州、义县。

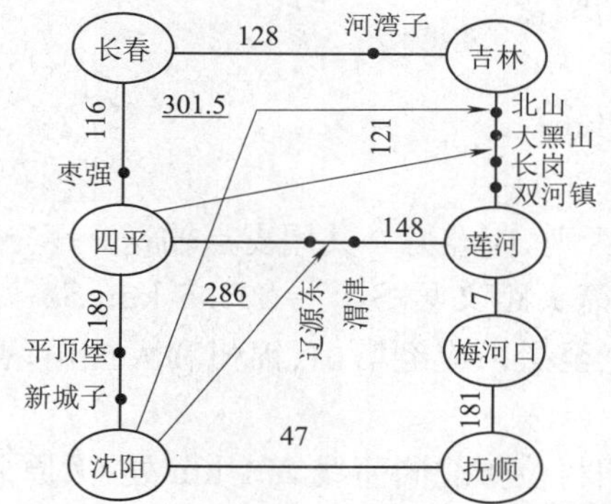

图 1-2-12　简单跨环查找方法示意图(一)

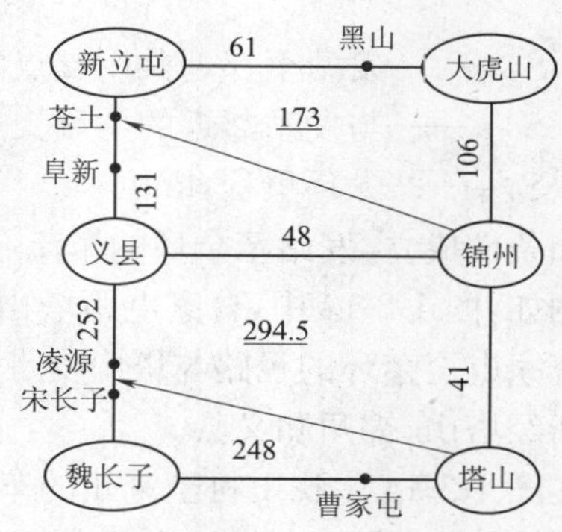

图 1-2-13　简单跨环查找方法示意图(二)

(2)发站不是支点站

①如发站不是支点站，且发站邻近的非共用支点站的本环车流最短径路线指向公用线，则该支点站必有指向大环的车流最短径路线，此时应分别以下两种情况确定发站至到站的车流径路：

a. 发、到站在发站邻近的非共用支点引出的大环车流径路线同侧，依据车流最短径路的一致性原理，发站至到站应走大环该侧。

车流最短径路是由若干首尾相接的路段组成的，且每一路段都具有起点和终点。车流最短径路的一致性是指包含在最短径路中的任一路段都是其起点和终点间的最短径路。

如图 1-2-12 中，查找新城子至河湾子的车流最短径路，沈阳引出的本环车流径路线指向共用线，新城子站与河湾子站在沈阳支点站引出的大环最短车流径路线同侧，因此新城子至河湾子的径路为新城子—四平—长春—河湾子。

b. 发、到站在发站邻近的非共用支点引出的大环车流径路线异侧：如 $S_{发}<S_{箭支}$（$S_{发}$为发站至邻近非共用支点站间的距离；$S_{箭支}$ 为与发站邻近的非共用支点引出的本环车流径路线箭头与该径路线起点向发站偏移时箭头移近的共用支点间的距离)，则发站至到站应走大环，查找方法同本环；如 $S_{发}>S_{箭支}$，则发站至到站的车流径路经发站邻近的共用支点，在余环的径路依该共用支点引出的车流径路线确定。

如图 1-2-12 中，查找新城子至双河镇的车流最短径路，新城子与双河镇在沈阳引出的大环最短车流径路线两侧，新城子距邻近的非共用支点站沈阳 $S_{发}=33$ km，沈阳引出的本环最短径路线箭头所指位置至莲河 $S_{箭支}=51$ km，由于 $S_{发}<S_{箭支}$，因而新城子至双河镇必经大环；按本环径路查找方法：由 $S_{发}=33$ km，双河镇至大环径路线箭头 $S_{到}=61.5$ km，知 $S_{发}<S_{到}$，故新城子至双河镇应经沈阳、抚顺城、梅河口和莲河。

查找平顶堡至双河镇的车流最短径路，平顶堡至沈阳 $S_{发}=82$ km，$S_{箭支}=51$ km，$S_{发}>S_{箭支}$，所以平顶堡至余环各站的径路应经四平，根据四平引向余环的车流径路线，平顶堡至双河镇的车流最短径路应经四平、莲河。

②发站不是支点站，且发站邻近的非共用支点站引出的本环车流最短径路线不指向共用线。

若满足 $S_{发}<S_{箭支}$，则发站至余环各站的径路与该非共用支点站的径路相同，即应经邻近共用支点，然后依该共用支点在余环的车流径路线确定至到站在余环的径路。

若 $S_{发}>S_{箭支}$，则发站至到站应经大环输送，并需按下式进一步判断：

$$S_{发邻}+S_{邻到}<0.5S_{大环}$$

式中 $S_{发邻}$——发站至邻近共用支点的里程，km；

$S_{邻到}$——与发站邻近的共用支点至到站里程，km；

$S_{大环}$——大环里程，km。

如条件成立，发站至余环的车流经该共用支点；否则，应经另一共用支点输送。

例如，图 1-2-13 中，曹家屯距塔山 $S_{发}=72$ km，箭头距义县 $S_{箭支}=205.5$ km，$S_{发}<S_{箭支}$，所以曹家屯至余环的径路与塔山支点站相同，曹家屯至黑山应经塔山、锦州和大虎山；曹家屯至阜新经塔山、锦州和义县。

在图 1-2-14 中找田村至沧州的车流最短径路：田村位于北同蒲线 274 km 处，太原北位于 347 km 处，沧州至德州 114 km，故田村距榆次 $S_{发}=347-274+34=73+34=107$(km)，榆次发出的车流最短径路线箭头距共用支点站丰台 $S_{箭支}=38.5+8=46.5$(km)，$S_{发}>S_{箭支}$，因而田村至沧州应走大环；$0.5S_{大环}=666$(km)，田村经榆次、石家庄、德州至沧州的里程为 $S=107+217+180+114=618$(km)，小于大环半环长，可以确定这一径路即为最短径路。

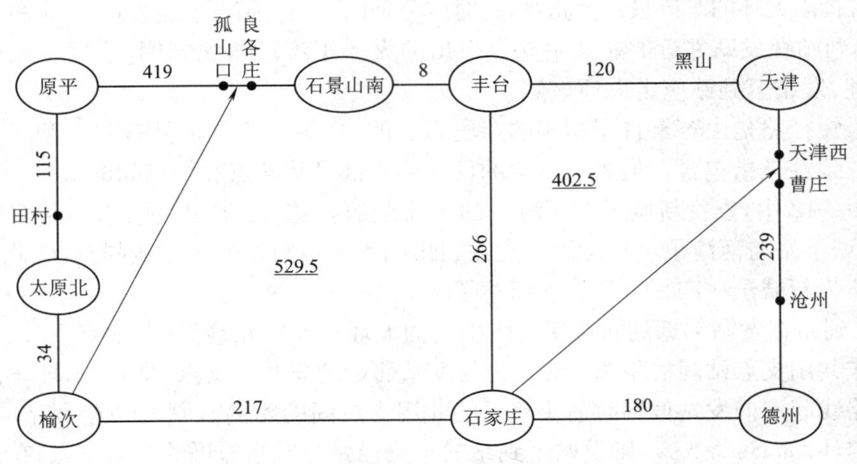

图 1-2-14 简单跨环查找方法示意图(三)

3. 发站、到站在复杂跨环上

(1)发站为支点站

①当发站有指向大环的车流最短径路线时,发站至大环各站径路的查找方法与本环相同。

例如,图 1-2-15 中,株洲北引出的指向广汉—青白江间的径路线是复杂跨环株洲北—汉西—襄樊北—安康—阳平关—成都东—小南海—贵阳南—怀化南—株洲北大环的车流最短径路线,所以,株洲北至汉西—襄樊北—安康—阳平关—广汉各站应走右半环;株洲北至怀化南—贵阳南—小南海—成都东—青白江各站应走左半环。

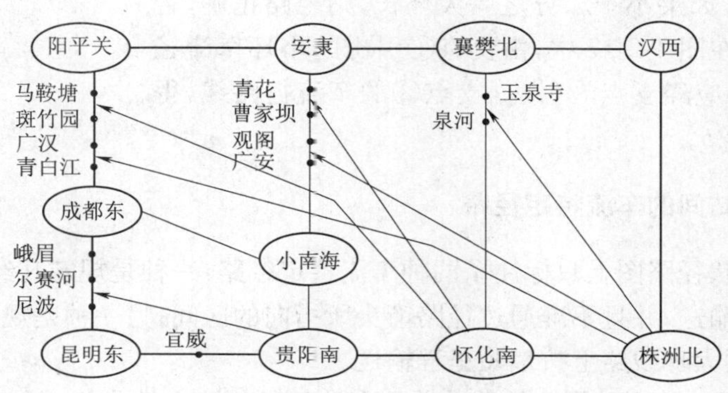

图 1-2-15 复杂跨环查找方法示意图(一)

②当发站没有指向大环的车流最短径路线时,首先要确定查找范围,把查找的复杂跨环看成是由小环和余环组成的“简单跨环”:

a. 如果余环是本环,则按照简单跨环的查找方法确定至到站间的车流径路。

例如,在图 1-2-15 中查找株洲北至宣威和峨眉的车流最短径路:到站位于余环贵阳南—小南海—成都东—昆明东—贵阳南上,株洲北引出的小环最短车流径路线指向阳平关—成都东间,没有指向共用线(贵阳南—小南海—成都东),因而株洲北至这两个到站的径路应依据贵阳南引出的本环车流径路线,其径路分别为株洲北—怀化南—贵阳南—宣威和株洲北—怀化南—贵阳南—小南海—成都东—峨眉。

b. 如果余环也是跨环,则先根据该站引出的小环车流径路线到达小环与余环的共用支点,然后从该点继续查找,直至到达到站所在的本环。如图 1-2-16 中,查找支点①至 b 站的车流最短径路:可以看出小环为①⑤⑧⑨⑩⑦⑥②①、余环为跨环⑧⑪⑫⑬⑩⑨⑧,支点①至 b 站的径路应经共用支点⑧,依据支点⑧和⑧的本环车流径路线,知支点①至 b 站的径路为①⑤⑧⑨⑫b。如余环的车流径路线改为图 1-2-17 所示的情况,则径路为①⑤⑧⑪⑫b。

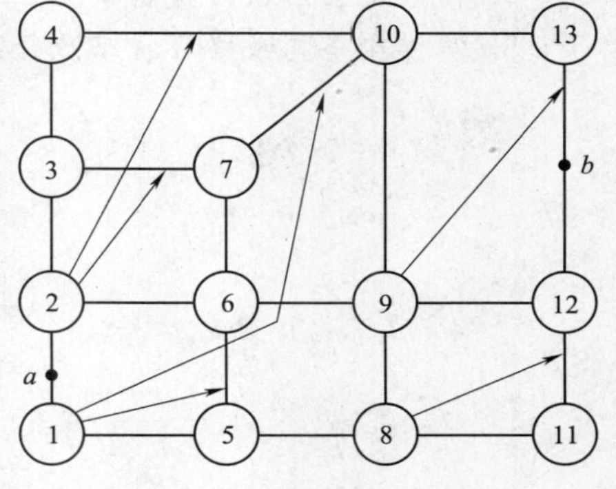

图 1-2-16 复杂跨环查找方法示意图(二)

(2)发站不是支点站

发站不是支点站时,查找发站至到站的径路应从本环开始逐步延伸,直至到达到站所在的大环。

例如,在图 1-2-17 中查找 a 站至 b 站的径路:从 a 站所在本环开始，如 $S_{发}<S_{箭支}$，可以确定应经简单跨环①⑤⑧⑨⑥②①的大环，如在该环上也满足 $S_{发}<S_{箭支}$，再进一步判断在小环①⑤⑧⑨⑩⑦⑥②①是否也满足 $S_{发}<S_{箭支}$：如果也满足，则 a 站至余环只能经支点⑧，依据支点⑧、⑨的本环车流径路线，可确定其径路为 a⑤⑧⑨⑫b；如在小环①⑤⑧⑨⑩⑦⑥②①上不满足 $S_{发}<S_{箭支}$，可以确定 a 站至 b 站的径路应走复杂跨环①⑤⑧⑨⑫⑬⑩⑦⑥②①的大环，这时需要计算 a 站从任一方向至 b 站的距离，如果小于二分之一大环长，则径路正确，否则应走另一方向。在图 1-2-17 中，由支点①引出的小环车流径路线知，a 站至 b 站应经支点⑧，根据支点⑧的车流径路线，得到径路为 a⑤⑧⑪⑫b。

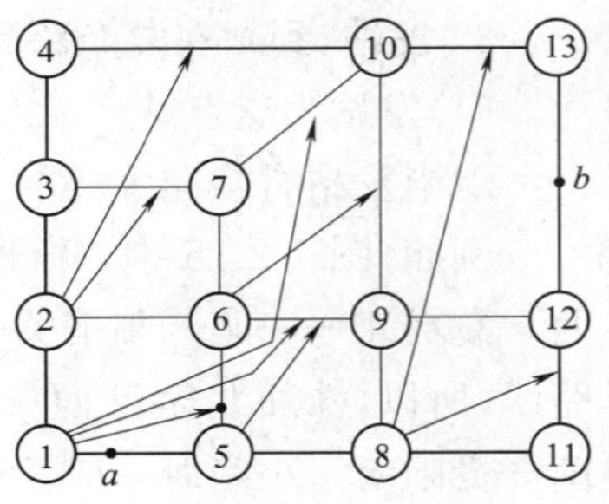

图 1-2-17　复杂跨环查找方法示意图（三）

二、查找发、到站间的车流特定径路

在全国铁路环状径路图上只标注了两种车流特定径路：一种是规定凡经过某支点的重车，只能按指定的线路输送，并且不准通过径路箭头所指向的区间；另一种是规定凡经过某支点的车流，只能在指定的大环线路上按最短里程输送。

1. 当所查找的发站、到站属于铁路总公司车流特定径路文件中规定的只能按指定径路输送的那部分车站时，根据发站、到站与车流特定径路线的位置确定走行径路。

2. 当所查找的发站、到站属于铁路总公司车流特定径路文件中规定的只能经指定大环按最短径路输送的那部分车站时，按跨环径路的查找方法查找。

【复习题】

1. 什么是车流径路？怎样分类？

2. 我国铁路怎样规定车流的输送径路？

3. 什么是全国铁路环状图、本环、跨环，简单跨环、复杂跨环、大环、小环、余环、共用支点、共用线？

4. 什么是全国铁路环状车流径路图？怎样绘制最短车流径路线和特定车流径路线？

5. 怎样在全国铁路环状车流径路图上查找已知发站、到站间的车流径路？

第三章　铁路运输技术计划

第一节　概　　述

一、技术计划的概况

技术计划是为了完成铁路月度货运计划而制定的机车车辆运用计划。技术计划每月编制一次，作为制定运输方案和组织运输日常工作的依据。

机车车辆是铁路运输的活动设备(运输动力和工具)，它是决定铁路输送能力的重要因素。主要由活动设备所决定的输送能力与主要由固定设备所决定的通过能力的综合实现，才能形成铁路的运输能力。在一定的固定设备条件下，铁路所能实现的运输能力将取决于活动设备的类型、数量及其分布，问题反映在两个方面：为完成一定的运输任务，应拥有多少机车车辆；一定类型和数量的机车车辆能完成多少运输任务。前者主要在长远计划及年度计划中研究，而运输生产计划则要解决上述两个方面的问题。

为保证月度货运计划的实现，必须在现有的机车车辆类型和数量的条件下，编制合理运用机车车辆的指标计划(包括机车车辆的合理分配)，而机车车辆的运用指标又与运输工作量等指标相关联。因此，就运输生产活动来讲，机车车辆的运用指标是运输生产活动的主要数量和质量指标。在确定运输工作量及机车车辆合理运用的有关指标时，必然涉及区段通过能力的限制条件，因而正确确定车流径路、合理利用通过能力也是其任务之一。

铁路通用货车的合理分布及空车调整问题是十分重要而又复杂的问题。铁路局的运用车保有量有一定的限度，超过一定数量将会产生某些困难或浪费，并且会影响其他铁路局完成运输任务；而不足其需要量又不能完成本局规定的运输任务，因而铁路局必须经常保有一定种类和数量的运用车。

另一方面，在当前的市场经济条件下，加速铁路机车车辆周转不但可以提高铁路企业的内在运营效率，节约成本，同时会提高铁路运输方式在整个运输市场的竞争能力。因而，铁路相关部门不但要压缩月编计划的编制周期，还要在执行过程[即铁路局轮廓计划、日(班)计划等]中，尽量从机车车辆的数量指标和质量指标方面来优化相应的运用指标，以提高技术计划的整体实现水平。

铁路局管内各站、各区段车种别的装车数量、装车去向、由外局接入重车的去向、卸车地点、车种别数量各个月都不相同。由此造成了每月各区段行车量和空车流向也不相同。为了适应每月的这种变动，需要制定技术计划，根据变动情况在各铁路局之间合理调配机车、分布运用车，规定空车的正确流向和各区段行车量以及分界站车辆交接任务，确定各局应完成的机车车辆运用的数量指标和质量指标，以充分利用铁路区段通过能力和机车车辆，提高运输效率，预见和避免可能发生的困难，为日常调度调整和考核运输工作的优劣提供依据。

二、技术计划的内容

技术计划按铁路局制定，主要内容包括：

(1)使用车和接运重车计划。

(2)卸空车计划。

(3)空车调整计划。

(4)各区段列车回数计划及分界站货车出入计划。

(5)工作量计划。

(6)货车运用质量指标及保有量计划。

(7)机车运用指标计划。

(8)站段运输指标计划。

第二节 技术计划的编制过程

技术计划编制工作在铁路总公司运输局的领导下，各铁路局依据月度货运计划同步进行。编制过程如下：

1. 汇总运输需求计划表

编制技术计划的原始资料是月度货运计划核定的运输需求计划表。在人工编制时，由铁路局计划编制人员根据运输需求计划表的发站、到站和车流径路逐张统计，编制车种别、去向别使用车月计划表，再由月使用车数换算为日使用车数。

所以，编制技术计划的人员必须熟悉车流径路，了解铁路部门规定的各限制口的装车限制及管内各铁路区段的运输能力、列车编组计划、列车运行图、车站和机务段技术作业过程的有关规定。

2. 各局间交换移交重车计划

铁路局在编制本局使用车计划时，要分别为 17 个外局汇总自局各站所装的车种别移交重车计划，按各局局间分界站列出到达该局重车和接入交出重车的数量。

3. 各局依据使用车和接入重车资料编制重车车流表

铁路局每月产生的重车包括自装重车和接入重车。各局在收到其他 17 个铁路局移交本局重车资料后，加上本局的使用车计划，就可以汇总成铁路局重车车流表。重车车流表反映本局管内各站所装重车和各局间分界站接入重车的流向，是技术计划后续编制工作的基础。

4. 计算技术计划的各项指标

根据重车车流表，进一步确定到达管内各站的车种别卸空车计划。根据各局车种别装卸差数制定空车调整计划。然后计算各区段行车量，确定各局间分界站的重、空车交接计划；计算机车车辆运用的数量和质量指标。

5. 计划审核

全路、各局技术计划编制完毕以后，由各级领导审核批准。

6. 装订成册下达执行

技术计划编制完毕后，连同运输方案一起装订成册，于计划月开始前下达到局调度所、站段及有关业务处。

【复 习 题】

1. 技术计划在铁路运输组织中发挥什么作用？
2. 技术计划有哪些主要内容？
3. 简述编制技术计划的大致作业过程。

第四章　货车运用数量指标计划

在每月编制的技术计划中，包含货车运用的两大类指标，即货车运用数量指标和货车运用质量指标。货车运用数量指标规定铁路局该月货车运用的数量，而货车运用质量指标则规定该月使用的货车在平均意义上运营效率的大小。本章重点讨论货车运用的数量指标。

第一节　使用车计划、接运重车去向计划和重车车流表

一、使用车计划

使用车计划反映铁路局计划月每日用于装车而使用的车种别空车数及装车去向。车站和铁路局使用车数（$u_{使}$）为装车数和增加使用车数之和：

$$u_{使}=u_{装}+\Delta u_{使}\quad（车）\tag{1-4-1}$$

式中　$u_{装}$——铁路局计划月日均装车数，车；

$\Delta u_{使}$——铁路局计划月日均增加使用车数，车。

其中，增加使用车数是指不按装车数统计的使用车数，包括：中转零担货物超过规定重量的装车，运用重车途中倒装而增加的装车，装运铁路货车用具的整车装车；新线、地方铁路分界站向新线、地方铁路的装车以及由新线、地方铁路接入重车到达新线、地方铁路分界站的卸车。

通常情况下，装车数 $u_{装}$ 是使用车数 $u_{使}$ 中的主要部分，而增加使用车数 $\Delta u_{使}$ 仅占很少一部分，因而，使用车数指标一般是反映装车数多少的数量指标。通过计算机系统汇总铁路局管内各个站段的运输需求计划表，产生铁路局车种别、去向别使用车计划和移交外局重车计划，这个过程是技术计划中重要的基础性工作。$u_{使}$ 可按去向别和车种别确定，其中 $u_{装}$ 根据批准的运输需求计划产生的装车货源数据库生成，$\Delta u_{使}$ 可以参照车站实际统计资料来确定。

从本章开始，以 R 铁路局为例简要说明技术计划的编制方法。

设 R 铁路局所管辖路网结构如图 1-4-1 所示，该图中共有 U、V、R、W 四个铁路局，B 站和 F 站分别为 R 局与 V 局和 W 局的分界站，V 局和 U 局在 A 站分界。

R 局管辖 m、n 两个地区，因而，可分地区编制 R 局的使用车计划表，见表 1-4-1、表 1-4-2。

铁路局汇总管内各地区的使用车计划，形成铁路局使用车计划（见表 1-4-3）。各局使用车计划应在规定的时间内报告上级，同时向其他铁路局通报本局向该局移交重车计划。

向外局通报的移交车计划按接收局汇总，其内容包括各局接入分界口别的到卸重车的到站、车种、车数和接入分界口别按交出分界口汇总的接运通过重车去向、车数。

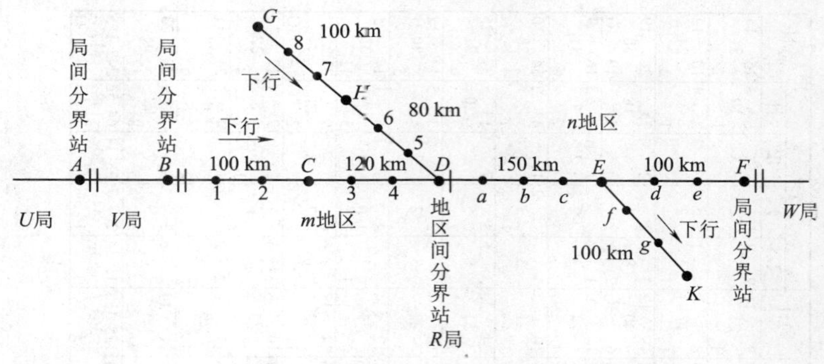

图 1-4-1　R 铁路局管界图及路网结构

二、接运重车去向计划

接运重车是指由局间分界站接入到本局卸车或通过本局的重车。目前，全路共分为哈尔滨、沈阳、北京、太原、呼和浩特、郑州、武汉、西安、济南、上海、南昌、广州、南宁、成都、昆明、兰州、乌鲁木齐和青藏 18 个铁路局（公司），因而每一铁路局都会收到其他 17 个铁路局移交本局的重车资料。

本例中 R 局收到的 U 局、V 局和 W 局重车资料见表 1-4-4、表 1-4-5 和表 1-4-6。

三、车种别重车车流表

重车车流表是编制技术计划的基础性文件。依据重车的去向可以确定管内重车流向，计算各技术站和区段内中间站的卸空车计划，进而制定空车调整计划，确定空车流向。有了管内各区段重、空车流数量就可进一步确定各区段列车数和分界站货车出入计划，也就确定了货车和机车运用的各项数量指标和质量指标。可见，技术计划的大部分工作都是基于重车车流表数据的完成。

根据本局使用车计划和各外局通报的移交本局重车计划，可以编制本局重车车流表。在重车车流表中存在四种性质的车流，即重车车流表中左上部的自装自卸车流、右上部的自装交出车流、左下部的接入自卸车流、右下部的接运通过车流。这四类车流的关系及其计算将在本章第五节货车工作量计划中详细阐述。重车车流表反映了每日铁路局管内各站段自装重车的去向、车种别数量、接入重车的车种别数量，到达局管内各站的重车卸空后可以用于装车或向外局排空，为了反映空车资源，在汇总铁路局管内各地区的使用车计划、局间分界站接运重车计划的基础上，本节编制了 R 局车种别、站别的重车车流表，见表 1-4-7。

注意，在将使用车计划纳入到车种别、站别重车车流表 1-4-7 中时，应当根据本局的局间分界站来汇总交出和接入重车的车流，如 B 分界站汇总 R 局与 U、V 局之间的交出、接入重车车流。而其他的数据或是来自使用车计划或是按照车种别加总得到。

表 1-4-1　m 地区去向别、车种别使用车计划表

到 发	m地区												
	1站	2站	C站	3站	4站	D站	5站	6站	H站	7站	8站	G站	计
1站		1 1	2 2		2 2			1 1		1 1	1 1 2		6 3 9
2站				1 1 2		2 2	1 1 3 1		2 2			1 1	5 4 10 1
C站				1 2 3	3 3		2 2		3 2 5		5 3 8	2 2	11 9 23 3
3站	1 1 2		2 3 1			2 1 3		5 5		2 2			10 4 15 1
4站		2 2		1 1			1 1 2		2 2 5 1			1 3 2	6 4 13 3
D站	2 2 4		1 3 5 1	3 3			2 2		3 3		2 2 6 2	3 3	14 9 26 3
5站		2 2		1 1		1 1 3 1				2 2 4		2 2	5 5 12 2
6站	1 1		2 2 4			1 1 3 1			2 4 2			2 3 1	8 3 15 4
H站	3 3		2 2 4	1 1		2 2 6 2		2 4 8 2		1 1	1 2 1	4 4	12 11 29 6
7站		2 3 5			1 3 2			2 2	1 2 1			1 1 2	5 6 14 3
8站	3 6 3			2 2 4		2 2		1 1					5 5 13 3
G站			2 4 6		2 2	2 5 3		3 3	2 2 4		4 4		12 6 24 6
计	4 9 16 3	5 5 10	11 11 24 2	7 6 15 2	5 10 5	12 5 24 7	2 6 9 1	8 7 20 5	13 8 25 4	3 5 8	13 6 22 3	16 1 20 3	99 69 203 35

到 发	n地区											局计	外局				总计
	a站	b站	c站	E站	d站	e站	F站	f站	g站	K站	计		U	V	W	计	
1站		1 1	1 1 2		1 2 3	1 2 1	1 1		1 2 3		3 8 12 1	9 11 21 1	2 3 5	1 2 1	3 3	6 3 10 1	15 14 31 2
2站		2 2		1 2 3				2 2			3 4 7	8 8 17 1	1 2 1	2 2	3 3	2 4 7 1	10 12 24 2
C站	1 1 2		2 3 1		1 1		2 2 6 2			2 5 3G	8 3 17 3 3G	19 12 40 6 3G	3 3 8 2	2 4 2	2 4 6	7 7 18 4	26 19 58 10 3G
3站		1 2 3		2 5 3					1 1		4 2 9 3	14 6 24 4	1 2 3	2 2	1 1 2	2 3 7 2	16 9 31 6
4站	1 1		2 2			1 2 3				2 2	4 4 8	10 8 21 3	3 3	2 3 1	1 1	4 2 7 1	14 10 28 4
D站	2 2		2 2 4		1 2 5 2		2 4 8 2	3 3 6			10 11 25 4	24 20 51 7	3 5 8	3 5 2	7 7	13 5 20 2	37 25 71 9
5站		1 1		2 1 3		1 2 1			2 2	2 2	5 2 10 3	10 7 22 5	3 3	2 2	1 2 3	3 5 8	13 12 30 5
6站			2 4 2		1 1		1 1 2			2 2	4 1 9 4	12 4 24 8	1 1	2 4 2	3 1 4	5 1 9 3	17 5 33 11
H站	1 1		3 5 2		3 2 8 3		7 7		2 2		12 6 23 5	24 17 52 11	6 6	4 7 3G	5 8 3	9 6 21 3 3G	33 23 73 14 3G
7站		2 2		2 3 1		1 3 2			2 2		5 2 10 3	10 8 24 6	3 3	1 2 1	2 3 1	2 4 8 2	12 12 32 8
8站	1 2 1		3 3	2 2			2 1 3	1 1		5 5	12 3 16 1	17 8 29 4	2 2 4	1 1 2	1 3 2	4 3 9 2	21 11 38 6
G站		2 2 4		5 5			4 4	3 3		2 2 4	9 8 20 3	21 14 44 9	2 6 8	3 3 9 3	2 7 5	7 9 24 8	28 23 68 17
计	5 2 8 1	8 5 13	10 8 23 5	10 7 21 4	7 6 18 5	2 4 10 4	14 13 31 4	4 5 12 3	6 2 10 2	13 2 20 2 3G	79 54 166 30 3G	178 123 369 65 3G	16 34 54 4	20 7 44 14 3G	28 11 50 11	64 52 148 29 3G	242 175 517 94 6G

注：1. 车流在同一区段内到发时，对角线上方为下行车数，下方为上行车数，即 [上行 / 下行]；

2. 表中每格左上角为棚车，左下角为平车，右上角为敞车，右下角为罐车或冷藏车，中间数字为总数，即 [P 总数 C / N G、B]，本例使用罐车全为轻油罐车。

表 1-4-2 *n* 地区去向别、车种别使用车计划表

到 发	*m* 地区													*n* 地区											局计	外局				总计
	1站	2站	*C*站	3站	4站	*D*站	5站	6站	*H*站	7站	8站	*G*站	计	*a*站	*b*站	*c*站	*E*站	*d*站	*e*站	*F*站	*f*站	*g*站	*K*站	计		*U*	*V*	*W*	计	
*a*站		1 1	2 1 3			2 1 3		1 1		1 1 2	1 1 2		7 5 12		1 1	1 1 2		1 2 3	1 2 1	1 1		1 2 3		3 8 12 1	10 13 24 1	2 3 5	1 2 1	3 3	6 3 10 1	16 16 34 2
*b*站		1 1		1 1 2	2 2		2 1 3		1 2 1			1 1	5 5 11 1				1 2 3		1 1 2	3 1 4	2 2			5 6 11	10 11 22 1	1 2 1	2 2	3 3	2 4 7 1	12 15 29 2
*c*站		1 1	1 1	1 1 3 1		2 2	2 2			2 4 6		1 2 1	8 7 17 2	1 1 2				1 1		2 1 4 1			2 5 3G	6 2 12 1 3G	14 9 29 3 3G	3 3 8 2	2 4 2	2 4 6	7 7 18 4	21 16 47 7 3G
*E*站	1 1 2		2 3 1			2 1 3		4 4	3 2 5		 3 3	2 4 8 2	14 8 28 6		1 2 3			4 2 6		3 3	1 4 3	1 1	2 3 5	12 7 22 3	26 15 50 9	1 2 3	 2 2	1 1 2	2 3 7 2	28 18 57 11
*d*站		2 2		1 1			1 1 2		2 2 5 1	1 2 1		1 3 2	7 4 15 4	1 1		2 2	4 4		1 2 3				2 2	8 4 12	15 8 27 4	3 3	2 3 1	1 1	4 2 7 1	19 10 34 5
*e*站	2 1 3			1 3 2	1 1		2 2		1 1		2 3 1	3 3	9 4 16 3	2 2	2 2			1 1		2 1 5 2	3 3 6			10 4 16 2	19 8 32 5	3 5 8	3 5 2	7 7	13 5 20 2	32 13 52 7
*F*站	 1 1	2 2	1 1 3 1	2 1 4 1		1 1 3 1		2 3 5		1 1 2	2 4 2	2 2	11 9 26 6		3 3		2 4 7 1	1 2 1				2 5 3	5 5	12 5 22 5	23 14 48 11	3 3	2 2	1 2 3	3 5 8	26 19 56 11
*f*站	1 1		1 2 1		3 3	2 1 4 1		1 1	2 2 4		1 2 1		10 4 17 3	 1 1		2 4 2	2 3 5	1 1		1 1 2			 2 2	6 4 15 5	16 8 32 8	 1 1	2 9 2 5G	3 1 4	5 1 14 3 5G	21 9 46 11 5G
*g*站	1 1		2 2 4	 1 1		 2 2	 2 2	 1 1	2 2	1 3 4		2 2	8 5 19 6	1 1				1 2 4 1		7 7				8 3 12 1	16 8 31 7	6 6	4 4	5 8 3	9 6 18 3	25 14 49 10
*K*站		2 3 5	5 6 1		1 3 2	2 3 1		1 2 3	3 1 5 1			1 1 2	10 12 27 5	4 1 5	2 2	3 1 4	2 3 1		1 3 2		 1 1	2 2		12 4 20 4	22 16 47 9	3 3	1 2 1	2 3 1	2 4 8 2	24 20 55 11
计	5 2 8 1	7 5 12	9 9 22 4	5 4 14 5	4 3 9 2	11 4 20 5	3 6 11 2	8 6 15 1	13 8 24 3	6 9 16 1	5 2 14 7	13 5 23 5	89 63 188 36	8 3 12 1	8 3 11	6 4 12 2	9 11 22 2	9 6 16 1	3 5 12 4	18 5 26 3	4 5 13 4	6 2 11 3	11 3 19 2 3G	82 47 154 22 3G	171 110 342 58 3G	12 26 42 4	16 3 35 11 5G	25 11 40 4	53 40 117 19 5G	224 150 459 77 8G

注：1.车流在同一区段内到发时，对角线上方为下行车数，下方为上行车数，即 [上行 / 下行]；

2.表中每格左上角为棚车，左下角为平车，右上角为敞车，右下角为罐车或冷藏车，中间数字为总数，即 [P 总数 C / N G、B]，木例使用罐车全为轻油罐车。

表 1-4-3　*R* 局车种别使用车计划汇总

车种＼装车站	m地区													n地区											总计
	1站	2站	C站	3站	4站	D站	5站	6站	H站	7站	8站	G站	计	a站	b站	c站	E站	d站	e站	F站	f站	g站	K站	计	
P	15	10	26	16	14	37	13	17	33	12	21	28	242	16	12	21	28	19	32	26	21	25	24	224	466
C	14	12	19	9	10	25	12	5	23	12	11	23	175	16	15	16	18	10	13	19	9	14	20	150	325
N	2	2	10	6	4	9	5	11	14	8	6	17	94	2	2	7	11	5	7	11	11	10	11	77	171
粘																									
轻			3						3				6			3					5			8	14
B																									
总计	31	24	58	31	28	71	30	33	73	32	38	68	517	34	29	47	57	34	52	56	46	49	55	459	976

表 1-4-4　*U* 局交 *R* 局重车表

经由＼车种＼到站		m地区													n地区											局计	由F分界站交W局	总计
		1站	2站	C站	3站	4站	D站	5站	6站	H站	7站	8站	G站	计	a站	b站	c站	E站	d站	e站	F站	f站	g站	K站	计			
B分界站	P	8		2			6			2				18			4				2			5	11	29	3	32
	C		3			2			4				6	15				2				7	4		13	28	2	30
	N				8						2			10		2				3					5	15	2	17
	粘																											
	轻																											
	B																											
	计	8	3	2	8	2	6		4	2	2		6	43		2	4	2		3	2	7	4	5	29	72	7	79

表 1-4-5　*V* 局交 *R* 局重车表

经由 \ 车种 \ 到站		*m* 地区													*n* 地区											局计	由 *F* 分界站交 *W* 局	总计
		1站	2站	*C*站	3站	4站	*D*站	5站	6站	*H*站	7站	8站	*G*站	计	*a*站	*b*站	*c*站	*E*站	*d*站	*e*站	*F*站	*f*站	*g*站	*K*站	计			
B 分界站	P		5			4						6	5	20		6					11			4	21	41	3	44
	C			2				2		8				12	4			3				6			13	25	2	27
	N				7		12				6			25					9						9	34	3	37
	粘																											
	轻																											
	B								3					3			2								2	5		5
	计		5	2	7	4	12	2	3	8	6	6	5	60	4	6	2	3	9		11	6		4	45	105	8	113

表 1-4-6　*W* 局交 *R* 局重车表

经由 \ 车种 \ 到站		*m* 地区													*n* 地区											局计	由 *B* 分界站交		总计
		1站	2站	*C*站	3站	4站	*D*站	5站	6站	*H*站	7站	8站	*G*站	计	*a*站	*b*站	*c*站	*E*站	*d*站	*e*站	*F*站	*f*站	*g*站	*K*站	计		*U* 局	*V* 局	
F 分界站	P	3			4					3			3	13	6				8		2			3	19	32	2	3	37
	C			2			2		7					11			8	2					2		12	23	4	2	29
	N					7				3		8		18		2					9			4	15	33	1	1	35
	粘																												
	轻		1					1						2												2			2
	B																			2			2		4	4		2	6
	计	3	1	2	4	7	2	1	7	6		8	3	44	6	2	8	2	8	2	11		4	7	50	94	7	8	109

表 1-4-7　R 局车种别重车车流表

发＼到		m 地区													n 地区											局计	分界站交出			总计
		1站	2站	C站	3站	4站	D站	5站	6站	H站	7站	8站	G站	计	a站	b站	c站	E站	d站	e站	F站	f站	g站	K站	计		B站	F站	计	
m地区	1站		1/1	2/2		2/2			1/1		1/1	1 1/2		6 3/9		1/1	1 1/2		1 2/3	1/2/1	1/1		1 2/3		3 8/12/1	9 11/21/1	3 3/7/1	3/3	6 3/10/1	15 14/31/2
	2站				1 1/2		2/2	1 1/3/1		2/2			1/1	5 4/10/1		2/2		1 2/3				2/2			3 4/7	8 8/17/1	2 1/4/1	3/3	2 4/7/1	10 12/24/2
	C站				1 2/3	3/3		2/2		3 2/5		5 3/8	2/2	11 9/23/3	1 1/2		2/3/1		1/1		2 2/6/2			2/5/3G	8 3/17/3 3G	19 12/40/6 3G	5 3/12/4	2 4/6	7 7/18/4	26 19/58/10 3G
	3站	1 1/2		2/3/1			2 1/3	5/5			2/2			10 4/15/1		1 2/3		2/5/3					1/1		4 2/9/3	14 6/24/4	1 2/5/2	1 1/2	2 3/7/2	16 9/31/6
	4站		2/2		1/1			1 1/2		2 2/5/1			1/3/2	6 4/13/3	1/1		2/2			1 2/3				2/2	4 4/8	10 8/21/3	3 2/6/1	1/1	4 2/7/1	14 10/28/4
	D站	2 2/4		1 3/5/1	3/3			2/2		3/3		2 2/6/2	3/3	14 9/26/3	2/2		2 2/4		1 2/5/2		2 4/8/2	3 3/6			10 11/25/4	24 20/51/7	6 5/13/2	7/7	13 5/20/2	37 25/71/9
	5站		2/2		1/1		1 1/3/1				2 2/4		2/2	5 5/12/2		1/1		2 1/3		1/2/1			2/2	2/2	5 2/10/3	10 7/22/5	2 3/5	1 2/3	3 5/8	13 12/30/5
	6站	1/1		2 2/4			1 1/3/1			2/4/2			2/3/1	8 3/15/4			2/4/2		1/1		1 1/2			2/2	4 1/9/4	12 4/24/8	2/5/3	3 1/4	5 1/9/3	17 5/33/11
	H站	3/3		2 2/4	1/1		2 2/6/2		2 4/8/2		1/1	1/2/1	4/4	12 11/29/6	1/1		3/5/2		3 2/8/3		7/7		2/2		12 6/23/5	24 17/52/11	4 6/13/3G	5/8/3	9 6/21/3 3G	33 23/73/14 3G
	7站		2 3/5			1/3/2			2/2	1/2/1			1 1/2	5 6/14/3		2/2		2/3/1		1/3/2			2/2		5 2/10/3	10 8/24/6	4/5/1	2/3/1	2 4/8/2	12 12/32/8
	8站	3/6/3			2 2/4		2/2		1/1					5 5/13/3	1/2/1		3/3	2/2			2 1/3	1/1		5/5	12 3/16/1	17 8/29/4	3 3/6	1/3/2	4 3/9/2	21 11/38/6
	G站			2 4/6		2/2	2/5/3		3/3	2 2/4		4/4		12 6/24/6		2 2/4		5/5			4/4	3/3		2 2/4	9 8/20/3	21 14/44/9	5 9/17/3	2/7/5	7 9/24/8	28 23/68/17
	计	4 9/16/3	5 5/10	11 11/24/2	7 6/15/2	5/10/5	12 5/24/7	2 6/9/1	8 7/20/5	13 8/25/4	3 5/8	13 6/22/3	16 1/20/3	99 69/203/35	5 2/8/1	8 5/13	10 8/23/5	10 7/21/4	7 6/18/5	2 4/10/4	14 13/31/4	4 5/12/3	6 2/10/2	13 2/20/2 3G	79 54/166/30 3G	178 123/369/65 3G	36 41/98/18 3G	28 11/50/11	64 52/148/29 3G	242 175/517/94 6G
n地区	a站		1/1	2 1/3			2 1/3		1/1		1 1/2	1 1/2		7 5/12		1/1	1 1/2		1 2/3	1/2/1	1/1		1 2/3		3 8/12/1	10 13/24/1	3 3/7/1	3/3	6 3/10/1	16 16/34/2
	b站		1/1		1 1/2	2/2		2 1/3		1/2/1			1/1	5 5/11/1				1 2/3		1 1/2	3 1/4	2/2			5 6/11	10 11/22/1	2 1/4/1	3/3	2 4/7/1	12 15/29/2
	c站		1/1	1/1	1 1/3/1		2/2	2/2			2 4/6		1/2/1	8 7/17/2	1 1/2				1/1		2 1/4/1			2/5/3G	6 2/12/1 3G	14 9/29/3 3G	5 3/12/4	2 4/6	7 7/18/4	21 16/47/7 3G
	E站	1 1/2		2/3/1			2 1/3		4/4	3 2/5		3/3	2 4/8/2	14 8/28/6		1 2/3			4 2/6		3/3	1/4/3	1/1	2 3/5	12 7/22/3	26 15/50/9	1 2/5/2	1 1/2	2 3/7/2	28 18/57/11
	d站		2/2		1/1			1 1/2		2 2/5/1	1/2/1		1/3/2	7 4/15/4	1/1		2/2	4/4		1 2/3				2/2	8 4/12	15 8/27/4	3 2/6/1	1/1	4 2/7/1	19 10/34/5
	e站	2 1/3			1/3/2	1/1		2/2		1/1		2/3/1	3/3	9 4/16/3	2/2	2/2			1/1		2 1/5/2	3 3/6			10 4/16/2	19 8/32/5	6 5/13/2	7/7	13 5/20/2	32 13/52/7
	F站	1/1	2/2	1 1/3/1	2 1/4/1		1 1/3/1		2 3/5		1 1/2	2/4/2	2/2	11 9/26/6		3/3		2 4/7/1		1/2/1			2/5/3	5/5	12 5/22/5	23 14/48/11	2 3/5	1 2/3	3 5/8	26 19/56/11
	f站	1/1		1/2/1		3/3	2 1/4/1		1/1	2 2/4		1/2/1		10 4/17/3	1/1		2/4/2	2 3/5	1/1		1 1/2			2/2	6 4/15/5	16 8/32/8	2/10/3 5G	3 1/4	5 1/14/3 5G	21 9/46/11 5G
	g站	1/1		2 2/4	1/1		2/2	2/2	1/1	2/2	1 3/4		2/2	8 5/19/6	1/1				1 2/4/1		7/7				8 3/12/1	16 8/31/7	4 6/10	5/8/3	9 6/18/3	25 14/49/10
	K站		2 3/5	5/6/1		1/3/2	2/3/1		1 2/3	3 1/5/1			1 1/2	10 12/27/5	4 1/5	2/2	3 1/4	2/3/1	1/3/2			1/1	2/2		12 4/20/4	22 16/47/9	4/5/1	2/3/1	2 4/8/2	24 20/55/11
	计	5 2/8/1	7 5/12	9 9/22/4	5 4/14/5	4 3/9/2	11 4/20/5	3 6/11/2	8 6/15/1	13 8/24/3	6 9/16/1	5 2/14/7	13 5/23/5	89 63/188/36	8 3/12/1	8 3/11	6 4/12/2	9 11/22/2	9 6/16/1	3 5/12/4	18 5/26/3	4 5/13/4	6 2/11/3	11 3/19/2 3G	82 47/154/22 3G	171 110/342/58 3G	28 29/77/15 5G	25 11/40/4	53 40/117/19 5G	224 150/459/77 8G
局计		9 11/24/4	12 10/22	20 20/46/6	12 10/29/7	9 3/19/7	23 9/44/12	5 12/20/3	16 13/35/6	26 16/49/7	9 14/24/1	18 8/36/10	29 6/43/8	188 132/391/71	13 5/20/2	16 8/24	16 12/35/7	19 18/43/6	16 12/34/6	5 9/22/8	32 18/57/7	8 10/25/7	12 4/21/5	24 5/39/4 6G	161 101/320/52 6G	349 233/711/123 6G	64 70/175/33 8G	53 22/90/15	117 92/265/48 8G	466 325/976/171 14G
分界站接入	B站	8/8	5 3/8	2 2/4	15/15	4 2/6	6/18/12	2/2	4/7/3B	2 8/10	8/8	6/6	5 6/11	38 27/103/35 3B	4/4	6/8/2	4/6/2B	5/5	9/9	3/3	13/13	13/13	4/4	9/9	32 26/74/14 2B	70 53/177/49 5B		6 4/15/5	6 4/15/5	76 57/192/54 5B
	F站	3/3	1/1G	2/2	4/4	7/7	2/2	1/1G	7/7	3/6/3		8/8	3/3	13 11/44/18 2G	6/6	2/2	8/8	2/2	8/8	2/2B	2/11/9		2/4/2B	3/7/4	19 12/50/15 4B	32 23/94/33 4B2G	5 6/15/2 2B		5 6/15/2 2B	37 29/109/35 6B2G
	计	11/11	5 3/9/1G	2 4/6	4/19/15	4 2/13/7	6 2/20/12	2/3/1G	11/14/3B	5 8/16/3	8/8	6/14/8	8 6/14	51 38/147/53 3B2G	6 4/10	6/10/4	4 8/14/2B	7/7	8/17/9	5/3 2B	15/24/9	13/13	6/8/2B	12/16/4	51 38/124/29 6B	102 76/271/82 9B2G	5 6/15/2 2B	6 4/15/5	11 10/30/7 2B	113 86/301/89 11B2G
总计		20 11/35/4	17 13/31/1G	22 24/52/6	16 10/48/22	13 5/32/14	29 11/64/24	5 14/23/3 1G	16 24/49/6 3B	31 24/65/10	9 14/32/9	24 8/50/18	37 12/57/8	239 170/538/124 3B2G	19 9/30/2	22 8/34/4	20 20/49/7 2B	19 25/50/6	24 12/51/15	5 9/27/11 2B	47 18/81/16	8 23/38/7	12 10/29/5 2B	36 5/55/8 6G	212 139/444/81 6B6G	451 309/982/205 9B8G	69 76/190/35 2B8G	59 26/105/20	128 102/295/55 2B8G	579 411/1277/260 11B16G

第二节　卸空车计划

卸空车计划是组织日常卸车工作、编制空车调整计划和确定管内工作车保有量的重要依据。铁路局各车种的卸空车数($u_{卸空}$)是卸车数与增加卸空车数之和，即

$$u_{卸空}=u_{卸}+\Delta u_{卸空}\quad（车）\tag{1-4-2}$$

式中　$u_{卸}$、$\Delta u_{卸空}$——分别是路局计划月该车种日均卸车数、日均增加卸空车数，车。

增加卸空车是指由于中转零担货物、中转集装箱、铁路货车用具或新线、合资、地方铁路接入到达分界站(接轨站)的卸车而增加的空车。

由于使用车计划中已包括了增加使用车，所以制定卸空车计划时可不再考虑增加卸空车数。通常根据卸空车来源按下式计算各站、区段卸空车数：

$$u_{卸空}=u_{自装自卸}+u_{接入自卸}\quad（车）\tag{1-4-3}$$

式中　$u_{自装自卸}$、$u_{接入自卸}$——分别为路局计划月日均自装自卸车数、日均接入自卸车数，车。

卸空车计划按车种别和到站别编制。其自装自卸车数和接入自卸车数分别根据去向别、车种别使用车计划和外局提供的接入自卸重车资料确定。

从“表 1-4-7 *R* 局车种别重车车流表”的最下面一行可以直接得到 *R* 铁路局卸空车计划，见表 1-4-8。

表 1-4-8　*R* 局卸空车计划

到站 车种	*m* 地区													*n* 地区												总计
	1站	2站	*C*站	3站	4站	*D*站	5站	6站	*H*站	7站	8站	*G*站	计	*a*站	*b*站	*c*站	*E*站	*d*站	*e*站	*F*站	*f*站	*g*站	*K*站	计	
P	20	17	22	16	13	29	5	16	31	9	24	37	239	19	22	20	19	24	5	47	8	12	36	212	451
C	11	13	24	10	5	11	14	24	24	14	8	12	170	9	8	20	25	12	9	18	23	10	5	139	309
N	4		6	22	14	24	3	6	10	9	18	8	124	2	4	7	6	15	11	16	7	5	8	81	205
粘																									
轻		1					1						2										6	6	8
B								3					3			2			2			2		6	9
总计	35	31	52	48	32	64	23	49	65	32	50	57	538	30	34	49	50	51	27	81	38	29	55	444	982

第三节　空车调整计划

一、空车调整计划概述

每个铁路局、局管内各个地区、车站，每日按车种别的装车数和卸车数一般不是相等的。为了保证不间断地按日均衡地完成装车任务，必须按车种别将卸车数大于装车数的地区所产生的多余空车运送到装车数大于卸车数的地区，这种空车的调配工作称为空车调整。向其他

单位(铁路局、车站)移交空车数量($u_{交空}$)可由下式确定

$$u_{交空}=u_{接空}+u_{卸空}-u_{使} \quad (车) \tag{1-4-4}$$

我国铁路货车是全路通用且无固定配属站,空车走行公里不产生运输产品,因而应采取科学的手段合理优化空车的走行径路。一般以运筹学中最小费用流模型或运输问题模型作为优化模型,即对于第 i 车种别空车而言,在路网上寻找 i 车种别空车过剩的车站作为源点、同时寻找该车种别空车不足的车站作为汇点,以第 i 车种别空车走行公里最少作为主要优化目标,制定空车调整方案,实现空车过剩的铁路局、车站应向空车不足的铁路局、车站排出空车。在我国铁路网规模庞大,路网结构复杂,难以真正实现这种全路网范围内的大规模空车调整的最优方案,因此,在实际铁路调度指挥过程中,应遵循一定的原则进行空车调整:

(1)除特殊要求外,必须消灭同种空车在同一径路上的对流。

(2)空车由卸车地至装车地,一般应经由最短径路。

(3)在环状线路上,应根据空车走行公里最少的原则,制订空车调整方案。

(4)在保证货物和行车安全的条件下,可采取车种代用,以减少空车走行公里。

此外,在进行空车调整时,尚应考虑其他因素的限制,如:

(1)为保证重点物资、大宗货物(如煤炭)的装车需要,往往采取硬性调整措施,指定某些站必须向某站输送一定车种和数量的空车。

(2)当车流的最短径路为通过能力紧张的区段时,车流可经由特定径路输送。

注意,一般情况下,空重混编是我国铁路货运列车的主要编组形式,即空车流是随着重车流经过若干次改编实现从始发站向目的站配送的,在优化空车调整计划时,必须考虑同时考虑重空车流对路网通过能力的影响。

二、空车调整计划的编制

目前,我国空车调整计划是按照局间分界站、铁路局、区段、区段内中间站四个层次来编制的。

1. 局间分界站车种别交接空车数的确定

铁路总公司根据各铁路局提报的使用车计划和卸空车计划,计算各局车种别装卸差数,通过编制全路空车调整图来确定各局间分界站车种别的空车交接任务,下达给各局作为编制铁路局空车调整计划的依据。按本书所设路网结构图 1-4-1,全路空车调整图如图 1-4-2 所示。

2. 铁路局空车调整计划

铁路局根据局间分界站空车出入计划和管内各地区的使用车、卸空车计划,确定各地区分界站间的空车调整任务。R 局空车调整计划如图 1-4-3 所示。

3. 各区段的空车调整计划

依据路局空车调整图,再进一步确定各地区内各技术站和各区段间的空车流,如图 1-4-4 和图 1-4-5 所示,图 1-4-4 和图 1-4-5 中各站的装车数由“表 1-4-3 R 局车种别使用车计划”中对应站数据得到;卸车数由“表 1-4-8 R 局卸空车计划”中对应站数据得到;区间的装车、卸车数由区间内对应的各车站数据求和得到。

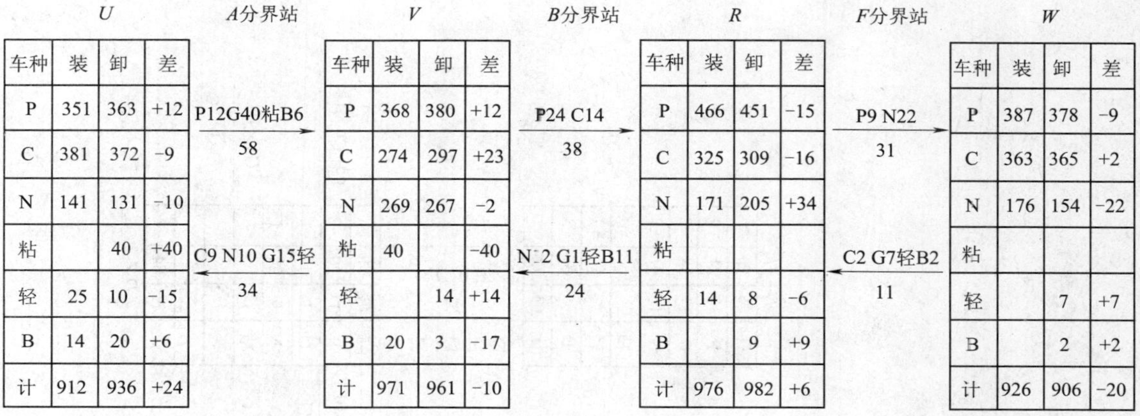

U

车种	装	卸	差
P	351	363	+12
C	381	372	-9
N	141	131	-10
粘		40	+40
轻	25	10	-15
B	14	20	+6
计	912	936	+24

*A*分界站

P12G40粘B6 → 58

C9 N10 G15轻 ← 34

V

车种	装	卸	差
P	368	380	+12
C	274	297	+23
N	269	267	-2
粘	40		-40
轻		14	+14
B	20	3	-17
计	971	961	-10

*B*分界站

P24 C14 → 38

N12 G1轻B11 ← 24

R

车种	装	卸	差
P	466	451	-15
C	325	309	-16
N	171	205	+34
粘			
轻	14	8	-6
B		9	+9
计	976	982	+6

*F*分界站

P9 N22 → 31

C2 G7轻B2 ← 11

W

车种	装	卸	差
P	387	378	-9
C	363	365	+2
N	176	154	-22
粘			
轻		7	+7
B		2	+2
计	926	906	-20

图 1-4-2　全路空车调整图

注：*R* 局的数据表中，装车数由"表 1-4-3*R* 局车种别使用车计划"的"总计"一栏得到；卸车数由"表 1-4-8*R* 局卸空车计划"的"局计"一栏得到；差 ＝ 装 － 卸。*U*、*V*、*W* 局数据表为各自局提报。

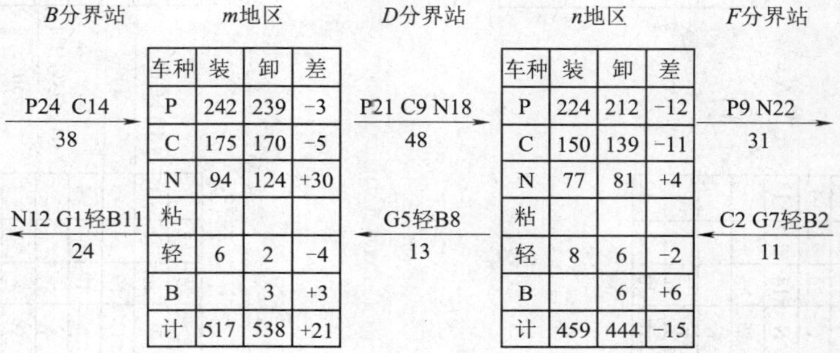

*B*分界站

P24 C14 → 38

N12 G1轻B11 ← 24

*m*地区

车种	装	卸	差
P	242	239	-3
C	175	170	-5
N	94	124	+30
粘			
轻	6	2	-4
B		3	+3
计	517	538	+21

*D*分界站

P21 C9 N18 → 48

G5轻B8 ← 13

*n*地区

车种	装	卸	差
P	224	212	-12
C	150	139	-11
N	77	81	+4
粘			
轻	8	6	-2
B		6	+6
计	459	444	-15

*F*分界站

P9 N22 → 31

C2 G7轻B2 ← 11

图 1-4-3　*R* 铁路局空车调整图

注：*m* 地区的数据表中，装车数由"表 1-4-3 *R* 局车种别使用车计划"中 *m* 地区的"计"一栏得到；卸车数由"表 1-4-8 *R* 局卸空车计划"中 *m* 地区的"计"一栏得到；同理可得 *n* 地区数据。

4. 区段空车调整计划

在地区空车调整计划的基础上，可以进一步确定区段内中间站间各车种的空车交流方向。

m 地区空车调整计划如图 1-4-6、图 1-4-7、图 1-4-8 和图 1-4-9 所示；*n* 地区空车调整计划如图 1-4-10、图 1-4-11 和图 1-4-12 所示。图 1-4-6～图 1-4-12 中各站的数据表中，装车数由"表 1-4-3 *R* 局车种别使用车计划"中各站对应数据得到；卸车数由"表 1-4-8 *R* 局卸空车计划"各站对应数据得到。

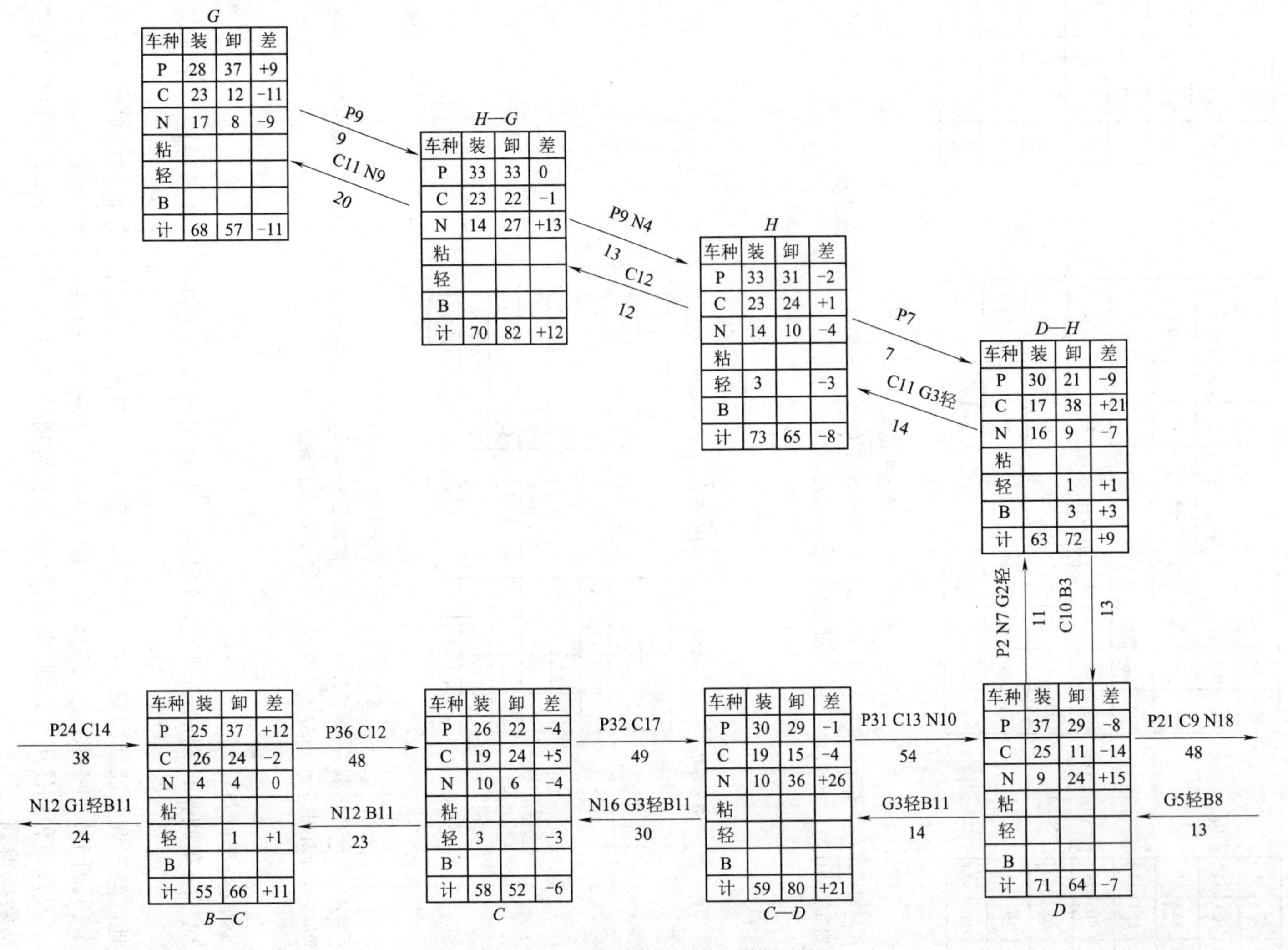

图 1-4-4　*m* 地区空车调整计划

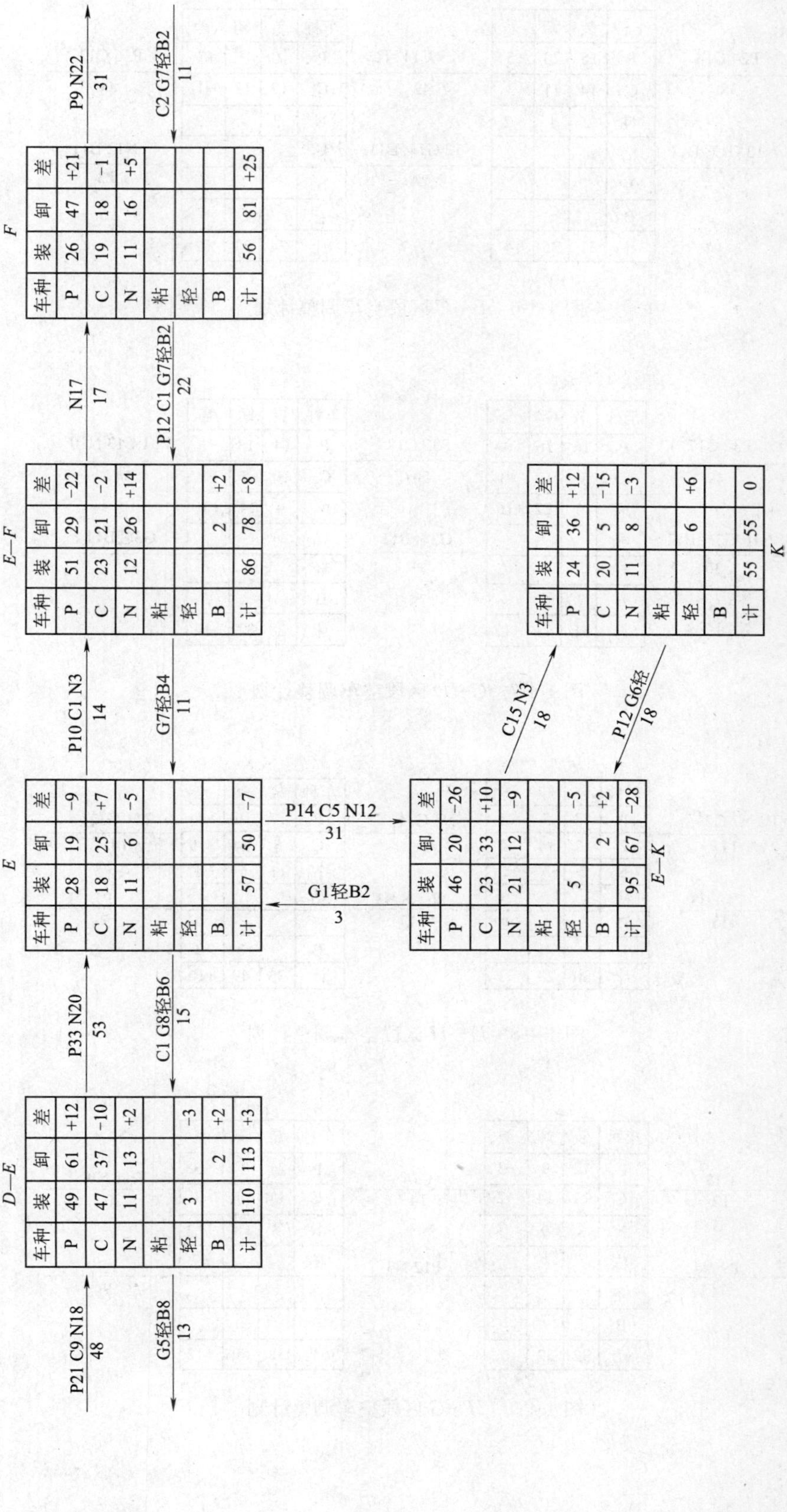

D—E

车种	装	卸	差
P	49	61	+12
C	47	37	−10
N	11	13	+2
粘			
轻	3		−3
B		2	+2
计	110	113	+3

E

车种	装	卸	差
P	28	19	−9
C	18	25	+7
N	11	6	−5
粘			
轻			
B			
计	57	50	−7

E—F

车种	装	卸	差
P	51	29	−22
C	23	21	−2
N	12	26	+14
粘			
轻			
B		2	+2
计	86	78	−8

F

车种	装	卸	差
P	26	47	+21
C	19	18	−1
N	11	16	+5
粘			
轻			
B			
计	56	81	+25

E—K

车种	装	卸	差
P	46	20	−26
C	23	33	+10
N	21	12	−9
粘			
轻	5		−5
B		2	+2
计	95	67	−28

K

车种	装	卸	差
P	24	36	+12
C	20	5	−15
N	11	8	−3
粘			
轻		6	+6
B			
计	55	55	0

图 1-4-5　n 地区空车调整计划

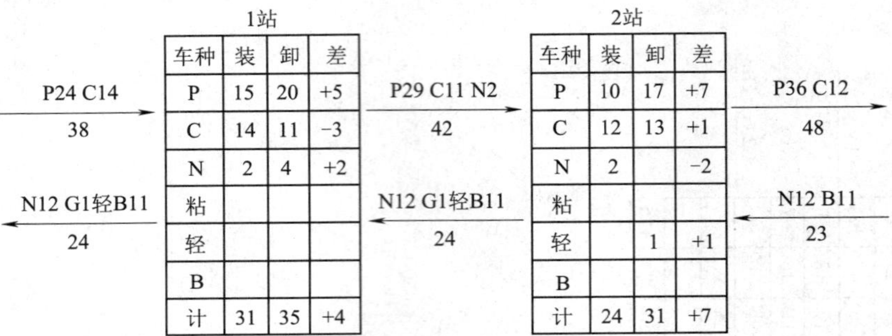

1站

车种	装	卸	差
P	15	20	+5
C	14	11	−3
N	2	4	+2
粘			
轻			
B			
计	31	35	+4

2站

车种	装	卸	差
P	10	17	+7
C	12	13	+1
N	2		−2
粘			
轻		1	+1
B			
计	24	31	+7

图 1-4-6 *B*—*C* 区段空车调整计划

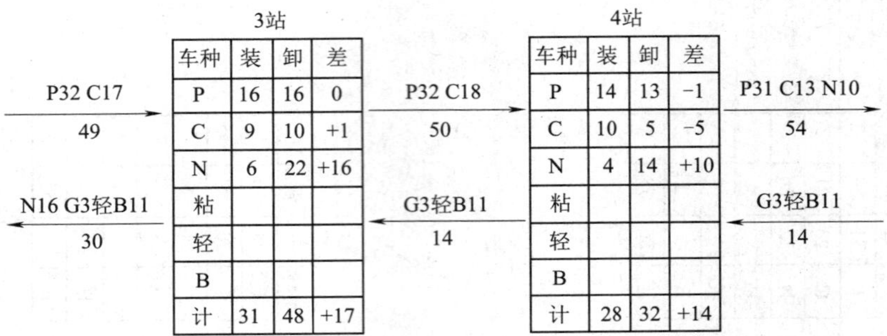

3站

车种	装	卸	差
P	16	16	0
C	9	10	+1
N	6	22	+16
粘			
轻			
B			
计	31	48	+17

4站

车种	装	卸	差
P	14	13	−1
C	10	5	−5
N	4	14	+10
粘			
轻			
B			
计	28	32	+14

图 1-4-7 *C*—*D* 区段空车调整计划

P2 N7 G2轻
11
C10 B3
13
N5 G3轻
8
P6 C8 B3
17
C11 G3轻
14
P7
7

5站

车种	装	卸	差
P	13	5	−8
C	12	14	+2
N	5	3	−2
粘			
轻		1	+1
B			
计	30	23	−7

6站

车种	装	卸	差
P	17	16	−1
C	5	24	+19
N	11	6	−5
粘			
轻			
B		3	+3
计	33	49	+16

图 1-4-8 *D*—*H* 区段空车调整计划

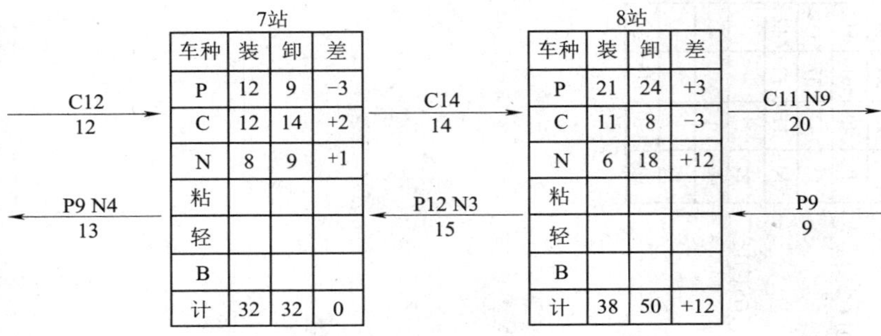

7站

车种	装	卸	差
P	12	9	−3
C	12	14	+2
N	8	9	+1
粘			
轻			
B			
计	32	32	0

8站

车种	装	卸	差
P	21	24	+3
C	11	8	−3
N	6	18	+12
粘			
轻			
B			
计	38	50	+12

图 1-4-9 *H*—*G* 区段空车调整计划

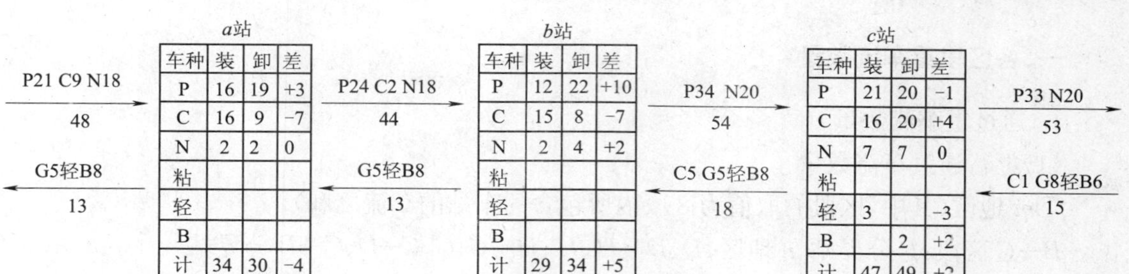

图 1-4-10　*D*—*E* 区段空车调整计划

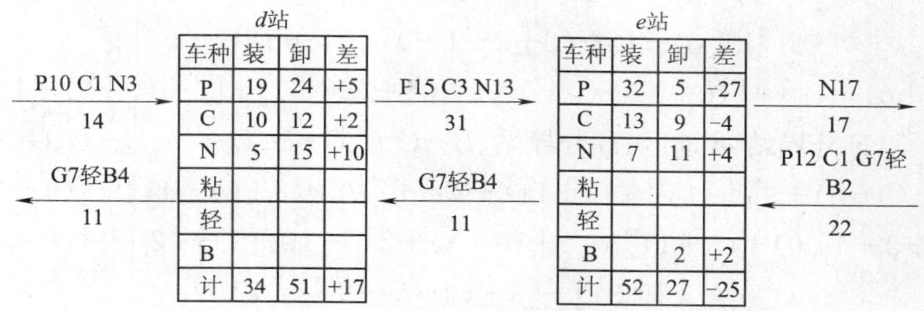

图 1-4-11　*E*—*F* 区段空车调整计划

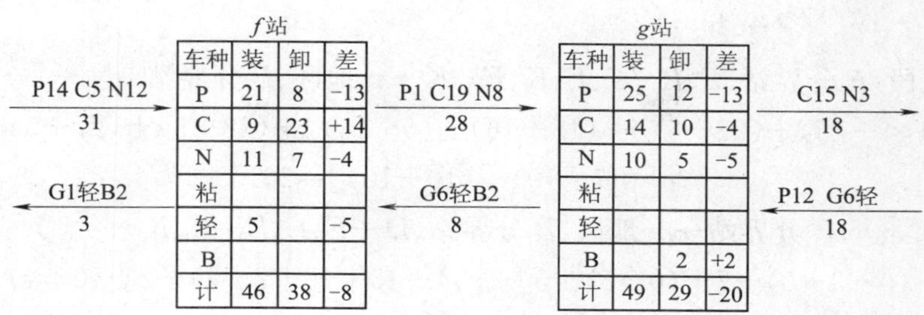

图 1-4-12　*E*—*K* 区段空车调整计划

第四节　各区段行车计划、分界站货车交接计划

铁路局在编制管内各个区段上行、下行方向行车计划时，需要考虑各个区段通过车流量、区段内各中间站摘挂车流量、重车流量、空车流量以及列车的牵引定数、编组长度等因素。其中列车牵引定数和编组长度需要根据牵引计算、运输需要以及车站线路的有效长来确定，而区段通过和摘挂等重空车流量则需要依据重车车流表、各个地区的空车调整图来确定。因此，根据所确定的重、空车流量和区段列车牵引定数、编组长度就可计算出各个区段开行的列车数量或对数。

对于简单径路上的重、空车流量的查定，只需要按照各个区段汇总各支通过和到发车流即可；对于复杂径路而言，这项工作就很烦琐，需要认真分析、找准各支车流，然后按照各个区段加总。

一、各区段重车流数量

1. 通过重车流数量

(1)上行通过车流数量

①m 地区(其中,区段的取值为区段内所包含的车站的车流之和)

B—C 区段:F 分界站、n 地区、D、D—H、H、H—G、G、C—D、C→B 分界站

15+77+13+(5+5)+13+(5+6)+17+(5+6)+12=179

C—D 区段:F 分界站、n 地区、D、D—H、H、H—G、G→C、B—C、B 分界站

[2+(3+1)+15]+[22+(8+12)+77]+[5+(4+0)+13]+
[(0+4)+(0+2+1+0)+(5+5)]+
[4+(3+0)+13]+[(0+0)+(0+5+6+0)+(5+6)]+[6+(0+0)+17]=244

D—H 区段:F 分界站、n 地区、B 分界站、B—C、C、C—D、D→H、H—G、G

[6+(0+8)+3]+[24+(16+14)+23]+[10+(8+6)+11]+[(0+2)+
(1+2+0+0)+(0+1)]+[5+(0+8)+2]+[(0+5)+(2+0+0+0)+
(0+3)]+[3+(0+6)+3]=172

H—G 区段:G 卸-(7 站、8 站→G)

57-(2+0)=55

②n 地区

D—E 区段:F 分界站、F、E—F、E、K、E—K→m 地区、B 分界站

(44+15)+(26+5)+[(15+16)+(6+13)]+(28+5)+(27+5)+
[(17+19)+(10+10)]=261

E—F 区段:F、F 分界站→m 地区、B 分界站、D—E、E、E—K、K

[26+5+(0+3+0)+7+(0+5)+5]+[44+15+(6+2+8)+2+(0+4)+7]=139

E—K 区段:K 装-(K→f 站、g 站)

55-(1+2)=52

(2)下行通过车流数量

①m 地区

B—C 区段:B 分界站→C、C—D、D、D—H、H、H—G、G、n 地区、F 分界站

4+(15+6)+18+(2+7)+10+(8+6)+11+74+15=176

C—D 区段:B 分界站、B—C、C→D、D—H、H、H—G、G、n 地区、F 分界站

[18+(2+7)+10+(8+6)+11+74+15]+[(0+2)+(0+1+3+0)+
(0+2)+(1+2+0+0)+(0+1)+(12+7)+(3+3)]+[0+(2+0)+
5+(0+8)+2+17+6]=228

D—H 区段:G、H—G、H→B 分界站、B—C、C、C—D、D、n 地区、F 分界站

[17+(0+0)+6+(0+2)+5+20+7]+[(5+6)+(0+5+6+0)+
(0+0)+(0+3+4+0)+(0+2)+(10+16)+(3+3)]+
[13+(3+0)+4+(1+0)+6+23+8]=178

H—G 区段：G 装－(G→7 站、8 站)

$$68-(0+4)=64$$

②n 地区

D—E 区段：m 地区、B 分界站→F 分界站、F、E—F、E、K、E—K

$$[50+31+(18+10)+21+20+(12+10)]+[15+13+(9+3)+5+9+(13+4)]=243$$

E—F 区段：m 地区、B 分界站、D—E、E、E—K、K→F、F 分界站

$$[31+50]+[13+15]+[(1+3)+(4+3)+(4+6)]+[3+2]+[(2+4)+(7+8)]+[0+3]=159$$

E—K 区段：K 卸－(f 站、g 站→K)

$$55-(2+0)=53$$

2. 摘挂重车流数量

(1)上行摘挂重车流数量

①B—C 区段

摘车：F 分界站、n 地区、D、D—H、H、H—G、G、C—D、C→B—C，B—C(2 站)→B—C(1 站)

$$[(3+1)+(8+12)+(4+0)+(0+2+1+0)+(3+0)+(0+5+6+0)+(0+0)+(2+0+0+2)+(0+0)]+[0]=49$$

挂车：B—C→B 分界站，B—C(2 站)→B—C(1 站)

$$[(7+4)]+[0]=11$$

②C—D 区段

摘车：F 分界站、n 地区、D、D—H、H、H—G、G→C—D，C—D(4 站)→C—D(3 站)

$$[(4+7)+(14+9)+(3+0)+(1+0+0+0)+(1+0)+(0+3+4+0)+(0+2)]+[1]=49$$

挂车：C—D→B 分界站、B—C、C，C—D(4 站)→C—D(3 站)

$$[(5+6)+(2+0+0+2)+(3+0)]+[1]=19$$

③D—H 区段

摘车：F 分界站、n 地区、B 分界站、B—C、C、C—D、D→D—H，D—H(5 站)→D—H(6 站)

$$[(1+7)+(11+15)+(2+7)+(0+1+3+0)+(2+0)+(0+5+2+0)+(2+0)]+[0]=58$$

挂车：D—H→G、H—G、H，D—H(5 站)→D—H(6 站)

$$[(2+3)+(4+0+0+0)+(0+4)]+[0]=13$$

④H—G 区段

摘车：7 站、8 站卸－(G→7 站、8 站，8 站→7 站)

$$(32+50)-(0+4+0)=78$$

挂车：7 站、8 站→G，7 站→8 站

$$2+0+0=2$$

⑤D—E 区段

摘车：F 分界站、F、E—F、E、K、E—K→D—E，D—E→D—E(上行)

$$[(6+2+8)+(0+3+0)+(1+0+2+2+2+0)+(0+3+0)+(5+4+2)+(1+0+4+1+0+0)]+[0+2+0]=48$$

挂车：$D—E$→m 地区、B 分界站，$D—E$→$D—E$（上行）

$$[(12+11+17)+(7+4+12)]+[0+2+0]=65$$

⑥$E—F$ 区段

摘车：F、F 分界站→$E—F$，$E—F$（e 站）→$E—F$（d 站）

$$[(8+2)+(0+2)]+[1]=13$$

挂车：$E—F$→m 地区、B 分界站、$D—E$、E、$E—K$、K，$E—F$（e 站）→$E—F$（d 站）

$$[(15+16)+(6+13)+(1+0+2+2+2+0)+(4+0)+(0+0+6+0)+(2+0)]+[1]=70$$

⑦$E—K$ 区段

摘车：K→f 站、g 站，g 站→f 站

$$1+2+0=3$$

挂车：f 站、g 站装－（f 站、g 站→K，f 站→g 站）

$$(46+49)-(2+0+0)=93$$

(2)下行摘挂重车流数量

①$B—C$ 区段

摘车：B 分界站→$B—C$，$B—C$（1 站）→$B—C$（2 站）

$$[8+8]+[1]=17$$

挂车：$B—C$→F 分界站、n 地区、D、$D—H$、H、$H—G$、G、$C—D$、C，$B—C$（1 站）→$B—C$（2 站）

$$[(3+3)+(12+7)+(0+2)+(0+1+3+0)+(0+2)+(1+2+0+0)+(0+1)+(0+2+2+0)+(2+0)]+[1]=44$$

②$C—D$ 区段

摘车：B 分界站、$B—C$、C→$C—D$，$C—D$（3 站）→$C—D$（4 站）

$$[(15+6)+(0+2+2+0)+(3+3)]+[0]=31$$

挂车：$C—D$→F 分界站、n 地区、D、$D—H$、H、$H—G$、G，$C—D$（3 站）→$C—D$（4 站）

$$[(2+1)+(9+8)+(3+0)+(0+5+2+0)+(0+5)+(2+0+0+0)+(0+3)]+[0]=40$$

③$D—H$ 区段

摘车：G、$H—G$、H→$D—H$，$D—H$（6 站）→$D—H$（5 站）

$$[(0+3)+(0+2+0+1)+(0+8)]+[0]=14$$

挂车：$D—H$→F 分界站、n 地区、B 分界站、$B—C$、C、$C—D$、D，$D—H$（6 站）→$D—H$（5 站）

$$[(3+4)+(10+9)+((5+5)+(0+2+1+0)+(0+4)+(1+0+0+0)+(3+3)]+[0]=50$$

④$H—G$ 区段

摘车：G→7 站、8 站，8 站→7 站

$$0+4+0=4$$

挂车：7 站、8 站装－（7 站、8 站→G，7 站→8 站）

$$(32+38)-(2+0+0)=68$$

⑤$D—E$ 区段

摘车：m 地区、B 分界站→$D—E$，$D—E$→$D—E$（下行）

$$[(8+13+23)+(4+8+6)]+[1+2+0]=65$$

挂车：D—E→F 分界站、F、E—F、E、K、E—K，D—E→D—E（下行）

$$[(3+3+6)+(1+4+4)+(3+2+0+2+1+0)+(0+3+0)+$$
$$(0+0+5)+(0+3+2+0+0+0)]+[1+2+0]=45$$

⑥E—F 区段

摘车：m 地区、B 分界站、D—E、E、E—K、K→E—F，E—F（d 站）→E—F（e 站）

$$[(18+10)+(9+3)+(3+2+0+2+1+0)+(6+0)+$$
$$(1+0+4+0)+(0+3)]+[3]=65$$

挂车：E—F→F、F 分界站，E—F（d 站）→E—F（e 站）

$$[(0+5)+(1+7)]+[3]=16$$

⑦E—K 区段

摘车：f 站、g 站卸－（K→f 站、g 站，g 站→f 站）

$$(38+29)-(1+2+0)=64$$

挂车：f 站、g 站→K，f 站→g 站

$$(2+0)+0=2$$

二、各区段空车流数量

1. 通过空车流数量

各区段上、下行空车流量由空车调整图查出。其中，通过空车数（$N_{通过}^{空}$）为该区段入、出的空车按车种取较小的车数加总

$$N_{通过}^{空}=\sum_{i}\min(n_{入空}^{i},n_{出空}^{i}) \tag{1-4-5}$$

式中 $n_{入空}^{i}$——上（下）行接入该区段的 i 种空车数，i 为棚车、敞车、平车、罐车、冷藏车及其他货车；

$n_{出空}^{i}$——上（下）行发出该区段的 i 种空车数，i 为棚车、敞车、平车、罐车、冷藏车及其他货车。

例如，计算 B—C 区段上行通过空车，由"图 1-4-4 m 地区空车调整计划"得出，该区段空车上行入 N12B11，出 N12、G1 轻、B11，则通过空车数为按车种计，取出入之中车数较小值，为 N12、B11，总计 23 辆。

C—D 区段，上行入 G3 轻、B11，出 N16、G3 轻、B11，按车种取其中较小值，即 G3 轻、B11，总计 14 辆。

2. 摘挂空车流数量

摘挂空车数（$N_{摘}^{空}$）为车种别的入、出空车数之差：入＞出为摘车数；入＜出为挂车数。分别上、下行按下式计算：

$$N_{摘}^{空}=\sum_{i}(n_{入空}^{i}-n_{出空}^{i}) \qquad n_{入空}^{i}>n_{出空}^{i} \tag{1-4-6}$$

$$N_{挂}^{空}=\sum_{i}(n_{出空}^{i}-n_{入空}^{i}) \qquad n_{入空}^{i}<n_{出空}^{i} \tag{1-4-7}$$

例如，B—C 区段上行入 N12、B11，出 N12、G1 轻、B11，通过比较计算可得该区段上行挂车 G1 轻。

如 $D—H$ 区间上行入 P2、N7、G2 轻，出 C11、G3 轻，入＞出的求差得出 P2、N7，即摘车 9 辆；出＞入的求差得到 C11、G1 轻，即总共挂车 12 辆。

具体过程见表 1-4-9、表 1-4-10。

表 1-4-9 通过空车流量表

区段		上行				下行			
		接入	发出	通过车	计	接入	发出	通过车	计
m 地区	*B—C*	N12B11	N12G1 轻 B11	N12B11	23	P24C14	P36C12	P24C12	36
	C—D	G3 轻 B11	N16G3 轻 B11	G3 轻 B11	14	P32C17	P31C13N10	P31C13	44
	D—H	P2N7G2 轻	C11G3 轻	G2 轻	2	P7	C10B3	0	0
	H—G	C12	C11N9	C11	11	P9	P9N4	P9	9
n 地区	*D—E*	C1G8 轻 B6	G5 轻 B8	G5 轻 B6	11	P21C9N18	P33N20	P21N18	39
	E—F	P12C1G7 轻 B2	G7 轻 B4	G7 轻 B2	9	P10C1N3	N17	N3	3
	E—K	P12G6 轻	G1 轻 B2	G1 轻	1	P14C5N12	C15N3	C5N3	8

表 1-4-10 摘挂空车流计算表

区段		上行				下行			
		接入	发出	摘(－)	挂(＋)	接入	发出	摘(－)	挂(＋)
m 地区	*B—C*	N12B11	N12G1 轻 B11	0	G1 轻	P24C14	P36C12	C2	P12
	C—D	G3 轻 B11	N16G3 轻 B11	0	N16	P32C17	P31C13N10	P1C4	N10
	D—H	P2N7G2 轻	C11G3 轻	P2N7	C11G1 轻	P7	C10B3	P7	C10B3
	H—G	C12	C11N9	C1	N9	P9	P9N4	0	N4
n 地区	*D—E*	C1G8 轻 B6	G5 轻 B8	C1G3 轻	B2	P21C9N18	P33N20	C9	P12N2
	E—F	P12C1G7 轻 B2	G7 轻 B4	P12C1	B2	P10C1N3	N17	P10C1	N14
	E—K	P12G6 轻	G1 轻 B2	P12G5	B2	P14C5N12	C15N3	P14N9	C10

三、各区段上、下行列车列数的计算

查出各区段上、下行通过车流及摘挂车流后，即可按下列公式计算各区段开行上、下行直通列车和摘挂列车数(n)：

$$n = n_{重} + n_{空} = \frac{U_{重}}{m_{重}} + \frac{U_{空}}{m_{空}} \quad (列/d) \qquad (1\text{-}4\text{-}8)$$

式中 $n_{重}$、$n_{空}$——上行或下行重车列车数和空车列车数，列/d；

$U_{重}$、$U_{空}$——上行或下行重车、空车流量，辆/d；

$m_{重}$、$m_{空}$——上行或下行重、空货物列车编成辆数，辆/列。

重、空混编时，区段开行的列车数(n)为

$$n = \frac{U_{重} + U_{空}}{m_{混}} \quad (列/d) \qquad (1\text{-}4\text{-}9)$$

式中 $m_{混}$——上行或下行重、空混编货物列车的编成辆数，辆/列。

R 铁路局各区段车流量计算结果汇集见表 1-4-11。

表 1-4-11　区段车流量计算表

区段（行车量／方向）		上行 车流 通过 重	上行 车流 通过 空	上行 车流 摘挂 重	上行 车流 摘挂 空	上行 列车编成	上行 列数 通过	上行 列数 摘挂	上行 列数 合计	下行 车流 通过 重	下行 车流 通过 空	下行 车流 摘挂 重	下行 车流 摘挂 空	下行 列车编成	下行 列数 通过	下行 列数 摘挂	下行 列数 合计
m 地区	*B*—*C*	179	23	−49 +11	−0 +1	40	6	2	8	176	36	−17 +44	−2 +12	40	6	2	8
	C—*D*	244	14	−49 +19	−0 +16	40	7	2	9	228	44	−31 +40	−5 +10	40	7	1	8
	D—*H*	172	2	−58 +13	−9 +12	40	5	2	7	178	0	−14 +50	−7 +13	40	5	2	7
	H—*G*	55	11	−78 +2	−1 +9	40	2	2	4	64	9	−4 +68	−0 +4	40	2	2	4
n 地区	*D*—*E*	261	11	−48 +65	−4 +2	40	7	2	9	243	39	−65 +45	−9 +14	40	8	2	10
	E—*F*	139	9	−13 +70	−13 +2	40	4	2	6	159	3	−65 +16	−11 +14	40	5	2	7
	E—*K*	52	1	−3 +93	−17 +2	40	2	3	5	53	8	−64 +2	−23 +10	40	2	2	4

注：求取列车数时，摘挂车流应取摘车数或挂车数中的较大数作标准。

四、分界站货车交接计划

技术计划中的分界站包括局间分界站和铁路局管内地区与地区之间的分界站。编制分界站货车交接计划是为了日常分配和监控各铁路局、地区的运用车保有量、各方向车流量，从而为有效地利用铁路通过能力提供车流依据。

分界站货车交接计划是指各局之间以及局管内各个地区之间分界站的车种别交接的重、空车数计划。货车按车种可划分为棚车、敞车、平车、毒品车、罐车（粘油罐车、轻油罐车和其他罐车）、冷藏车以及“其他”七类。其中，粘油罐车和轻油罐车交接车数单独列出，包含在罐车总数之中；机械冷藏车与冰盐冷藏车单独列车，包含在冷藏车总数之中。

1. 分界站重车交接计划

分界站重车交接数由“表 1-4-7*R* 局车种别重车车流表”查出。以 *R* 局为例：

(1)*m* 地区

B 分界站：交出重车 190

　　　　　接入重车 192

D 分界站：交出重车 *B* 分界站、*m* 地区→*n* 地区、*F* 分界站

$$(74+15)+(166+50)=305$$

　　　　　接入重车 *n* 地区、*F* 分界站→*B* 分界站、*m* 地区

$$(77+188)+(15+44)=324$$

(2)n 地区

D 分界站：交出重车 324

接入重车 305

F 分界站：交出重车 105

接入重车 109

R 局重车交接为 B 分界站和 F 分界站重车交接数之和。

2. 分界站空车交接计划

分界站空车交接数由空车调整图查出。以 R 局为例：

B 分界站：交出空车 N12G1 轻 B11，计 24 车

接入空车 P24C14，计 38 车

F 分界站：交出空车 P9N22，计 31 车

接入空车 C2G7 轻 B2，计 11 车

D 分界站（对 m 地区而言）：交出空车 P21C9N18，计 48 车

接入空车 G5 轻 B8，计 13 车

R 铁路局分界站货车交接计划见表 1-4-12。其中列车交接计划按区段行车量计算表填写。例如，B—C 区段上行列车数为 B 分界站交出列车数，下行列车数为 B 分界站接入列车数。F 分界站的交接列车数由 W 局计算。

表 1-4-12　分界站货车交接计划

货车出入 / 分界站		交出										接入									
		列数	合计	重车	空车							列数	合计	重车	空车						
					计	P	C	N	粘	轻	B				计	P	C	N	粘	轻	B
R 局		16	350	295	55	9		34		1	11	16	350	301	49	24	16			7	2
m 地区	B	8	214	190	24			12		1	11	8	230	192	38	24	14				
	D	10	353	305	48	21	9	18				9	337	324	13					5	8
n 地区	D	9	337	324	13					5	8	10	353	305	48	21	9	18			
	F	8	136	105	31	9		22				86	120	109	11		2			7	2

第五节　货车工作量计划

为了顺利完成装卸任务，铁路局、车站应当保留有一些数量的铁路货车，这些用于运输生产的运用车的数量不宜过多或过少，而应与该路局或车站的运输生产任务相适应。例如，运用车不足将难以实现运输计划，其结果是浪费铁路的运输能力。而运用车保有量过度膨胀会直接造成机车车辆运用效率降低，在一些车站或分界口车辆积压严重，无法有效排空而导致列车运行秩序混乱等现象发生。

一、货车工作量的概念及计算

货车从第一次装车完了之时起，至第二次装车完了之时止，称为货车的一次周转过程。货

车完成一次周转平均消耗的时间称为货车周转时间。

货车工作量是衡量一个铁路局完成这种货车运输任务的数量指标。铁路货车运输过程就是它参与运输时周而复始地完成每个周期装车、运输、卸车的循环过程。在这种循环过程中，每完成一次循环，就完成一次相应的铁路运输的任务，因此，可以使用铁路货车周转次数来衡量铁路局的工作量。而货车每周转一次计算为完成了一个工作量。其实，货车工作量是在一定时期内，全路、铁路局运用货车完成的总的货车周转次数。一般情况下，用铁路局管内一日产生的重车数来计算工作量。

对全路而言，工作量是指全路的使用车数，即

$$u = u_{使} \quad (车/d) \tag{1-4-10}$$

对铁路局而言，工作量等于使用车数与接入重车数之和

$$u = u_{使} + u_{接重} = u_{自装自卸} + u_{自装交出} + u_{接入自卸} + u_{接运通过} = u_{卸空} + u_{交重} \quad (车/d) \tag{1-4-11}$$

式中 u——铁路局每日完成的工作量，车/d；

$u_{使}$——铁路局每日使用车数，车/d；

$u_{接重}$——从各局间分界站每日接入重车数之和，车/d；

$u_{卸空}$——铁路局每日卸空车数，车/d；

$u_{交重}$——各局间分界口每日交出重车数之和，车/d。

由上式可知，工作量也可以用 $u_{卸空}+u_{交重}$ 来计算。对于运输生产技术计划，两种计算方法所得结果相同，而在日间运输生产活动中，两种计算方法所得结果往往并不一致，一般采用 $u=u_{使}+u_{接重}$ 的公式计算工作量。

显然，全路的工作量并不等于全路各铁路局工作量之和。

关系如下

$$\begin{array}{ccccc} u_{自装自卸} & + & u_{自装交出} & = & u_{使} \\ + & & + & & + \\ u_{接入自卸} & + & u_{接运通过} & = & u_{接重} \\ \| & & \| & & \| \\ u_{卸空} & + & u_{交重} & = & u \end{array}$$

具体可得基于重车车流表的工作量关系，见表 1-4-13。

表 1-4-13 工作量关系表

发 到	卸 空	局 计	分界站	交出计	总 计
使用车数	Ⅰ		Ⅱ		
局计		$u_{自装自卸}$		$u_{自装交出}$	$u_{使}$
分界站	Ⅲ		Ⅳ		
接入计		$u_{接入自卸}$		$u_{接运通过}$	$u_{接重}$
总计		$u_{卸空}$		$u_{交重}$	u

由上述公式可知，按照重车车流表，可以查出 R 铁路局及 m、n 地区的工作量：

$$u = u_{使} + u_{接重} = 976 + 301 = 1\,277\ (车/d)$$

$$u = u_{卸空} + u_{交重} = 982 + 295 = 1\,277\ (车/d)$$

$$u^m = u^m_{使} + u^m_{接重} = u^m_{使} + (u^B_{接重} + u^D_{接重})$$
$$= u^m_{使} + (u^B_{接重} + u^{F\to m}_{接重} + u^{F\to B}_{接重} + u^{n\to m}_{接重} + u^{n\to B}_{接重})$$
$$= 517 + 192 + 44 + 15 + 188 + 77 = 1\ 033\ (车/d)$$
$$u^n = u^n_{使} + u^n_{接重} = u^n_{使} + (u^D_{接重} + u^F_{接重})$$
$$= u^n_{使} + [(u^{B\to n}_{接重} + u^{B\to F}_{接重} + u^{m\to n}_{接重} + u^{m\to F}_{接重}) + u^F_{接重}]$$
$$= 459 + [(74 + 15 + 166 + 50) + 109] = 873\ (车/d)$$

由于各地区的工作量都包括了外地区向本地区所装的重车和外地区由局间分界站接入到本地区的移交重车，而这部分工作量在计算外地区的工作量时已统计过，因而各地区工作量之和大于或等于铁路局工作量。

铁路运用车分为重车和空车两大类，重车又分为管内工作车和移交重车。在日常运输调整工作中，不仅需要掌握总的运用车保有量，而且需要分别监控管内工作车、移交重车和空车的车流量，以便确定相应的车流调整措施，所以在编制技术计划时，还要定义和确定管内工作车、移交重车和空车的工作量。

二、管内工作车工作量概念及计算

在本局管内卸车的重车称为管内工作车。管内工作车工作量是指每月在铁路局范围内产生的管内工作车数。

管内工作车来自管内各站自装车流和分界站接入车流两部分，因而管内工作车工作量($u_{管内}$)可依据来源按下式计算：

$$u_{管内} = u_{卸空} = u_{自装自卸} + u_{接入自卸} \quad (车/d) \tag{1-4-12}$$

式中 $u_{自装自卸}$——管内各站一日内自装的管内工作车数，车/d；

$u_{接入自卸}$——一日内由局间分界站接入的管内工作车数，车/d。

由重车车流表查出 R 铁路局及 m、n 地区下月管内工作车工作量为

$$u_{管内} = u_{卸空} = u_{自装自卸} + u_{接入自卸} = 711 + 271 = 982\ (车/d)$$
$$u^m_{管内} = u^m_{卸空} = u^m_{自装自卸} + u^m_{接入自卸} = 391 + 147 = 538\ (车/d)$$
$$u^n_{管内} = u^n_{卸空} = u^n_{自装自卸} + u^n_{接入自卸} = 320 + 124 = 444\ (车/d)$$

铁路局管内工作车工作量等于局管内各地区管内工作车工作量之和。由于管内工作车可以作为铁路局所需空车的一部分来源，在编制技术计划时除了计算总的管内工作车工作量外，还应按车种计算管内工作车工作量。

三、移交重车工作量的概念及计算

到站为外局的重车称为移交重车。移交重车工作量是指铁路局管内每日产生的移交重车数。移交重车工作量($u_{移交}$)为自装交出重车数和接运通过重车数之和，根据重车车流表按下式计算：

$$u_{移交} = u_{交重} = u_{自装交出} + u_{接运通过} \quad (车/d) \tag{1-4-13}$$

式中 $u_{交重}$——铁路局每日向外局移交的重车数，车/d；

$u_{自装交出}$——铁路局每日自装的移交重车数，车/d；

$u_{接运通过}$——由局间分界站接入的移交重车数，车/d。

每个铁路局与相邻铁路局之间都存在分界站。在日常运输生产中，总的移交车保有量正常，并不能说明实际移交车保有量正常。因为可能有的分界站移交车过剩，有的分界站移交车不足，而两者相抵给出了保有量正常的假象。在实际保有量不正常的情况下，也并不是所有分界站的移交车保有量都不正常，因而需要知道哪些分界站的移交车保有量不正常以及与正常值的偏离量。所以，为了给运输调度日常车流调整工作提供更为精确的参照，除了需要计算铁路局总的移交重车工作量外，还要计算分界口别的移交重车工作量。

由重车车流表查出 R 铁路局下月移交重车工作量为

$$u_{移交} = u_{交重} = u_{自装交出} + u_{接运通过} = 265 + 30 = 295\ (车/d)$$

其中 $u_{移交}^{B} = 190$ 车/d，$u_{移交}^{F} = 105$ 车/d。

m 地区和 n 地区移交重车工作量为

$$u_{移交}^{m} = u_{移交,B口}^{m} + u_{移交,D口}^{m} = u_{移交,B口}^{m} + (u_{移交}^{B,m\to n} + u_{移交}^{B,m\to F口})$$
$$= 190 + [(74 + 166) + (15 + 50)] = 190 + (240 + 65) = 495\ (车/d)$$

其中 $u_{移交,B口}^{m} = 190$ 车/d，$u_{移交,D口}^{m} = 305$ 车/d(移交 n 地区工作量 240 车/d，移交 F 分界站工作量 65 车/d)。

$$u_{移交}^{n} = u_{移交,D口}^{n} + u_{移交,F口}^{n} = (u_{移交}^{F口,n\to m} + u_{移交}^{F口,n\to B口}) + u_{移交,F口}^{n}$$
$$= [(44 + 188) + (15 + 77)] + 105 = (232 + 92) + 105 = 429\ (车/d)$$

其中 $u_{移交,D口}^{n} = 324$ 车/d，$u_{移交,F口}^{n} = 105$ 车/d(移交 m 地区工作量 232 车/d，移交 B 分界站工作量 92 车/d)。

可以看出，管内各地区移交重车工作量之和一般也大于铁路局移交重车工作量。这是因为局管内各地区之间相互移交的局管内工作车对于地区来说是移交车，但对于铁路局来说是管内工作车而不是移交车。

在日常运输工作中，移交重车流数量与平均值差别较大时，常常采用空车的综合调整措施，根据调度命令以移交某车种的重、空车总数来确定分界口排空任务，即移交重车数量增加时，其增加的部分可以折合为相应车种的排空车数，反之就需要增加排空车数。由于移交车卸空后即可作为卸车局的空车来源，所以，在日常运输工作中也应按车种分别计算移交重车的工作量。

四、空车工作量的概念及计算

空车工作量是指每日管内产生的空车数，包括自卸空车和接入空车两部分。空车工作量($u_{空}$)可以根据空车来源，按下式计算：

$$u_{空} = u_{使} + u_{交空} = u_{卸空} + u_{接空} \quad (车/d) \tag{1-4-14}$$

式中　$u_{使}$——铁路局每日使用车数，车/d；

$u_{交空}$——每日由局间分界站交给外局的空车数，车/d；

$u_{卸空}$——铁路局每日卸空车数，车/d；

$u_{接空}$——每日由局间分界站接入的空车数，车/d。

$u_{卸空}$或$u_{使}$数据可由重车车流表查出，$u_{接空}$或$u_{交空}$由空车调整图规定。R 铁路局及 m、n 地

区下月平均每日空车工作量为

$$u_{\text{空}} = u_{\text{卸空}} + u_{\text{接空}} = 982 + (38 + 11) = 1\,031\ (\text{车/d})$$
$$u^{m}_{\text{空}} = u^{m}_{\text{卸空}} + u^{m}_{\text{接空}} = 538 + (38 + 13) = 589\ (\text{车/d})$$
$$u^{n}_{\text{空}} = u^{n}_{\text{卸空}} + u^{n}_{\text{接空}} = 444 + (48 + 11) = 503\ (\text{车/d})$$

铁路局空车工作量一般小于局管内各地区空车工作量之和，这是因为存在局管内地区之间交换的空车。

空车是完成装车任务的必要资源，各车种间相互代用是有限制的。因而在总的空车保有量“正常”的情况下，常常由于车种不匹配，而无法完成装车和排空任务。所以各局在计算技术计划和进行运输工作日常组织时，空车保有量应分车种掌握。这就需要按空车车种计算空车工作量。计算及数据汇总(表 1-4-14)如下：

对于 R 铁路局

$$u_{\text{空P}} = u_{\text{卸空P}} + u_{\text{接空P}} = 451 + 24 = 475\ (\text{车/d})$$
$$u_{\text{空C}} = u_{\text{卸空C}} + u_{\text{接空C}} = 309 + 14 + 2 = 325\ (\text{车/d})$$
$$u_{\text{空N}} = u_{\text{卸空N}} + u_{\text{接空N}} = 205 + 0 = 205\ (\text{车/d})$$
$$u_{\text{空G轻}} = u_{\text{卸空G轻}} + u_{\text{接空G轻}} = 8 + 7 = 15\ (\text{车/d})$$
$$u_{\text{空B}} = u_{\text{卸空B}} + u_{\text{接空B}} = 9 + 2 = 11\ (\text{车/d})$$

对于 m 地区

$$u^{m}_{\text{空P}} = u^{m}_{\text{卸空P}} + u^{m}_{\text{接空P}} = 239 + 24 = 263\ (\text{车/d})$$
$$u^{m}_{\text{空C}} = u^{m}_{\text{卸空C}} + u^{m}_{\text{接空C}} = 170 + 14 = 184\ (\text{车/d})$$
$$u^{m}_{\text{空N}} = u^{m}_{\text{卸空N}} + u^{m}_{\text{接空N}} = 124 + 0 = 124\ (\text{车/d})$$
$$u^{m}_{\text{空G轻}} = u^{m}_{\text{卸空G轻}} + u^{m}_{\text{接空G轻}} = 2 + 5 = 7\ (\text{车/d})$$
$$u^{m}_{\text{空B}} = u^{m}_{\text{卸空B}} + u^{m}_{\text{接空B}} = 3 + 8 = 11\ (\text{车/d})$$

对于 n 地区

$$u^{n}_{\text{空P}} = u^{n}_{\text{卸空P}} + u^{n}_{\text{接空P}} = 212 + 21 = 223\ (\text{车/d})$$
$$u^{n}_{\text{空C}} = u^{n}_{\text{卸空C}} + u^{n}_{\text{接空C}} = 139 + 9 + 2 = 150\ (\text{车/d})$$
$$u^{n}_{\text{空N}} = u^{n}_{\text{卸空N}} + u^{n}_{\text{接空N}} = 81 + 18 = 99\ (\text{车/d})$$
$$u^{n}_{\text{空G轻}} = u^{n}_{\text{卸空G轻}} + u^{n}_{\text{接空G轻}} = 6 + 7 = 13\ (\text{车/d})$$
$$u^{n}_{\text{空B}} = u^{n}_{\text{卸空B}} + u^{n}_{\text{接空B}} = 6 + 2 = 8\ (\text{车/d})$$

表 1-4-14　*R* 局及 *m*、*n* 地区工作量

局或地区	R 局	m 地区	n 地区
工作量 u	1 277	1 033	873
管内工作车工作量 $u_{\text{管内}}$	982	538	444
移交车工作量	总 295	总 495	总 429
	B 口 190	B 口 190	F 口 105
	F 口 105	D 口 305 $D\to n$ 240 $D\to F$ 口 65	D 口 324 $D\to m$ 232 $D\to B$ 口 92

续上表

局或地区		R局	m地区	n地区
空　车	P	475	263	233
	C	325	184	150
	N	205	124	99
	轻	15	7	13
	B	11	11	8
	总	1 031	589	503

【复习题】

1. 为什么说重车车流表是编制技术计划的基础？怎样汇总重车车流表？
2. 卸空车计划的作用是什么？
3. 空车调整计划的编制原则是什么？空车调整计划编制分哪几个层次？分别是什么？
4. 计算各区段上、下行重、空车流量的目的是什么？
5. 什么是工作量？在技术计划中计算工作量的目的是什么？
6. 什么是管内工作车工作量、移交重车工作量和空车工作量？
7. 工作量与管内工作车工作量和移交重车工作量的关系是什么？
8. 为什么在计算了总的移交车工作量后，还需要分别计算各分界站的移交车工作量？

第五章　货车运用质量指标计划

衡量货车运用的质量指标有很多,包括载重量、容积的利用程度和周转、输送速度以及检修率几个方面。其中主要指标有货车静载重、货车动载重、货车载重力利用率、货车容积利用率,货车周转时间、货车日车公里及检修车占车辆总数的比值、车辆运用时间占全部车辆时间比值等。在编制技术计划阶段,为了给各个铁路局分配运用车数,主要用货车周转时间、货车日车公里这两项指标来从时间上考核货车运用的效率,而对于车辆装载和检修等货车指标则很少考虑。

第一节　货车周转时间

货车的一次周转过程是指货车从第一次装车完了时起至再次装车完了时止的运输过程。而货车周转时间是指货车完成一次周转所平均消耗的时间,以 d 为单位。由于铁路局的部分货车在局管内的周转过程并不完整,所以对于铁路局来说,货车周转时间是指货车在管内每产生一次重车状态所平均消耗的货车时间。铁路上计算货车周转时间可以采用车辆相关法和时间相关法两种方法。

一、车辆相关法

假设全路每天装车 20 万辆,而货车周转时间为 4 d,那么第 1 天需要使用 20 万辆货车,第 2 天、第 3 天、第 4 天都必须用额外的 20 万辆货车来装车,而到了第 5 天就可以将第 1 天装运那 20 万辆重车在卸车站卸空以后再装车了。要保证完成每天 20 万辆货车的装车量,总共需要 80 万辆货车:20 万×4=80 万,即 $u\times\theta=N$,由此,货车周转时间 θ 为

$$\theta=\frac{N}{u}\quad(\mathrm{d})\tag{1-5-1}$$

式中　N——管内运用车保有量,车;

　　u——每日内完成的工作量,车/d。

对于铁路局,由于 $u=u_{使}+u_{接重}$,故

$$\theta=\frac{N}{u_{使}+u_{接重}}\quad(\mathrm{d})\tag{1-5-2}$$

根据局管内运用车保有量和完成的工作量之间的比例关系,来计算货车周转时间的方法称为车辆相关法。车辆相关法简单快捷,在统计日、旬、月、年完成的货车周转时间和制定调度工作日班计划时常采用这种方法。在日常统计中,一般令公式中 N 取 18:00 时的运用车数。但 18:00 时的运用车数不能代表全日所消耗的车辆数。因而,该计算的结果将不够精确。在较长期统计时,为了得到精确结果,可取统计量 N 的均值。车辆相关法计算简单,公式并不能反映日常各项运输工作的效率大小,在编制运输生产计划时,先确定货车周转时间指标,然后

确定所需的运用车数,因而,在编制运输生产计划和定期分析工作中,采用时间相关法计算货车周转时间。

二、时间相关法

依据图 1-5-1 的货车周转过程,使用时间相关法计算货车周转时间时,可将货车完成一次周转所平均消耗的时间分为三个部分:在各区段的旅行时间 $T_{旅}$;在各技术站进行中转作业的停留时间 $T_{技}$;在货物装卸站的停留时间 $T_{货}$;则货车周转时间公式为

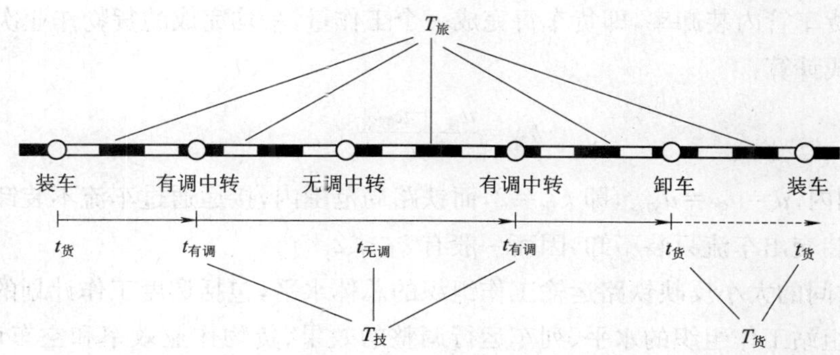

图 1-5-1　货车周转过程图

$$\theta=\frac{1}{24}(T_{旅}+T_{技}+T_{货})=\frac{1}{24}\left(\frac{l}{v_{旅}}+\frac{l}{L_{技}}t_{中}+k_{管}\ t_{货}\right) \quad (d) \qquad (1\text{-}5\text{-}3)$$

式中 $T_{旅}$——货车在一次周转中平均在各区段内的旅行时间之和,包括区间运行、起停附加时分和中间站停站总时间,h;

$T_{技}$——货车在一次周转中在各技术站进行中转作业的停留时间之和,h;

$T_{货}$——货车在一次周转中在装卸站的停留时间,h;

l——货车全周距,即货车在一次周转中平均走行的距离,km,按下式计算:

$$l=\frac{\sum NS}{u}=\frac{\sum NS_{重}+\sum NS_{空}}{u}=l_{重}+l_{空}=l_{重}(1+\alpha) \qquad (1\text{-}5\text{-}4)$$

其中 $\sum NS$——局管内全部货车每日在管内的走行公里,车·km/d,

$\sum NS_{重}$——管内每日重车走行公里,车·km/d,

$\sum NS_{空}$——管内每日空车走行公里,车·km/d,

u——铁路局每日完成的工作量,车/d,

$l_{重}$——货车重周距,即货车在管内的一次周转中在重车状态下平均走行的距离,km,

$l_{空}$——货车空周距,即货车在管内的一次周转中在空车状态下的平均走行距离,km,

α——空车走行率,即货车在一次周转中空车走行距离与重车走行距离之比;

$L_{技}$——货车中转距离,即货车在技术站两次中转之间的平均走行距离,车·km/次,可用下式计算:

$$L_{技} = \frac{\sum NS}{\sum N_{技}} \tag{1-5-5}$$

其中　$\sum N_{技}$——总中转次数，即各技术站中转车数之和，次/d；

$v_{旅}$——货车平均旅行速度，km/h；

$t_{中}$——货车在技术站的平均中转时间，h；

$t_{货}$——货车每进行一次货物作业平均在站的停留时间，h；

$k_{管}$——货车管内装卸率，即货车每完成一个工作量，平均完成的货物作业次数，可用下式计算：

$$k_{管} = \frac{u_{使} + u_{卸空}}{u} \tag{1-5-6}$$

在全路范围内，$u = u_{使} = u_{卸空}$，即 $k_{管} = 2$，而铁路局范围内，接运通过车流不装卸、接入卸车流只卸不装、自装交出车流只装不卸，因而一般有 $k_{管} < 2$。

货车周转时间的大小反映铁路运输工作组织的总体水平，包括调度工作计划的优劣、运行图编制质量、编组站工作组织的水平、列车运行调整的效果、货物作业效率和空车调整的质量等，是衡量铁路运营组织工作的综合指标。

在统计的各项指标准确的前提下，这两种方法所得出的计算结果应当相同。而在编制技术计划时，一般事先并不会知道运用车保有量的数值，因此，需要先计算路局下月应完成的各类工作量，再利用时间相关法计算出货车周转时间，然后再利用车辆相关法根据工作量和货车周转时间计算运用车保有量。

第二节　管内工作车、移交车和空车周转时间

在铁路局的日常运营生产中，除了了解宏观的运用车总量的理论值，还需要在微观上衡量管内工作车、移交车和空车车辆数的理论值，才能在日常调度指挥中，依据这些理论值进行车流调整。因而，需相应地计算管内工作车周转时间、移交车周转时间和空车周转时间，进而计算其对应的理论值。

一、管内工作车周转时间

管内工作车是指在自管局为各站卸车的重车，它包括自装自卸重车和接入自卸重车两部分。

管内工作车周转时间($\theta_{管内}$)指管内工作车自产生至转变为空车所平均延续的时间，即在管内装车完了或从外局接入之时起至卸车完了之时止所平均消耗的时间，按下式计算：

$$\theta_{管内} = \frac{1}{24}\left[\frac{l_{管内}}{v_{旅}} + \frac{l_{管内}}{L_{技}}t_{中} + k'_{管}\ t_{货}(1-\gamma)\right] \quad (\mathrm{d}) \tag{1-5-7}$$

式中　$l_{管内}$——管内工作车周距，即管内工作车从接入分界站或装车站至卸车站平均走行的距离，km，其按下式计算：

$$l_{管内}=\frac{\sum NS_{自装自卸}+\sum NS_{接入自卸}}{u_{卸空}} \quad (km) \tag{1-5-8}$$

其中 $\sum NS_{自装自卸}$——每日管内各站自装的管内工作车在管内的走行公里，车·km/d，

$\sum NS_{接入自卸}$——每日从外局接入的管内工作车在管内的走行公里，车·km/d，

$u_{卸空}$——管内工作车工作量，每日内接入和自装的管内工作车数，车/d，可按下式计算：

$$u_{卸空}=u_{自装自卸}+u_{接入自卸} \quad (车/d) \tag{1-5-9}$$

$v_{旅}$——管内工作车旅行速度，km/h；

$k'_{管}$——管内工作车的管内装卸率，即每辆管内工作车在局管内平均进行的货物作业次数，可按下式计算：

$$k'_{管}=\frac{u_{自装自卸}+u_{卸空}}{u_{卸空}} \tag{1-5-10}$$

γ——空态系数，货车在一次货物作业在站停留时间内空车状态时间占停时的比重。装车时，空状态是指自空车到达车站时起，至装车完了时止；卸车时，空状态是指自重车卸完时起至空车从车站发出时止；双重作业时，自卸车完了时起，至装车完了时止。

计算管内工作车周转时间的车辆相关法公式为

$$\theta_{管内}=\frac{N_{管内}}{u_{管内}} \quad (d) \tag{1-5-11}$$

式中 $N_{管内}$——管内工作车保有量，车；

$u_{管内}$——管内工作车工作量，车/d。

二、移交重车周转时间

移交重车（简称移交车）是指由本铁路局移交给外局的重车运用车。移交重车周转时间（$\theta_{移交}$）指移交车在自管内装车完了或由局间分界站接入时起，至移交给邻局时止所平均消耗的时间，计算公式为

$$\theta_{移交}=\frac{1}{24}\left[\frac{l_{移交}}{v_{旅}}+\frac{l_{移交}}{L_{技}}t_{中}+k''_{管}\ t_{货}(1-\gamma)\right] \quad (d) \tag{1-5-12}$$

式中 $l_{移交}$——移交车周距，即移交车在管内平均走行的距离，km，可按下式计算：

$$l_{移交}=\frac{\sum NS_{自装交出}+\sum NS_{接入通过}}{u_{移交}} \quad (km) \tag{1-5-13}$$

其中 $\sum NS_{自装交出}$——自装交出的移交重车在管内的走行公里，车·km/d，

$\sum NS_{接入通过}$——由局间分界站接入的移交重车在管内的走行公里，车·km/d，

$u_{移交}$——移交重车工作量，车/d；

$k''_{管}$——移交车管内装卸率，即平均每辆移交车在管内平均进行的货物作业次数，可按下式计算：

$$k''_{管}=\frac{u_{自装交出}}{u_{移交}} \tag{1-5-14}$$

计算移交重车周转时间的车辆相关法公式为

$$\theta_{移交}=\frac{N_{移交}}{u_{移交}} \quad (d) \tag{1-5-15}$$

式中 $N_{移交}$——移交车保有量,车;

$u_{移交}$——移交车工作量,车/d。

三、空车周转时间

空车周转时间指从重车在管内卸空时或空车由邻局接入时起,至装车完毕或移交邻局时止所消耗的时间,可按下式计算:

$$\theta_{空}=\frac{1}{24}\left(\frac{l'_{空}}{v_{旅}}+\frac{l'_{空}}{L_{技}}t_{中}+k'''_{管}\ t_{货}\gamma\right) \quad (d) \tag{1-5-16}$$

式中 $l'_{空}$——空车周距,即平均每辆空车在管内存续期间(指由分界站接入或在管内卸车站卸车完了至装车完毕或移交外局)平均走行的距离,km,按下式计算:

$$l'_{空}=\frac{\sum NS_{空}}{u_{空}} \quad (km) \tag{1-5-17}$$

其中 $u_{空}$——空车工作量,车/d;

$k'''_{管}$——空车管内装卸率,即空车在管内存续期间平均完成的货物作业次数,可按下式计算:

$$k'''_{管}=\frac{u_{使}+u_{卸空}}{u_{空}} \tag{1-5-18}$$

计算空车周转时间的车辆相关法公式为

$$\theta_{空}=\frac{N_{空}}{u_{空}} \quad (d) \tag{1-5-19}$$

式中 $N_{空}$——空车保有量,车;

$u_{空}$——空车工作量,车/d。

第三节　货车周转时间各项因素的确定

在计算货车周转时间的时间相关法公式中,主要影响因子大致可分为两类因素,即客观因素和主观因素,客观因素包括货车周距、货车平均中转距离、管内装卸率和空态系数,主要由月度运输计划、技术站的分布及货物作业车须在站办理的作业等方面决定;而主观因素包括旅行速度、中转时间和一次货物作业停留时间,与铁路工作人员的工作效率有关。在技术计划编制之初,事先并不知道铁路运用车保有量的具体数值,所以,需要利用时间相关法计算货车周转时间的大小。这就必须确定该公式中的各项客观因素的数值,同时利用列车运行图的数据和车站技术作业标准的数值来确定主观因素的数值。

一、货车周转时间客观因素

1. 各种货车周转距离

货车全周距、重周距、空周距,管内工作车周距,移交车周距,空车周距根据相应的重、空车公里和工作量计算。

(1)计算重、空车公里。

重车公里按区段汇总。各区段的通过车流在本区段的走行公里为全区段里程。区段内到、发车流的计算可以采用以下方法：

①按实际里程计算。根据使用车计划、接运重车计划及装车站或接入分界站至到站或交出分界站间车流径路的实际里程，按区段汇总其管内工作车和交出分界口别的移交车走行公里。这种方法结果准确，但计算过程复杂，人工计算费时费力。在计算机条件下，计算结果较好

②按区段到、发车流走行距离的加权平均值计算。区段内各站的装车数量一般是不均等的，其发、到车流在环路上的径路也可能不相同。为了减少计算误差，可以根据实际站间距离和车流数据，对区段内到、发车流的每一运行方向确定一个平均走行里程

③按区段距离折半计算。区段距离折半计算法在汇总区段内到、发的管内工作车和交出分界口别的移交车走行公里时，均按全区段里程折半计算。该方法简单，其计算结果通常能满足需要的精确程度。但在环状线路上，本区段不同车站发往同一到站或区段的车流、外区段同一车站发往本区段不同到站的车流，往往经过不同的径路，车流的平均走行距离一般小于折半里程。此时，区段内到、发车流按里程折半计算误差较大。因而，区段距离折半计算法适用于不构成环路

(2)根据货车走行公里、管内工作车、移交车和空车走行公里和各种运用车工作量即可计算各种周距。

2. 货车平均中转距离

货车平均中转距离根据货车走行公里和各技术站中转车数确定。而各技术站中转车数等于各站有调中转车数和无调中转车数之和。中转重车数根据对各支车流的径路分析由重车车流表查出；中转空车数由空车调整图确定。在计算时应注意列车运行图规定不进行中转作业而直接通过技术站的直达列车的车流应从该技术站的中转车数中减去，不算该站的中转车流。

3. 各种管率

各种管率根据重车车流表和空车调整图的资料计算。

4. 空态系数

由于设备和作业组织方法不同，各站的空态系数一般也不相同。目前，全国各铁路局一般都采用经验数据 0.3～0.5 作为标准。在本书算例中采用 0.3。

以上这些客观因素是由本局发送和接运货物的流向、流量和管内技术站的配置决定的。

二、货车周转时间的主观因素

在编制技术计划时，主观因素(如货车旅行速度、车辆在技术站中转停留时间和一次货物作业停留时间)根据统计资料确定。本书算例采用数据见表 1-5-1。

表 1-5-1　*R* 铁路局货车周转时间主观因素数据

局或地区	$v_{旅}$(km/h)	$t_{中}$(h)	$t_{货}$(h)
R 铁路局	45	5.3	8.7
m 地区	46	5.6	8.8
n 地区	42	5.2	8.1

第四节　各种货车周转距离的计算

货车全周距、重周距、空周距，管内工作车周距，移交车周距，空车周距根据相应的重、空车走行公里和工作量计算。工作量前边已经计算出来，接下来主要是进行重、空车走行公里数的计算。可以采用的计算方法为：

(1)按实际里程计算，结果准确，计算过程较烦琐。

(2)按区段到、发车流走行距离的加权平均值计算。

(3)按区段距离折半计算，结果通常能满足需要的精度，计算方法简单，适用于不构成环路且区段内中间站和货运量分布比较均匀的铁路局或路段。

本节介绍运用区间实际里程法计算的计算过程，里程折半法给出详细结果。计算中的区段及站间的里程数据见表 1-5-2。

表 1-5-2　区段及站间里程表

<table>
<tr><th>地　区</th><th>区　段</th><th>站　间</th><th>站间距离(km)</th><th>区段间距(km)</th></tr>
<tr><td rowspan="12">m 地区</td><td rowspan="3">B—C</td><td>B—1</td><td>35</td><td rowspan="3">100</td></tr>
<tr><td>1—2</td><td>30</td></tr>
<tr><td>2—C</td><td>35</td></tr>
<tr><td rowspan="3">C—D</td><td>C—3</td><td>40</td><td rowspan="3">120</td></tr>
<tr><td>3—4</td><td>40</td></tr>
<tr><td>4—D</td><td>40</td></tr>
<tr><td rowspan="3">D—H</td><td>D—5</td><td>30</td><td rowspan="3">80</td></tr>
<tr><td>5—6</td><td>30</td></tr>
<tr><td>6—H</td><td>20</td></tr>
<tr><td rowspan="3">H—G</td><td>H—7</td><td>30</td><td rowspan="3">100</td></tr>
<tr><td>7—8</td><td>30</td></tr>
<tr><td>8—G</td><td>40</td></tr>
<tr><td rowspan="10">n 地区</td><td rowspan="4">D—E</td><td>D—a</td><td>40</td><td rowspan="4">150</td></tr>
<tr><td>a—b</td><td>40</td></tr>
<tr><td>b—c</td><td>40</td></tr>
<tr><td>c—d</td><td>30</td></tr>
<tr><td rowspan="3">E—K</td><td>E—f</td><td>30</td><td rowspan="3">100</td></tr>
<tr><td>f—g</td><td>40</td></tr>
<tr><td>g—K</td><td>30</td></tr>
<tr><td rowspan="3">E—F</td><td>E—d</td><td>40</td><td rowspan="3">100</td></tr>
<tr><td>D—e</td><td>30</td></tr>
<tr><td>e—F</td><td>30</td></tr>
</table>

一、重、空车走行公里的计算

以 R 铁路局为例，1 至 8 站和 a、b、c、d、e、f、g 站为各区段内的中间站，货车走行公里分别按管内工作车、移交本局的外地区的重车、移交外局的移交车和空车计算。数据依据 R 铁路局重车车流表，按实际里程法计算的步骤如下：

1. 计算管内工作车走行公里

管内工作车在每一区段的走行公里包括管内工作车通过、到达该区段和从该区段发出的走行公里之和。R 局的管内工作车走行公里见表 1-5-3。

表 1-5-3　*R* 局管内工作车走行公里计算表

地区	区段		车流量(车/d)	走行公里[车流量(车/d)×区段间距(km)=走行公里(车·km/d)]	合计(车·km/d)
m 地区	*B*—*C*	通过	(*B* 分界站→*m*)−(*B* 分界站→1、2)　103−(8+8)=87	87×100=8 700 (8 700)	12 925
		到达	*n* 地区、*F* 分界站→1　8+3=11 *m* 地区、*F* 分界站→2　12+1=13 *B* 分界站→1　8 *B* 分界站→2　8 (*m*→1)−(2→1)　16−0=16 (*m*→2)−(1→2)　10−1=9	11×65=715 13×35=455 8×35=280 8×65=520 16×65=1 040 9×35=315 (3 325)	
		发出	1→*m*(含 1→2)　9 2→*m*(含 2→1)　10	8×65+1×30=550 10×35+0×30=350 (900)	
	C—*D*	通过	*B* 分界站、1、2、*C*→*D*、5、6、*H*、7、8、*G*　(18+2+7+10+8+6+11)+(0+0+1+0+1+2+0)+(2+3+0+2+0+0+1)+(0+2+0+5+0+8+2)=62+4+8+17=91 *n* 地区、*F* 分界站、*D*、5、6、*H*、7、8、*G*→1、2、*C*　(4+0+5)+(0+2+0)+(1+0+4)+(3+0+4)+(0+5+0)+(6+6+0)+(0+0+6)+(8+12+22)+(3+1+2)=9+2+5+7+5+6+6+42+6=88	(91+88)×120=21 480 (21 480)	27 760
		到达	*B* 分界站、1、2、*C*→3　15+0+2+3=20 *B* 分界站、1、2、*C*→4　6+2+0+3=11 *n* 地区、*F* 分界站、*D*、5、6、*H*、7、8、*G*→3　14+4+3+1+0+1+0+4+0=27 *n* 地区、*F* 分界站、*D*、5、6、*H*、7、8、*G*→4　9+7+0+0+0+0+3+0+2=21	20×40=800 11×80=880 27×80=2 160 21×40=840 (4 680)	
		发出	3→1、2、*C*、4　2+0+3+0=5 3→*D*、5、6、*H*、7、8、*G*　3+0+5+0+2+0+0=10 4→1、2、*C*　0+2+0=2 4→3、*D*、5、6、*H*、7、8、*G*　1+0+2+0+5+0+0+3=11	5×40=200 10×80=800 2×80=160 11×40=440 (1 600)	

续上表

地区	区段	车流量(车/d)		走行公里[车流量(车/d)×区段间距(km)=走行公里(车·km/d)]	合计(车·km/d)
m地区	D—H	通过	B分界站、n地区、F分界站、1、2、C、3、4、D→H、7、8、G (10+8+6+11)+(24+16+14+23)+(6+0+8+3)+(0+1+2+0)+(2+0+0+1)+(5+0+8+2)+(0+2+0+0)+(5+0+0+3)+(3+0+6+3)=35+77+17+3+3+15+2+8+12=172 H、7、8、G→1、2、C、3、4、D (3+0+4+1+0+6)+(0+5+0+0+3+0)+(6+0+0+4+0+2)+(0+0+6+0+2+5)=14+8−12+13=47	(172+47)×80=17 520 (17 520)	21 690
		到达	n地区、F分界站、B分界站、1、2、C、3、4、D→5 11+1+2+0+3+2+0+2+2=23 n地区、F分界站、B分界站、1、2、C、3、4、D→6 15+7+7+1+0+0+5+0+0=35 H、7、8、G→5 0 H、7、8、G→6 8+2+1+3=14	23×30=690 35×60=2 100 14×20=280 (3 070)	
		发出	5→6、1、2、C、3、4、D 0+0+2+0+1+0+3=6 5→H、7、8、G 0+4+0+2=6 6→5 0 6→1、2、C、3、4、D 1+0+4+0+0+3=8 6→H、7、8、G 4+0+0+3=7	6×30=180 6×50=300 8×60=480 7×20=140 (1 100)	
	H—G	通过	n地区、F分界站、B分界站、1、2、C、3、4、D、5、6、H→G 23+3+11+0+1+2+0+3+3+2+3+4=55 G→1、2、C、3、4、D、5、6、H 0+0+6+0+2+5+0+3+4=20	(55+20)×100=7 500 (7 500)	12 660
		到达	B分界站、n地区、F分界站、1、2、C、3、4、D、5、6、H→7 8+16+0+1+0+0+2+0+0+4+0+1=32 B分界站、n地区、F分界站、1、2、C、3、4、D、5、6、H→8 6+14+8+2+0+8+0+0+6+0+0+2=46 G→8 4 G→7 0	32×30=960 46×60=2 760 4×40=160 (3 880)	
		发出	7→8 0 7→G 2 7→1、2、C、3、4、D、5、6、H 0+5+0+0+3+0+0+2+2=12 8→7、G 0、0 8→1、2、C、3、4、D、5、6、H 6+0+0+4+0+2+0+1+0=13	0 2×70=140 12×30=360 0 13×60=780 (1 280)	

续上表

地区	区段		车流量(车/d)	走行公里[车流量(车/d)×区段间距(km)＝走行公里(车·km/d)]	合计(车·km/d)
n地区	$D—E$	通过	m地区、B分界站→E、d、e、F、f、g、K　(21＋18＋10＋31＋12＋10＋20)＋(5＋9＋3＋13＋13＋4＋9)＝122＋56＝178	178×150＝26 700 (26 700)	37 900
		到达	F分界站、E、d、e、F、f、g、K→a　6＋0＋1＋2＋0＋1＋1＋5＝16 m地区、B分界站→a　8＋4＝12 F分界站、E、d、e、F、f、g、K→b　2＋3＋0＋2＋3＋0＋0＋2＝12 m地区、B分界站→b　13＋8＝21 F分界站、E、d、e、F、f、g、K→c　8＋0＋2＋0＋0＋4＋0＋4＝18 m地区、B分界站→c　23－6＝29	16×110＝1 760 12×40＝480 12×70＝840 21×80＝1 680 18×30＝540 29×120＝3 480 (8 780)	
		发出	a→E、d、e、F、f、g、K　0＋3＋2＋1＋0＋3＋0＝9 a→c　2 a→b　1 b→E、d、e、F、f、g、K　3＋0＋2＋4＋2＋0＋0＝11 b→c、a　0,0 c→E、d、e、F、f、g、K　0＋1＋0＋4＋0＋0＋5＝10 c→a　2 c→b　0	9×110＝990 2×80＝160 1×40＝40 11×70＝770 0 10×30＝300 2×80＝160 0 (2 420)	
	$E—F$	通过	F分界站、F→a、b、c、E、f、g、K　(6＋2＋8＋2＋0＋4＋7)＋(0＋3＋0＋7＋0＋5＋5)＝29＋20＝49 a、b、c、E、f、g、K→F　1＋4＋4＋3＋2＋7＋0＝21 B分界站、m地区→F　13＋31＝44	(49＋21＋44)×100＝11 400 (11 400)	16 410
		到达	B分界站、m地区→d　9＋18＝27 a、b、c、E、f、g、K→d　3－0＋1＋6＋1＋4＋0＝15 F分界站、F→d　8＋0＝8 B分界站、m地区→e　3＋10＝13 a、b、c、E、f、g、K→e　2－2＋0＋0＋3＋0＋0＝7 F分界站、F→e　2＋2＝4	27×40＝1 080 15×40＝600 8×60＝480 13×70＝910 7×70＝490 4×30＝120 (3 680)	
		发出	d→a、b、c、E、f、g、K　1＋0＋2＋4＋0＋0＋2＝9 d→e　3 d→F　0 e→a、b、c、E、f、g、K　2＋2＋0＋0＋6＋0＋0＝10 e→d、F　1＋5＝6	9×40＝360 3×30＝90 0 10×70＝700 6×30＝180 (1 330)	

续上表

<table>
<tr><th>地区</th><th colspan="2">区段</th><th>车流量(车/d)</th><th>走行公里[车流量(车/d)×区段间距(km)=走行公里(车·km/d)]</th><th>合计(车·km/d)</th></tr>
<tr><td rowspan="3">n地区</td><td rowspan="3">E—K</td><td>通过</td><td>K→a、b、c、E、d、e、F　5+2+4+3+0+3+0=17
a、b、c、E、d、e、F→K　0+0+5+5+2+0+5=17
B分界站、m地区、F分界站→K　9+20+7=36</td><td>(17+17+36)×100=7 000
(7 000)</td><td rowspan="3">11 500</td></tr>
<tr><td>到达</td><td>B分界站、m地区、F分界站、a、b、c、E、d、e、F→f　13+12+0+0+2+0+4+0+6+0=37
B分界站、m地区、F分界站、a、b、c、E、d、e、F→g　4+10+4+3+0+0+1+0+0+5=27
K→f　1
K→g　2</td><td>37×30=1 110
27×70=1 890
1×70=70
2×30=60
(3 130)</td></tr>
<tr><td>发出</td><td>f→a、b、c、E、d、e、F　1+0+4+5+1+0+2=13
f→g　0
f→K　2
g→a、b、c、E、d、e、F　1+0+0+0+4+0+7=12
g→f、K　0、0</td><td>13×30=390
2×70=140
12×70=840
(1 370)</td></tr>
</table>

注：本区段中各中间站间相互装的管内工作车填记在“发出”栏。

2. 计算移交本局管内外地区重车走行公里

主要为两部分：m 地移交 n 地区的重车在 m 地区的走行公里和 n 地区移交 m 地区重车在 n 地区的走行公里，具体过程见表 1-5-4。

表 1-5-4　移交本局管内外地区重车走行公里表

<table>
<tr><th>地区</th><th colspan="2">区段</th><th>车流量(车/d)</th><th>走行公里[车流量(车/d)×区段里程(km)=走行公里(车·km/d)]</th><th>合计(车·km/d)</th></tr>
<tr><td rowspan="4">m地区</td><td rowspan="2">B—C</td><td>通过</td><td>B分界站→n　74</td><td>74×100=7 400
(7 400)</td><td rowspan="2">8 425</td></tr>
<tr><td>发出</td><td>1→n　12
2→n　7</td><td>12×65=780
7×35=245
(1 025)</td></tr>
<tr><td rowspan="2">C—D</td><td>通过</td><td>B分界站、1、2、C→n　74+12+7+17=110</td><td>110×120=13 200
(13 200)</td><td rowspan="2">14 240</td></tr>
<tr><td>发出</td><td>3→n　9
4→n　8</td><td>9×80=720
8×40=320
(1 040)</td></tr>
</table>

续上表

地区	区段		车流量(车/d)	走行公里[车流量(车/d)×区段里程(km)=走行公里(车·km/d)]	合计(车·km/d)
m地区	D—H	通过	G、8、7、H→n 20+16+10+23=69	69×80=5 520 (5 520)	6 360
		发出	5→n 10 6→n 9	10×30=300 9×60=540 (840)	
	H—G	通过	G→n 20	20×100=2 000 (2 000)	3 260
		发出	7→n 10 8→n 16	10×30=300 16×60=960 (1 260)	
n地区	D—E	通过	F分界站、F、d、e、K、f、g、E→m 44+26+15+16+27+17+19+28=192	192×150=28 800 (28 800)	32 200
		发出	a→m 12 b→m 11 c→m 17	12×40=480 11×80=880 17×120=2 040 (3 400)	
	E—F	通过	F分界站、F→m 44+26=70	70×100=7 000 (7 000)	8 720
		发出	d→m 15 e→m 16	15×40=600 16×70=1 120 (1 720)	
	E—K	通过	K→m 27	27×100=2 700 (2 700)	4 540
		发出	f→m 17 g→m 19	17×30=510 19×70=1 330 (1 840)	

3. 计算移交外局重车走行公里

B 分界口和 *F* 分界口分别计算，见表 1-5-5 和表 1-5-6。

表 1-5-5 *B* 分界口移交外局重车走行公里表

地区	区段	车流量(车/d)		走行公里[车流量(车/d)×区段间距(km)=走行公里(车·km/d)]	合计(车·km/d)
m 地区	*B*—*C*	通过	*F* 分界站、*n* 地区、*C*、3、4、*D*、5、6、*H*、7、8、*G*→*B* 分界站 15+77+12+5+6+13+5+5+13+5+6+17=179	179×100=17 900 (17 900)	18 405
		发出	1→*B* 分界站 7 2→*B* 分界站 4	7×35=245 4×65=260 (505)	
	C—*D*	通过	*F* 分界站、*n* 地区、*D*、5、6、*H*、7、8、*G*→*B* 分界站 15+77+13+5+5+13+5+6+17=156	156×120=18 720 (18 720)	19 400
		发出	3→*B* 分界站 5 4→*B* 分界站 6	5×40=200 6×80=480 (680)	
	D—*H*	通过	*G*、8、7、*H*→*B* 分界站 13+5+6+17=41	41×80=3 280 (3 280)	3 730
		发出	5→*B* 分界站 5 6→*B* 分界站 5	5×30=150 5×60=300 (450)	
	H—*G*	通过	*G*→*B* 分界站 17	17×100=1 700 (1 700)	2 210
		发出	7→*B* 分界站 5 8→*B* 分界站 6	5×30=150 6×60=360 (510)	
n 地区	*D*—*E*	通过	*F* 分界站、*F*、*d*、*e*、*E*、*f*、*g*、*K*→*B* 分界站 15+5+6+13+5+10+10+5=69	69×150=10 350 (10 350)	12 390
		发出	*a*→*B* 分界站 7 *b*→*B* 分界站 4 *c*→*B* 分界站 12	7×40=280 4×80=320 12×120=1 440 (2 040)	
	E—*F*	通过	*F* 分界站、*F*→*B* 分界站 15+5=20	20×100=2 000 (2 000)	3 150
		发出	*d*→*B* 分界站 6 *e*→*B* 分界站 13	6×40=240 13×70=910 (1 150)	
	E—*K*	通过	*K*→*B* 分界站 5	5×100=500 (500)	1 500
		发出	*f*→*B* 分界站 10 *g*→*B* 分界站 10	10×30=300 10×70=700 (1 000)	

表 1-5-6　*F* 分界口移交外局重车走行公里表

地区	区段	车流量(车/d)		走行公里[车流量(车/d)×区段间距(km)＝走行公里(车·km/d)]	合计(车·km/d)
m 地区	*B*—*C*	通过	*B* 分界站→*F* 分界站　15	15×100＝1 500 (1 500)	1 835
		发出	1→*F* 分界站　3 2→*F* 分界站　4	3×65＝195 4×35＝140 (335)	
	C—*D*	通过	*B* 分界站、1、2、*C*→*F* 分界站　15＋3＋3＋6＝27	27×120＝3 240 (3 240)	3 440
		发出	3→*F* 分界站　2 4→*F* 分界站　1	2×80＝160 1×40＝40 (200)	
	D—*H*	通过	*G*、8、7、*H*→*F* 分界站　7＋3＋3＋8＝21	21×80＝1 680 (1 680)	2 010
		发出	5→*F* 分界站　3 6→*F* 分界站　4	3×30＝90 4×60＝240 (330)	
	H—*G*	通过	*G*→*F* 分界站　7	7×100＝700 (700)	940
		发出	7→*F* 分界站　2 8→*F* 分界站　3	2×30＝60 3×60＝180 (240)	
n 地区	*D*—*E*	通过	*B* 分界站、*m* 地区→*F* 分界站　15＋50＝65	65×150＝9 750 (9 750)	10 470
		发出	*a*→*F* 分界站　3 *b*→*F* 分界站　3 *c*→*F* 分界站　6	3×110＝330 3×70＝210 6×30＝180 (720)	
	E—*F*	通过	*B* 分界站、*m* 地区、*a*、*b*、*c*、*E*、*f*、*g*、*K*→*F* 分界站　15＋50＋3＋3＋6＋2＋4＋8＋3＝94	94×100＝9 400 (9 400)	9 670
		发出	*d*→*F* 分界站　1 *e*→*F* 分界站　7	1×60＝60 7×30＝210 (270)	
	E—*K*	通过	*K*→*F* 分界站　3	3×100＝300 (300)	980
		发出	*f*→*F* 分界站　4 *g*→*F* 分界站　8	4×30＝120 8×70＝560 (680)	

4. 计算空车公里

局管内每日空车走行公里利用空车调整图计算。

(1)如表 1-5-7 所示，按空车实际里程计算时，每一区段的空车走行公里为

$$\sum NS_{空} = \sum_{m}(n_m^{上} + n_m^{下})l_m \qquad (车 \cdot km/d) \tag{1-5-20}$$

式中 $n_m^{下}$、$n_m^{上}$——该区段第 m 个区间下行和上行空车流量，车/d；

l_m——该区段第 m 个区间的里程，km。

各区段内空车走行公里计算过程见表 1-5-7。

表 1-5-7 空车走行公里计算表

地区	区段	走行公里(车·km/d)
m 地区	B—C	(38+24)×35+(42+24)×30+(48+23)×35=6 635
	C—D	(49+30)×40+(50+14)×40+(54+14)×40=8 440
	D—H	(11+13)×30+(8+17)×30+(14+7)×20=1 890
	H—G	(12+13)×30+(14+15)×30+(20+9)×40=2 780
n 地区	D—E	(48+13)×40+(44+13)×40+(54+18)×40+(53+15)×30=9 640
	E—F	(14+11)×40+(31+11)×30+(17+22)×30=3 430
	E—K	(31+3)×30+(28+8)×40+(18+18)×30=3 540

(2)按区段里程折半法(后面介绍)计算时，每一区段的通过空车数($u_{通}^{空}$)为

$$u_{通}^{空} = (u_{入}^{上} + u_{入}^{下}) - \sum_{i}|\Delta u_i|, \quad \Delta u_i < 0, i = P、C、N、G、B \tag{1-5-21}$$

或

$$u_{通}^{空} = (u_{出}^{上} + u_{出}^{下}) - \sum_{i}|\Delta u_i|, \quad \Delta u_i > 0, i = P、C、N、G、B \tag{1-5-22}$$

式中 $u_{入}^{上}$、$u_{入}^{下}$——本区段上、下行接入空车数；

$u_{出}^{上}$、$u_{出}^{下}$——本区段上、下行排出空车数；

Δu_i——本区段 i 车种卸车数与装车数之差。

每一区段内的到、发空车数($u_{空}^{到发}$)为

$$u_{空}^{到发} = \sum_{i}|\Delta u_i|, \quad i = P、C、N、G、B \tag{1-5-23}$$

式中 $\sum_{i}|\Delta u_i|$——本区段各车种货车卸车数与装车数之差的绝对值之和。

最后，汇总以上数据，可得 R 铁路局重、空车走行公里的计算结果见表 1-5-8。

表 1-5-8 R 局重、空车走行公里数计算表

地区	区段	区段公里(km)	重车走行公里(车·km/d)						空车走行公里(车·km/d)	走行公里总计(车·km/d)
			管内工作车		移交车			重车走行公里合计(车·km/d)		
			本地区	外地区	B 分界站	F 分界站	移交重车走行公里合计			
m 地区	B—C	100	12 925	8 425	18 405	1 835	20 240	41 590	6 635	48 225
	C—D	120	27 760	14 240	19 400	3 440	22 840	64 840	8 440	73 280
	D—H	80	21 690	6 360	3 730	2 010	5 740	33 790	1 890	35 680
	H—G	100	12 660	3 260	2 210	940	3 150	19 070	2 780	21 850
	地区计		75 035	32 285	43 745	8 225	51 970	159 290	19 745	179 035

续上表

地区	区段	区段公里(km)	重车走行公里(车・km/d)						空车走行公里(车・km/d)	走行公里总计(车・km/d)
			管内工作车		移交车			重车走行公里合计(车・km/d)		
			本地区	外地区	B分界站	F分界站	移交重车走行公里合计			
n地区	D—E	150	37 900	32 200	12 390	10 470	22 860	92 960	9 640	102 600
	E—F	100	16 410	8 720	3 150	9 670	12 820	37 950	3 430	41 380
	E—K	100	11 500	4 540	1 500	980	2 480	18 520	3 540	22 060
	地区计		65 810	45 460	17 040	21 120	38 160	149 430	16 610	166 040
局　计			218 590		60 785	29 345	90 130	308 720	36 355	345 075

在重、空车行走公里计算的时候，还有一种相对简单、省时的方法——里程折半法。

区段距离折半计算方法在汇总区段内到、发的管内工作车和交出分界口别的移交车走行公里时，均按全区段里程折半计算。这种方法的计算结果通常可以满足需要的精确程度。

里程折半法主要适用于不构成环路且区段内中间站和货运量分布比较均匀的铁路局或路段。否则，计算误差可能会比较大。例如，在环状线路上，本区段不同车站发往同一到站或区段的车流、外区段同一车站发往本区段不同到站的车流，往往经过不同的径路，车流的平均走行距离一般小于折半里程。此时，区段内到、发车流按里程折半计算误差较大。

对于本书 R 铁路局，可以采用里程折半法计算(车流量计算参照实际里程法计算过程，发出车对应为“半段”，通过车对应为“全段”)，计算结果见下表 1-5-9 和表 1-5-10。

二、计算各种周距

根据货车走行公里、管内工作车、移交车和空车走行公里和各种运用车工作量即可计算各种周距(本次计算采用里程折半法数据)，计算结果汇总见表 1-5-11。

1. R 局各种周距

$$l=\frac{\sum NS}{u}=\frac{344\ 015}{1\ 277}=269.39(\text{km})$$

$$l_{管内}=\frac{\sum NS_{管内}}{u_{管内}}=\frac{217\ 855}{982}=221.85(\text{km})$$

$$l_{移交}=\frac{\sum NS_{移交}}{u_{移交}}=\frac{89\ 815}{295}=304.46(\text{km})\qquad l_{移交}^{B}=\frac{\sum NS_{移交}^{B}}{u_{移交}^{B}}=\frac{60\ 285}{190}=317.29(\text{km})$$

$$l_{移交}^{F}=\frac{\sum NS_{移交}^{F}}{u_{移交}^{F}}=\frac{29\ 530}{105}=281.24(\text{km})$$

$$l'_{空}=\frac{\sum NS_{空}}{u_{空}}=\frac{36\ 345}{1\ 031}=35.25(\text{km})\qquad l'_{空,\text{P}}=\frac{14\ 490}{475}=30.51(\text{km})$$

$$l'_{空,\text{C}}=\frac{6\ 940}{325}=21.35(\text{km})\qquad l'_{空,\text{N}}=\frac{8\ 290}{205}=40.44(\text{km})$$

$$l'_{空,\text{G}轻}=\frac{2\ 635}{15}=175.67(\text{km})\qquad l'_{空,\text{B}}=\frac{3\ 990}{11}=362.73(\text{km})$$

表 1-5-9 *R* 局重、空车走行公里数计算表

地区	区段	车辆公里(km)	车辆行程	重车走行公里										空车走行公里		总计(车·km/d)
				管内工作				移交车					计(车·km/d)	车流(车/d)	车公里(车·km/d)	
				本地区		外地区		外局				合计(车·km/d)				
								B 分界站		*F* 分界站						
				车流(车/d)	车公里(车·km/d)	车流(车/d)	车公里(车·km/d)	车流(车/d)	车公里(车·km/d)	车流(车/d)	车公里(车·km/d)					
m 地区	*B*—*C*	100	半段	84	4 200	19	950	11	550	6	300	850	6 000	15	750	6 750
			全段	87	8 700	74	7 400	179	17 900	15	1 500	19 400	35 500	59	5 900	41 400
	C—*D*	120	半段	107	6 420	17	1 020	11	660	3	180	840	8 280	31	1 860	10 140
			全段	179	21 480	110	13 200	156	18 720	27	3 240	21 960	56 640	58	6 960	63 600
	D—*H*	80	半段	99	3 960	19	760	10	400	7	280	680	5 400	41	1 640	7 040
			全段	219	17 520	69	5 520	41	3 280	21	1 680	4 960	28 000	2	160	28 160
	H—*G*	100	半段	109	5 450	26	1 300	11	550	6	300	850	7 600	14	700	8 300
			全段	75	7 500	20	2 000	17	1 700	7	700	2 400	11 900	20	2 000	13 900
	地区走行公里计(车·km/d)			75 230		32 150		43 760		8 180		51 940	159 320	19 970		179 290
n 地区	*D*—*E*	150	半段	143	10 725	40	3 000	23	1 725	12	900	2 625	16 350	29	2 175	18 525
			全段	178	26 700	192	28 800	69	10 350	65	9 750	20 100	75 600	50	7 500	83 100
	E—*F*	100	半段	102	5 100	31	1 550	19	950	8	400	1 350	8 000	40	2 000	10 000
			全段	114	11 400	70	7 000	20	2 000	94	9 400	11 400	29 800	12	1 200	31 000
	E—*K*	100	半段	94	4 700	36	1 800	20	1 000	12	600	1 600	8 100	52	2 600	10 700
			全段	70	7 000	27	2 700	5	500	3	300	800	10 500	9	900	11 400
	地区走行公里计(车·km/d)			65 625		44 850		16 525		21 350		37 875	148 350	16 375		164 725
局货车走行公里计(车·km/d)				217 855				60 285		29 530		89 815	307 670	36 345		344 015

表 1-5-10 *R* 局空车走行公里数计算表

地区	区段	区段公里(km)	车辆行程	P 车流(车/d)	P 车公里(车·km/d)	C 车流(车/d)	C 车公里(车·km/d)	N 车流(车/d)	N 车公里(车·km/d)	G轻 车流(车/d)	G轻 车公里(车·km/d)	B 车流(车/d)	B 车公里(车·km/d)	合计 车流(车/d)	合计 车公里(车·km/d)
m 地区	*B*—*C*	100	半段	12	600	2	100			1	50			15	750
			全段	24	2 400	12	1 200	12	1 200			11	1 100	59	5 900
	C—*D*	120	半段	1	60	4	240	26	1 560					31	1 860
			全段	31	3 720	13	1 560			3	360	11	1 320	58	6 960
	D—*H*	80	半段	9	360	21	840	7	280	1	40	3	120	41	1 640
			全段							2	160			2	160
	H—*G*	100	半段			1	50	13	650					14	700
			全段	9	900	11	1 100							20	2 000
	地区走行公里计(车·km/d)			8 040		5 090		3 690		610		2 540		19 970	
n 地区	*D*—*E*	150	半段	12	900	10	750	2	150	3	225	2	150	29	2 175
			全段	21	3 150			18	2 700	5	750	6	900	50	7 500
	E—*F*	100	半段	22	1 100	2	100	14	700			2	100	40	2 000
			全段					3	300	7	700	2	200	12	1 200
	E—*K*	100	半段	26	1 300	10	500	9	450	5	250	2	100	52	2 600
			全段			5	500	3	300	1	100			9	900
	地区走行公里计(车·km/d)			6 450		1 850		4 600		2 025		1 450		16 375	
局货车走行公里计(车·km/d)				14 490		6 940		8 290		2 635		3 990		36 345	

2. m 地区各种周距

$$l=\frac{\sum NS}{u}=\frac{179\ 290}{1\ 033}=173.56(\text{km})$$

$$l_{管内}^{m}=\frac{\sum NS_{管内}}{u_{管内}}=\frac{75\ 230}{538}=139.83(\text{km})$$

$$l_{移交}^{m}=\frac{\sum NS_{移交}}{u_{移交}}=\frac{51\ 940+32\ 150}{495}=169.88(\text{km})$$

其中 B 口和 D 口的移交车周距为

$$l_{移交}^{B}=\frac{\sum NS_{移交}^{B}}{u_{移交}^{B}}=\frac{43\ 760}{190}=230.32(\text{km})$$

$$l_{移交}^{D}=\frac{\sum NS_{移交}^{D,n}+\sum NS_{移交}^{D,F}}{u_{移交}^{D}}=\frac{32\ 150+8\ 180}{305}=132.23(\text{km})$$

其中移交 n 地区和移交 F 口的移交车周距分别为

$$l_{移交}^{D,n}=\frac{32\ 150}{240}=133.96(\text{km})\qquad l_{移交}^{D,F}=\frac{8\ 180}{65}=125.85(\text{km})$$

$$l'_{空}=\frac{\sum NS_{空}}{u_{空}}=\frac{19\ 970}{589}=33.91(\text{km})\qquad l'_{空,\text{P}}=\frac{8\ 040}{263}=30.57(\text{km})$$

$$l'_{空,\text{C}}=\frac{5\ 090}{184}=27.66(\text{km})\qquad l'_{空,\text{N}}=\frac{3\ 690}{124}=29.76(\text{km})$$

$$l'_{空,\text{G}轻}=\frac{610}{7}=87.14(\text{km})\qquad l'_{空,\text{B}}=\frac{2\ 540}{11}=230.91(\text{km})$$

3. n 地区各种周距

$$l=\frac{\sum NS}{u}=\frac{164\ 725}{873}=188.69(\text{km})$$

$$l_{管内}^{n}=\frac{\sum NS_{管内}}{u_{管内}}=\frac{65\ 625}{444}=147.80(\text{km})$$

$$l_{移交}^{n}=\frac{\sum NS_{移交}}{u_{移交}}=\frac{37\ 875+44\ 850}{429}=192.83(\text{km})$$

其中 D 口和 F 口的移交车周距为

$$l_{移交}^{D}=\frac{\sum NS_{移交}^{D,m}+\sum NS_{移交}^{D,B}}{u_{移交}^{D}}=\frac{44\ 850+16\ 525}{324}=189.43(\text{km})$$

$$l_{移交}^{F}=\frac{\sum NS_{移交}^{F}}{u_{移交}^{F}}=\frac{21\ 350}{105}=203.33(\text{km})$$

其中移交 m 地区和移交 B 口的移交车周距分别为

$$l_{移交}^{D,m}=\frac{44\ 850}{232}=193.32(\text{km})\qquad l_{移交}^{D,B}=\frac{16\ 525}{92}=179.62(\text{km})$$

$$l'_{空}=\frac{\sum NS_{空}}{u_{空}}=\frac{16\ 375}{503}=32.56(\text{km})\qquad l'_{空,\text{P}}=\frac{6\ 450}{233}=27.68(\text{km})$$

$$l'_{空,\text{C}}=\frac{1\ 850}{150}=12.33(\text{km})\qquad l'_{空,\text{N}}=\frac{4\ 600}{99}=46.47(\text{km})$$

$$l'_{空,\text{G}轻}=\frac{2\ 025}{13}=155.77(\text{km})\qquad l'_{空,\text{B}}=\frac{1\ 450}{8}=181.25(\text{km})$$

表 1-5-11　货车各种周距表

局或地区		R 局	m 地区	n 地区
货车全周距(km)		269.39	173.56	188.69
管内工作车周距(km)		221.85	139.83	147.80
移交车周距(km)		总 304.46	总 169.88	总 192.83
		B 口 317.29	B 口 230.32	D 口 189.43 D→m 地区 193.32 D→B 口 179.62
		F 口 281.24	D 口 132.23 D→n 地区 133.96 D→F 口 125.85	F 口 203.33
空车周距(km)	空车周距	35.25	33.91	32.56
	空棚周距	30.51	30.57	27.68
	空敞周距	21.35	27.66	12.33
	空平周距	40.44	29.76	46.47
	空粘油罐周距	—	—	—
	空轻油罐周距	175.67	87.14	155.77
	空保周距	362.73	230.91	181.25

第五节　货车平均中转距离与各种管率的计算

一、货车平均中转距离的计算

货车平均中转距离根据货车走行公里和各技术站中转车数确定。

各技术站中转车数为各站有调中转车数和无调中转车数之和。中转重车数根据对各支车流的径路分析由重车车流表查出;中转空车数由空车调整图确定。在计算时应注意列车运行图规定不进行中转作业而直接通过技术站的直达列车的车流应从该技术站的中转车散中减去,不算该站的中转车流。

1. 计算 R 局管内各技术站中转重车数(见表 1-5-12)

表 1-5-12　R 局管内各技术站中转重车数计算表　　单位:车/d

地区	技术站	中转内容	合计
m 地区	C	B 分界站、B—C→C—D、D、D—H、H、H—G、G、n 地区、F 分界站 [(15+6)+18+(2+7)+10+(8+6)+11+74+15]+[(0+2+2+0)+(0+2)+(0+3+1+0)+(0+2)+(1+0+2+0)+(0+1)+(12+7)+(3+3)]=172+41=213 C—D、D、D—H、H、H—G、G、n 地区、F 分界站→B 分界站、B—C [(5+6)+13+(5+5)+13+(5+6)+17+77+15]+[(2+0+0+2)+(4+0)+(0+2+1+0)+(3+0)+(0+5+6+0)+(0+0)+(8+12)+(3+1)]=167+49=216	429

续上表

地区	技术站	中 转 内 容	合计
m 地区	*D*	*B* 分界站、*B*—*C*、*C*、*C*—*D*→*D*—*H*、*H*、*H*—*G*、*G*、*n* 地区、*F* 分界站 [(2+7)+10+(8+6)+11+74+15]+[(0+3+1+0)+(0+2)+(1+0+2+0)+(0+1)+(12+7)+(3+3)]+[(2+0)+5+(0+8)+2+17+6]+[(0+2+5+0)+(0+5)+(2+0+0+0)+(0+3)+(9+8)+(2+1)]=133+35+40+37=245 *D*—*H*、*H*、*H*—*G*、*G*、*n* 地区、*F* 分界站→*B* 分界站、*B*—*C*、*C*、*C*—*D* [(5+5)+13+(5+6)+17+77+15]+[(0+2+1+0)+(3+0)+(0+5+6+0)+(0+0)+(8+12)+(3+1)]+[(0+4)+4+(0+0)+6+22+2]+[(1+0+0+0)+(1+0)+(0+3+4+0)+(0+2)+(14+9)+(4+7)]=143+41+38+45=267	512
	H	*B* 分界站、*B*—*C*、*C*、*C*—*D*、*D*、*D*—*H*、*n* 地区、*F* 分界站→*H*—*G*、*G* [(8+6)+(1+2−0+0)+(0+8)+(2+0+0+0)+(0+6)+(4+0+0+0)+(16+14)+(0+8)]+[11+(0+1)−2+(0+3)+3+(2+3)+23+3]=75+51=126 *H*—*G*、*G*→*B* 分界站、*B*—*C*、*C*、*C*—*D*、*D*、*D*—*H*、*n* 地区、*F* 分界站 [(5+6)+(0+6−5+0)+(0+0)+(0+4+3+0)+(0+2)+(0+0+2+1)+(10+16)+(3+3)]+[17+(0+0)−6+(0+2)+5+(0+3)+20+7]=66+60=126	252
n 地区	*E*	*m* 地区、*B* 分界站、*D*—*E*→*E*—*F*、*F*、*F* 分界站、*E*—*K*、*K* [(18+10)+31+50+(12+10)+20]+[(9+3)+13+15+(13+4)+9]+[(3+0+1+2+2+0)+(1+4+4)+(3+3+6)+(0+2+0+3+0+0)+(0+0+5)]=151+66+39=256 *E*—*F*、*F*、*F* 分界站、*E*—*K*、*K*→*m* 地区、*B* 分界站、*D*—*E* [(15+16)+26+14+(17+19)+27]+[(6+13)+5+15+(10+10)+5]+[(1+0+2+2+2+0)+(0+3+0)+(6+2+8)+(1+0+4+1+0+0)+(5+2+4)]=164+64+43=271	527
	F	(*F* 分界站→*R* 局、*B* 分界站)−(*F* 分界站→*F*) (94+15)−11=98 (*R* 局、*B* 分界站→*F* 分界站)−(*F*→*F* 分界站) (90+15)−3=102	200

2. 计算 *R* 局管内各技术站中转空车数

(1)计算公式

各技术站中转空车数($N^{空}_{中转,i}$)可以根据空车调整图按到达空车计算：

$$N^{空}_{中转,i}=N_{到空,i}-N_{补空,i} \quad (车/d) \qquad (1\text{-}5\text{-}24)$$

式中 $N_{到空,i}$——i 技术站到达各车种空车总数，车/d；

$N_{补空,i}$——i 技术站各种空车因装大于卸需补充的空车总数，车/d。

也可按出发空车计算：

$$N^{空}_{中转,i}=N_{发空,i}-N_{排空,i} \quad (车/d) \qquad (1\text{-}5\text{-}25)$$

式中 $N_{发空,i}$——i 技术站发出各车种空车总数，车/d；

$N_{排空,i}$——i 技术站各种空车因卸大于装应排出的空车总数，车/d。

(2)计算结果(见表 1-5-13)

表 1-5-13　*R* 局各技术站中转空车数计算表　　单位：车/d

技术站	到达空车数	补充空车数	中转空车数
C	48＋30＝78	4＋4＋3＝11	67
D	54＋13＋13＝80	8＋14＝22	58
H	13＋14＝27	2＋4＋3＝9	18
E	53＋11＋3＝67	9＋5＝14	53
F	17＋11＝28	1	27

汇总结果见表 1-5-14。

表 1-5-14　*R* 局管内技术站中转车数计算表　　单位：车/d

技术站		中转重车数	中转空车数	中转重空车合计
m 地区	*C*	429	67	496
	D	512	58	570
	H	252	18	270
	地区计	1 193	143	1 336
n 地区	*E*	527	53	580
	F	200	27	227
	地区计	727	80	807
合计		1 920	223	2 143

可得货车平均中转距离为

$$R\text{局}:L_{\text{技}}=\frac{\sum NS}{\sum n_{\text{中}}}=\frac{344\ 015}{2\ 143}=160.53(\text{km})$$

$$m\text{地区}:L_{\text{技}}=\frac{179\ 290}{1\ 336}=134.20(\text{km})$$

$$n\text{地区}:L_{\text{技}}=\frac{164\ 725}{807}=204.12(\text{km})$$

二、各种管率的计算

各种管率根据重车车流表的车流资料及工作量指标确定计算。

1. *R* 铁路局的各类运用车管率

管内装卸率　$k_{\text{管}}=\dfrac{u_{\text{使}}+u_{\text{卸空}}}{u}=\dfrac{976+982}{1\ 277}=1.53(\text{次})$

管内工作车装卸率　$k'_{\text{管}}=\dfrac{u_{\text{自装自卸}}+u_{\text{卸空}}}{u_{\text{管}}}=\dfrac{711+982}{982}=1.72(\text{次})$

移交车管内装卸率

$k''_{\text{管}}=\dfrac{u_{\text{自装交出}}}{u_{\text{移交}}}=\dfrac{265}{295}=0.90(\text{次})$　　$k''_{\text{管},B}=\dfrac{u^{B}_{\text{自装交出}}}{u^{B}_{\text{移交}}}=\dfrac{175}{190}=0.92(\text{次})$

$k''_{\text{管},F}=\dfrac{u^{F}_{\text{自装交出}}}{u^{F}_{\text{移交}}}=\dfrac{90}{105}=0.86(\text{次})$

空车管内装卸率

$$k'''_{管}=\frac{u_{使}+u_{卸空}}{u_{空}}=\frac{976+982}{1\ 031}=1.90(次) \qquad k'''_{管,P}=\frac{u_{使,P}+u_{卸空,P}}{u_{空}^{P}}=\frac{466+451}{475}=1.93(次)$$

$$k'''_{管,C}=\frac{u_{使,C}+u_{卸空,C}}{u_{空}^{C}}=\frac{325+309}{325}=1.95(次) \qquad k'''_{管,N}=\frac{u_{使,N}+u_{卸空,N}}{u_{空}^{N}}=\frac{171+205}{205}=1.83(次)$$

$$k'''_{管,G轻}=\frac{u_{使,G轻}+u_{卸空,G轻}}{u_{空}^{G轻}}=\frac{14+8}{15}=1.47(次) \qquad k'''_{管,B}=\frac{u_{使,B}+u_{卸空,B}}{u_{空}^{B}}=\frac{0+9}{11}=0.82(次)$$

2. m 地区各类运用车管内装卸率

管内装卸率 $k_{管}=\dfrac{u_{使}+u_{卸空}}{u}=\dfrac{517+538}{1\ 033}=1.021(次)$

管内工作车装卸率 $k'_{管}=\dfrac{u_{管内自卸}+u_{卸空}}{u_{管}}=\dfrac{203+538}{538}=1.377(次)$

移交车管内装卸率

$$k''_{管}=\frac{u_{自装交出}}{u_{移交}}=\frac{166+98+50}{495}=0.634(次) \qquad k''_{管,B}=\frac{u_{自装交出}^{B}}{u_{移交}^{B}}=\frac{98}{190}=0.516(次)$$

$$k''_{管,D}=\frac{u_{自装交出}^{D}}{u_{移交}^{D}}=\frac{166+50}{305}=0.708(次) \qquad k''_{管,D,n}=\frac{u_{自装交出}^{D,n}}{u_{移交}^{D,n}}=\frac{166}{240}=0.692(次)$$

$$k''_{管,D,F}=\frac{u_{自装交出}^{D,F}}{u_{移交}^{D,F}}=\frac{50}{65}=0.769(次)$$

空车管内装卸率

$$k'''_{管}=\frac{u_{使}+u_{卸空}}{u_{空}}=\frac{517+538}{589}=1.791(次) \qquad k'''_{管,P}=\frac{u_{使,P}+u_{卸空,P}}{u_{空}^{P}}=\frac{242+239}{263}=1.829(次)$$

$$k'''_{管,C}=\frac{u_{使,C}+u_{卸空,C}}{u_{空}^{C}}=\frac{175+170}{184}=1.875(次) \qquad k'''_{管,N}=\frac{u_{使,N}+u_{卸空,N}}{u_{空}^{N}}=\frac{94+124}{124}=1.758(次)$$

$$k'''_{管,G轻}=\frac{u_{使,G轻}+u_{卸空,G轻}}{u_{空}^{G轻}}=\frac{6+2}{7}=1.143(次) \qquad k'''_{管,B}=\frac{u_{使,B}+u_{卸空,B}}{u_{空}^{B}}=\frac{0+3}{11}=0.273(次)$$

3. n 地区各类运用车管内装卸率

管内装卸率 $k_{管}=\dfrac{u_{使}+u_{卸空}}{u}=\dfrac{459+444}{873}=1.034(次)$

管内工作车装卸率 $k'_{管}=\dfrac{u_{自装自卸}+u_{卸空}}{u_{管}}=\dfrac{154+444}{444}=1.347(次)$

移交车管内装卸率

$$k''_{管}=\frac{u_{自装交出}}{u_{移交}}=\frac{188+77+40}{429}=0.711(次) \qquad k''_{管,D}=\frac{u_{自装交出}^{D}}{u_{移交}^{D}}=\frac{188+77}{324}=0.818(次)$$

$$k''_{管,D,m}=\frac{u_{自装交出}^{D,m}}{u_{移交}^{D,m}}=\frac{188}{232}=0.810(次) \qquad k''_{管,D,B}=\frac{u_{自装交出}^{D,B}}{u_{移交}^{D,B}}=\frac{77}{92}=0.837(次)$$

$$k''_{管,F}=\frac{u_{自装交出}^{F}}{u_{移交}^{F}}=\frac{40}{105}=0.381(次)$$

空车管内装卸率

$$k'''_{管}=\frac{u_{使}+u_{卸空}}{u_{空}}=\frac{459+444}{503}=1.795(次) \qquad k'''_{管,P}=\frac{u_{使,P}+u_{卸空,P}}{u_{空}^{P}}=\frac{224+212}{233}=1.871(次)$$

$k'''_{管,C}=\frac{u_{使,C}+u_{卸空,C}}{u^{C}_{空}}=\frac{150+139}{150}=1.927(次)$　$k'''_{管,N}=\frac{u_{使,N}+u_{卸空,N}}{u^{N}_{空}}=\frac{77+81}{99}=1.596(次)$

$k'''_{管,G轻}=\frac{u_{使,G轻}+u_{卸空,G轻}}{u^{G轻}_{空}}=\frac{8+6}{13}=1.077(次)$　$k'''_{管,B}=\frac{u_{使,B}+u_{卸空,B}}{u^{B}_{空}}=\frac{0+6}{8}=0.750(次)$

各类运用车的管内装卸率汇总见表 1-5-15。

表 1-5-15　各类运用车的管内装卸率

局或地区		R局	m地区	n地区
管内装卸率(次)		1.53	1.021	1.034
管内工作车管内装卸率(次)		1.72	1.377	1.347
移交车管内装卸率(次)		总 0.90	总 0.634	总 0.711
		B口 0.92	B口 0.516	D口 0.818 D→m地区 0.818 D→B口 0.837
		F口 0.86	D口 0.708 D→n地区 0.692 D→F口 0.769	F口 0.381
空车管内装卸率(次)	总	1.90	1.791	1.795
	P	1.93	1.829	1.817
	C	1.95	1.875	1.927
	N	1.83	1.758	1.596
	粘	—	—	—
	轻	1.47	1.143	1.077
	B	0.82	0.273	0.750

第六节　货车周转时间的计算

计算货车周转时间，其中空态系数 γ 取值范围 0.3～0.5，本例取 0.3；主观因素见表 1-5-1。其他数据前面已计算出，则货车的周转时间计算过程如下：

1. 对于 R 局

$$\theta=\frac{1}{24}\times\left(\frac{269.39}{45}+\frac{269.39}{160.53}\times5.3+1.53\times8.7\right)=1.176(d)$$

$$\theta_{管}=\frac{1}{24}\times\left(\frac{221.85}{45}+\frac{221.85}{160.53}\times5.3+1.72\times8.7\times0.7\right)=0.948(d)$$

$$\theta_{移交}=\frac{1}{24}\times\left(\frac{304.46}{45}+\frac{304.46}{160.53}\times5.3+0.90\times8.7\times0.7\right)=0.929(d)$$

$$\theta^{B}_{移交}=\frac{1}{24}\times\left(\frac{317.29}{45}+\frac{317.29}{160.53}\times5.3+0.92\times8.7\times0.7\right)=0.964(d)$$

$$\theta^{F}_{移交}=\frac{1}{24}\times\left(\frac{281.24}{45}+\frac{281.24}{160.53}\times5.3+0.86\times8.7\times0.7\right)=0.865(d)$$

$$\theta_{空}=\frac{1}{24}\times\left(\frac{35.25}{45}+\frac{35.25}{160.53}\times5.3+1.90\times8.7\times0.3\right)=0.288(\mathrm{d})$$

$$\theta_{空}^{P}=\frac{1}{24}\times\left(\frac{30.51}{45}+\frac{30.51}{160.53}\times5.3+1.93\times8.7\times0.3\right)=0.280(\mathrm{d})$$

$$\theta_{空}^{C}=\frac{1}{24}\times\left(\frac{21.35}{45}+\frac{21.35}{160.53}\times5.3+1.95\times8.7\times0.3\right)=0.261(\mathrm{d})$$

$$\theta_{空}^{N}=\frac{1}{24}\times\left(\frac{40.44}{45}+\frac{40.44}{160.53}\times5.3+1.83\times8.7\times0.3\right)=0.293(\mathrm{d})$$

$$\theta_{空}^{G轻}=\frac{1}{24}\times\left(\frac{175.67}{45}+\frac{175.67}{160.53}\times5.3+1.47\times8.7\times0.3\right)=0.564(\mathrm{d})$$

$$\theta_{空}^{B}=\frac{1}{24}\times\left(\frac{362.73}{45}+\frac{362.73}{160.53}\times5.3+0.82\times8.7\times0.3\right)=0.924(\mathrm{d})$$

2. 对于 m 地区

$$\theta=\frac{1}{24}\times\left(\frac{173.56}{46}+\frac{173.56}{134.20}\times5.6+1.021\times8.8\right)=0.833(\mathrm{d})$$

$$\theta_{管}=\frac{1}{24}\times\left(\frac{139.83}{46}+\frac{139.83}{134.20}\times5.6+1.377\times8.8\times0.7\right)=0.723(\mathrm{d})$$

$$\theta_{移交}=\frac{1}{24}\times\left(\frac{169.88}{46}+\frac{169.88}{134.20}\times5.6+0.634\times8.8\times0.7\right)=0.612(\mathrm{d})$$

$$\theta_{移交}^{B}=\frac{1}{24}\times\left(\frac{230.32}{46}+\frac{230.32}{134.20}\times5.6+0.516\times8.8\times0.7\right)=0.741(\mathrm{d})$$

$$\theta_{移交}^{D}=\frac{1}{24}\times\left(\frac{132.23}{46}+\frac{132.23}{134.20}\times5.6+0.708\times8.8\times0.7\right)=0.531(\mathrm{d})$$

$$\theta_{移交}^{D,n}=\frac{1}{24}\times\left(\frac{133.96}{46}+\frac{133.96}{134.20}\times5.6+0.692\times8.8\times0.7\right)=0.532(\mathrm{d})$$

$$\theta_{移交}^{D,F}=\frac{1}{24}\times\left(\frac{125.85}{46}+\frac{125.85}{134.20}\times5.6+0.769\times8.8\times0.7\right)=0.530(\mathrm{d})$$

$$\theta_{空}=\frac{1}{24}\times\left(\frac{33.91}{46}+\frac{33.91}{134.20}\times5.6+1.791\times8.8\times0.3\right)=0.287(\mathrm{d})$$

$$\theta_{空}^{P}=\frac{1}{24}\times\left(\frac{30.57}{46}+\frac{30.57}{134.20}\times5.6+1.829\times8.8\times0.3\right)=0.282(\mathrm{d})$$

$$\theta_{空}^{C}=\frac{1}{24}\times\left(\frac{27.66}{46}+\frac{27.66}{134.20}\times5.6+1.875\times8.8\times0.3\right)=0.279(\mathrm{d})$$

$$\theta_{空}^{N}=\frac{1}{24}\times\left(\frac{29.76}{46}+\frac{29.76}{134.20}\times5.6+1.758\times8.8\times0.3\right)=0.272(\mathrm{d})$$

$$\theta_{空}^{G轻}=\frac{1}{24}\times\left(\frac{87.14}{46}+\frac{87.14}{134.20}\times5.6+1.143\times8.8\times0.3\right)=0.356(\mathrm{d})$$

$$\theta_{空}^{B}=\frac{1}{24}\times\left(\frac{230.91}{46}+\frac{230.91}{134.20}\times5.6+0.273\times8.8\times0.3\right)=0.641(\mathrm{d})$$

3. 对于 n 地区

$$\theta=\frac{1}{24}\times\left(\frac{188.69}{42}+\frac{188.69}{204.12}\times5.2+1.034\times8.1\right)=0.737(\mathrm{d})$$

$$\theta_{管}=\frac{1}{24}\times\left(\frac{147.80}{42}+\frac{147.80}{204.12}\times5.2+1.347\times8.1\times0.7\right)=0.622(\mathrm{d})$$

$$\theta_{移交}=\frac{1}{24}\times\left(\frac{192.83}{42}+\frac{192.83}{204.12}\times5.2+0.711\times8.1\times0.7\right)=0.564(\mathrm{d})$$

$$\theta_{移交}^{D}=\frac{1}{24}\times\left(\frac{189.43}{42}+\frac{189.43}{204.12}\times5.2+0.818\times8.1\times0.7\right)=0.582(\mathrm{d})$$

$$\theta_{移交}^{F}=\frac{1}{24}\times\left(\frac{203.33}{42}+\frac{203.33}{204.12}\times5.2+0.381\times8.1\times0.7\right)=0.508(\mathrm{d})$$

$$\theta_{移交}^{D,m}=\frac{1}{24}\times\left(\frac{193.32}{42}+\frac{193.32}{204.12}\times5.2+0.810\times8.1\times0.7\right)=0.588(\mathrm{d})$$

$$\theta_{移交}^{D,B}=\frac{1}{24}\times\left(\frac{179.62}{42}+\frac{179.62}{204.12}\times5.2+0.837\times8.1\times0.7\right)=0.567(\mathrm{d})$$

$$\theta_{空}=\frac{1}{24}\times\left(\frac{32.56}{42}+\frac{32.56}{204.12}\times5.2+1.795\times8.1\times0.3\right)=0.249(\mathrm{d})$$

$$\theta_{空}^{P}=\frac{1}{24}\times\left(\frac{27.68}{42}+\frac{27.68}{204.12}\times5.2+1.871\times8.1\times0.3\right)=0.246(\mathrm{d})$$

$$\theta_{空}^{C}=\frac{1}{24}\times\left(\frac{12.33}{42}+\frac{12.33}{204.12}\times5.2+1.927\times8.1\times0.3\right)=0.220(\mathrm{d})$$

$$\theta_{空}^{N}=\frac{1}{24}\times\left(\frac{46.47}{42}+\frac{46.47}{204.12}\times5.2+1.596\times8.1\times0.3\right)=0.257(\mathrm{d})$$

$$\theta_{空}^{G轻}=\frac{1}{24}\times\left(\frac{155.77}{42}+\frac{155.77}{204.12}\times5.2+1.077\times8.1\times0.3\right)=0.429(\mathrm{d})$$

$$\theta_{空}^{B}=\frac{1}{24}\times\left(\frac{181.25}{42}+\frac{181.25}{204.12}\times5.2+0.750\times8.1\times0.3\right)=0.448(\mathrm{d})$$

R 铁路局及其地区货车周转时间的最终计算结果见表 1-5-16。

表 1-5-16　*R* 铁路局及其地区货车周转时间

<table>
<tr><th colspan="2">局或地区</th><th>R 局</th><th>m 地区</th><th>n 地区</th></tr>
<tr><td colspan="2">货车周转时间(d)</td><td>1.176</td><td>0.833</td><td>0.737</td></tr>
<tr><td colspan="2">管内工作车周转时间(d)</td><td>0.948</td><td>0.723</td><td>0.622</td></tr>
<tr><td colspan="2" rowspan="3">移交重车
周转时间(d)</td><td>总 0.929</td><td>总 0.612</td><td>总 0.564</td></tr>
<tr><td>B 口 0.964</td><td>B 口 0.741</td><td>D 口 0.582
D→m 地区 0.588
D→B 口 0.567</td></tr>
<tr><td>F 口 0.865</td><td>D 口 0.531
D→n 地区 0.532
D→F 口 0.530</td><td>F 口 0.508</td></tr>
<tr><td rowspan="7">空车周转时间(d)</td><td>总</td><td>0.288</td><td>0.287</td><td>0.249</td></tr>
<tr><td>P</td><td>0.280</td><td>0.282</td><td>0.246</td></tr>
<tr><td>C</td><td>0.261</td><td>0.279</td><td>0.220</td></tr>
<tr><td>N</td><td>0.293</td><td>0.272</td><td>0.257</td></tr>
<tr><td>粘</td><td>—</td><td>—</td><td>—</td></tr>
<tr><td>轻</td><td>0.564</td><td>0.356</td><td>0.429</td></tr>
<tr><td>B</td><td>0.924</td><td>0.641</td><td>0.448</td></tr>
</table>

第七节　货车日车公里

货车日车公里是考核货车运用效率的另一重要指标，是指每一运用车平均每日运行的距离，按下式计算：

$$S_{车}=\frac{l}{\theta}\qquad (km/d) \tag{1-5-26}$$

在空车走行率一定的条件下，货车日行车公里越高，表示货车的运用效率越高，为完成同样的运输任务所需要的货车数越少。

货车日车公里与货车周转时间均与客观因素中的全周距指标有关。由于货车全周距对货车周转时间的影响很大，当实际完成的货车全周距与计划值相差较大时，货车周转时间往往不能正确地反映货车的运用效率，此时计算货车日车公里来反应货车运用效率。

R 铁路局计划月的货车日车公里计划指标为

$$S_{车}=\frac{269.39}{1.176}=229.1\qquad (km/d)$$

【复习题】

1. 什么是货车周转时间？计算方法有哪些？
2. 什么是管内工作车周转时间、移交车周转时间和空车周转时间？如何计算？
3. 货车周转时间的影响因素有哪些？
4. 怎样用实际里程法计算货车走行公里？什么情况下可以应用里程折半法？
5. 怎样计算货车平均中转距离？应当注意什么？
6. 什么是管内装卸率？

第六章　运用车保有量计划和机车运用计划

第一节　运用车保有量计划

在前面章节中各类运用车工作量和货车周转时间的计算方法的基础上，再利用货车周转时间车辆相关法计算铁路局日常运用车的保有量，这就可以得到铁路局各类运用车保有量的理论值，为日常车流调整提供了数据来源。这也是编制技术计划的主要目的。

一、运用车保有量的计算

1. 运用车保有总量

为了完成月度运输计划规定的运输任务，铁路局必须要保有一定数量的货车，其理论值为

$$N = U \times \theta \quad (车) \tag{1-6-1}$$

为了进行合理的车流调整提供数据依据，在确定铁路局总运用车保有量以外，还需要确定管内工作车、移交车和空车保有量。

2. 管内工作车保有量

路局和地区管内工作车保有量可按下式计算：

$$N_{管内} = U_{卸空} \times \theta_{管内} \quad (车) \tag{1-6-2}$$

3. 移交车保有量

移交车保有量为

$$N_{移交} = U_{移交} \times \theta_{移交} \quad (车) \tag{1-6-3}$$

分界口别的移交车保有量为

$$N^{B}_{移交} = u^{B}_{移交} \times \theta^{B}_{移交} \quad (车) \tag{1-6-4}$$

$$N^{F}_{移交} = u^{F}_{移交} \times \theta^{F}_{移交} \quad (车) \tag{1-6-5}$$

显然，总的移交车保有量等于分界站别的移交车保有量之和，即

$$N_{移交} = N^{B}_{移交} + N^{F}_{移交} \quad (车) \tag{1-6-6}$$

4. 空车保有量

$$N_{空} = U_{空} \times \theta_{空} \quad (车) \tag{1-6-7}$$

$$N^{棚}_{空} = U^{棚}_{空} \times \theta^{棚}_{空} \quad (车) \tag{1-6-8}$$

$$N^{敞}_{空} = U^{敞}_{空} \times \theta^{敞}_{空} \quad (车) \tag{1-6-9}$$

$$N^{平}_{空} = U^{平}_{空} \times \theta^{平}_{空} \quad (车) \tag{1-6-10}$$

$$N^{罐}_{空} = U^{罐}_{空} \times \theta^{罐}_{空} \quad (车) \tag{1-6-11}$$

$$N^{保}_{空} = U^{保}_{空} \times \theta^{保}_{空} \quad (车) \tag{1-6-12}$$

$$N^{它}_{空} = U^{它}_{空} \times \theta^{它}_{空} \quad (车) \tag{1-6-13}$$

总的空车保有量等于各车种空车保有量之和，即

$$N_{空}=N_{空}^{棚}+N_{空}^{敞}+N_{空}^{平}+N_{空}^{罐}+N_{空}^{保}+N_{空}^{它} \quad (车) \tag{1-6-14}$$

铁路局运用车保有量等于上述三部分运用车数之和，即

$$N=N_{管内}+N_{移交}+N_{空} \quad (车) \tag{1-6-15}$$

在编制技术计划时由于计算误差，可能略有出入。此时，应加以调整、配平。*R* 铁路局及其 *m*、*n* 地区的运用车保有量见表 1-6-1、表 1-6-2 和表 1-6-3。

表 1-6-1 *R* 局运用车保有量计算表

运用车类别		工作量(车/d)	周转时间(d)	保有量指标(车)
运用车		1 277	1.176	1 510
管内工作车		982	0.948	931
移交车	总	295	0.929	282
	B 分界站	190	0.964	193
	F 分界站	105	0.865	89
空车	总	1 031	0.288	297
	P	475	0.280	132
	C	325	0.261	85
	N	205	0.293	60
	粘	—	—	—
	轻	15	0.564	9
	B	11	0.924	11

表 1-6-2 *m* 地区运用车保有量计算表

运用车类别			工作量(车/d)	周转时间(d)	保有量指标(车)
运用车			1 033	0.833	864
管内工作车			538	0.723	390
移交车	总		495	0.612	304
	B 分界站		190	0.741	141
	D 分界站	总	305	0.531	163
		n 地区	240	0.532	128
		F 口	65	0.530	35
空车	总		589	0.287	170
	P		263	0.282	74
	C		184	0.279	52
	N		124	0.272	34
	粘		—	—	—
	轻		7	0.356	3
	B		11	0.641	7

表 1-6-3　*n* 地区运用车保有量计算表

运用车类别			工作量(车/d)	周转时间(d)	保有量指标(车)
运用车			873	0.737	646
管内工作车			444	0.622	276
移交车	总		429	0.582	243
	D 分界站	总	324	0.582	189
		B 口	92	0.567	52
		m 地区	232	0.588	137
	F 分界站		105	0.508	54
空车	总		503	0.249	127
	P		233	0.246	58
	C		150	0.220	33
	N		99	0.257	26
	粘		—	—	—
	轻		13	0.429	6
	B		8	0.448	4

二、各类运用车保有量之间的数量关系

1. 各类运用车保有量

(1)运用车总量与管内工作车、移交重车和空车的关系

由于运用车划分为管内工作车、移交重车和空车，所以管内保有的运用车总量等于上述三部分运用车数之和，即

$$N=N_{管内}+N_{移交}+N_{空}\quad(车)\tag{1-6-16}$$

(2)移交重车总量与管内各分界口移交重车的关系

移交重车总量应为各分界口移交车保有量之和。例如，*R* 局的移交重车保有量为 *B* 口和 *F* 口移交车保有量之和，即

$$N^{R}_{移交}=N_{移交,B}+N_{移交,F}\quad(车)\tag{1-6-17}$$

(3)运用车总保有量与车种别保有量的关系

各类运用车保有总量均为其车种别保有量之和。

2. 路局与管内各地区运用车保有量的关系

(1)路局总运用车保有量与局管内各地区总运用车保有量的关系

路局总运用车保有量为局管内各地区总运用车保有量之和，即

$$N^{R}=N^{m}+N^{n}\quad(车)\tag{1-6-18}$$

(2)路局管内工作车保有量与各地区管内工作车保有量的关系

各地区所保有的移交局管内外地区的重车，对于路局来说是管内工作车。所以，路局管内工作车保有量为管内各地区的管内工作车和移交外地区移交车保有量之和，即

$$N^{R}_{管内}=(N^{m}_{管内}+N^{m}_{移交,n})+(N^{n}_{管内}+N^{n}_{移交,m})\quad(车)\tag{1-6-19}$$

式中　$N^{m}_{管内}$、$N^{n}_{管内}$——*m* 地区和 *n* 地区的管内工作车保有量；

$N^{m}_{移交,n}$、$N^{n}_{移交,m}$——*m* 地区移交 *n* 地区和 *n* 地区移交 *m* 地区的移交重车保有量。

(3)路局移交重车保有量与各地区移交重车保有量的关系

各地区所保有的移交局管内外地区的重车不是路局的移交车,只有大口的移交车才是。所以,路局移交重车保有量($N^R_{移交}$)为管内各地区移交大口的移交车保有量之和,即

$$N^R_{移交}=(N^m_{移交,B}+N^m_{移交,F})+(N^n_{移交,B}+N^n_{移交,F}) \quad (车) \qquad (1\text{-}6\text{-}20)$$

式中 $N^m_{移交,B}$、$N^n_{移交,B}$——m 地区和 n 地区移交 B 口的移交重车保有量;

$N^m_{移交,F}$、$N^n_{移交,F}$——m 地区和 n 地区移交 F 口的移交重车保有量。

(4)路局空车保有量与各地区空车保有量的关系

路局空车保有量为各地区空车保有量之和。

第二节　机车运用计划

一、机车管理的分类

机车是铁路运输的牵引动力,造价和运用、维护费用都很高,应当合理安排使用。在技术计划中,根据货运工作量,为各局分配机车运用台数,规定机车运用的数量指标和质量指标,以保证顺利完成国家运输任务、提高机车运用效率。

机车的运用方式与货车不同,货车是在全路范围内通用,机车则配属于各铁路局所管辖的机务段,并在固定的区段内牵引列车,或在固定的站段担当调车作业或其他工作。

机车的调拨:铁路局间由铁路总公司决定;铁路局管内各机务段间由铁路局决定,并报铁路总公司核备。机车调拨交接地点,原则上在机务段进行。调拨机车的状态应符合运用条件。在调拨机车时,原配属段要做好交接准备工作,填写移交记录,并将交接完了时刻拍发电报告知有关铁路局和机务段机车调度。

铁路局(机务段)管理的机车可以按照归属权限和指挥使用权限分类。

1. 按归属权限划分

铁路局(机务段)管理的机车按照归属权限分为配属机车和非配属机车。

(1)配属机车

配属机车是自购的或根据铁路总公司(铁路局)配属命令,拨交本局(本段)保管、使用,涂有局、段标志并在资产台账内登记的机车。

(2)非配属机车

非配属机车指原配属关系不变,根据铁路总公司(铁路局)命令由他局(段)入助及临时加入支配(含长交路轮乘)的机车。

2. 按指挥权限分类

铁路局(机务段)管理的机车按指挥使用权限分为支配机车和非支配机车。

(1)支配机车

支配机车是根据铁路总公司、铁路局命令拨交各局、段支配使用的机车,包括入助和临时加入支配(含长交路轮乘)的机车。

(2)非支配机车

非支配机车是根据铁路局命令批准的长期备用(长期备用机车为局的支配机车,为段的非支配机车)、出助的机车以及按租月合同办理的出租机车。

据此，铁路局(机务段)所管理的机车除包括配属机车外，还包括由他局、段派至本局、段的入助机车和临时加入支配的机车，其管理机车的分类可综合如图 1-6-1 所示。

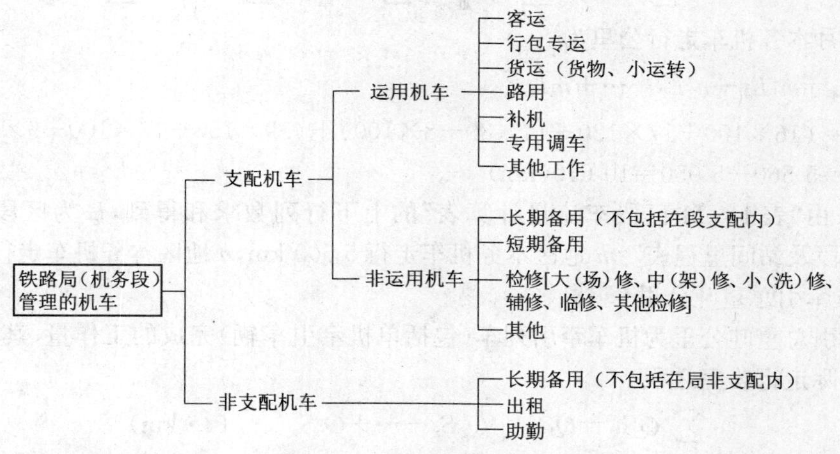

图 1-6-1　机车管理分类图

二、机车运用数量指标

机车运用工作量反映运用机车完成牵引任务的数量，在技术计划中计算的工作量指标有机车走行公里和牵引总重吨公里两项。

1. 机车走行公里

机车走行公里为运用机车实际走行或换算走行的公里。各种机车走行公里的分类及其关系如图 1-6-2 所示。

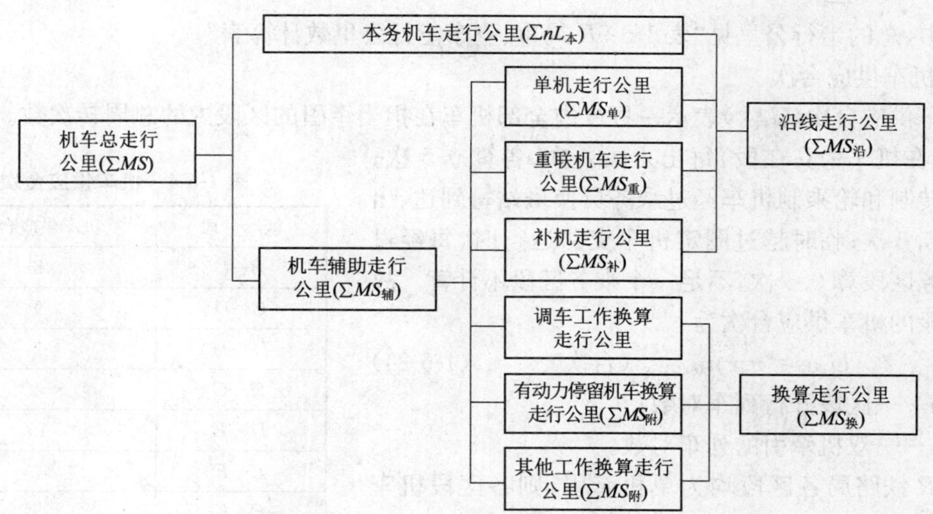

图 1-6-2　机车走行公里分类图

根据机车担当的工作类型，机车走行公里分为本务机走行公里和辅助走行公里。

按机车在运用过程中是否在区间运行，机车走行公里分为沿线走行公里和换算走行公里。

机车总走行公里按下式计算：

$$\sum MS = \sum nL_{本} + \sum MS_{辅} = \sum nL_{本} + \sum MS_{重} + \sum MS_{单} + \sum MS_{补} + \sum MS_{换} \quad (1\text{-}6\text{-}21)$$

R 局下月本务机车走行公里为

$$\begin{aligned}\sum nL_{本} &= n_1L_1 + n_2L_2 + \cdots + n_nL_n \\ &= (16\times100+17\times120+14\times80+8\times100)+(19\times150+13\times100+9\times100) \\ &= 5\,560+5\,050=10\,610(\text{km})\end{aligned}$$

其中,n 由“表 1-4-11 区段车流量计算表”的上下行列数求和得到,L 为区段公里数,见“表 1-5-2区段及站间里程表”;m 地区本务机车走行 5 560 km,n 地区本务机车走行 5 050 km。

2. 机车牵引总重吨公里

机车牵引总重吨公里为机车牵引列车(包括单机牵引车辆)完成的工作量,其值为机车牵引总重与实际走行公里之积

$$\sum QS_{总} = Q_1S_1 + Q_2S_2 + \cdots + Q_nS_n \quad (\text{t}\cdot\text{km}) \quad (1\text{-}6\text{-}22)$$

式中 $Q_1, Q_2, \cdots, Q_n$——各牵引区段不同种类列车的总重,t;

$S_1, S_2, \cdots, S_n$——各牵引区段的长度,km。

或

$$\sum QS_{总} = \sum NS_{重} \times P_{重} + \sum NS_{空} \times P_{自重} \quad (\text{t}\cdot\text{km}) \quad (1\text{-}6\text{-}23)$$

式中 $P_{重}$——重车动载重,t;

$P_{自重}$——货车平均自重,t。

若 R 铁路局运用重车平均总重 80 t、空车平均自重 22.5 t,则该局货运机车每日牵引总重吨公里为

$$\sum QS_{总} = 80 \times 307\,670 + 22.5 \times 36\,345 = 2.54 \times 10^7 (\text{t}\cdot\text{km})$$

其中,总的走行公里见“表 1-5-9R 局重、空车走行公里数计算表”。

3. 机车供应台次

机车供应台次($U_{供应}$)表示一昼夜内全部机车在担当牵引的区段内的总周转次数。机车由本段(驻在机车为驻在段)每出入段一次,各算 0.5 次;循环运转制和轮乘制机车经过乘务员换班站每到达、出发各算 0.5 次;临时越过图定机车交路运行时,每经过一个乘务区段算 0.5 次,不足一个乘务区段不计算。故每一区段的机车供应台次为

$$U_{供应} = n + n_{双} \quad (台次) \quad (1\text{-}6\text{-}24)$$

式中 n——区段开行列车对数;

$n_{双}$——双机牵引的列车对数。

设 R 铁路局各区段均为单机牵引,则各区段机车供应台次见表 1-6-4。

表 1-6-4 机车供应台次

区段	机车供应台次
B—C	8
C—D	9
D—H	7
H—G	4
D—E	10
E—F	7
E—K	5

三、机车运用质量指标

1. 机车全周转时间

机车全周转时间($\theta_{机}$)是从时间上反映机车运用效率的指标,为机车每周转一次所消耗的

时间，包括：纯运转、中间站停留、本段和折返段停留、本段和折返段所在站停留时间。回段机车为上次入段时起至本次入段时止；实行循环运转和轮乘制的机车为上次机车到达乘务员换班站时起至本次机车到达乘务员换班站时止；在站换班机车为接车时起至交车时止。各区段机车全周转时间按下式计算：

$$\theta_{机}=\frac{2L}{v_{旅}}+t_{基}+t_{折}\quad (h) \qquad (1\text{-}6\text{-}25)$$

式中　L——机车牵引区段的长度，km；

$v_{旅}$——列车平均旅行速度，km/h；

$t_{基}$——机车在基本段及基本段所在站停留时间，h；

$t_{折}$——机车在折返段及折返段所在站停留时间，h。

机务段、地区或铁路局的机车平均全周转时间为所管辖牵引区段机车全周转时间的加权平均值。如果 R 铁路局设有 C、E、H 三个机务段，机车在基本段和折返段所在站的停留时间标准分别为 4 h 和 3 h，列车旅行速度为 m 地区 60 km/h、n 地区 80 km/h，机车担当交路如图 1-6-3所示，则 R 铁路局机车平均全周转时间见表 1-6-5。

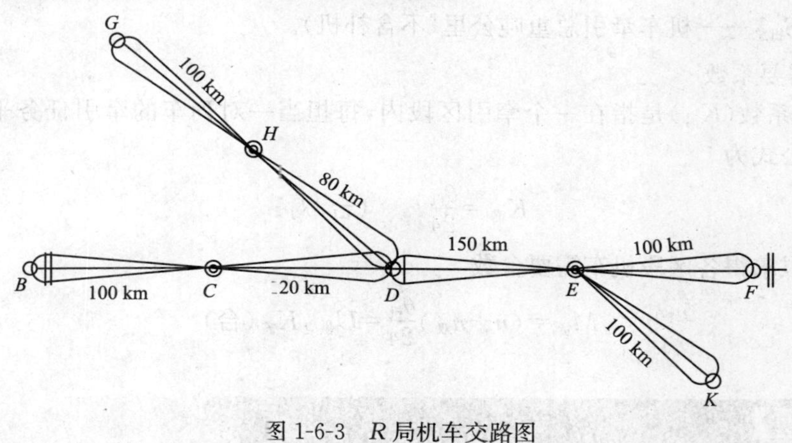

图 1-6-3　R 局机车交路图

2. 机车日车公里

机车日车公里（$S_{机}$）即每台货运机车每昼夜平均走行的公里数，其值可按下式计算：

$$S_{机}=\frac{\sum MS_{沿}-\sum MS_{补}}{M_{货}-M_{补}}\quad (km/d) \qquad (1\text{-}6\text{-}26)$$

式中　$M_{货}$——货运机车台日数，台/d；

$M_{补}$——补机台日数，台/d。

在计算机车日车公里时不计补机的走行，是由于补机的工作性质决定了补机每昼夜的走行公里较少，如果计入将会使该项指标缺乏可比性。

3. 列车平均总重

列车平均总重（$Q^{列}_{总}$）指在铁路局或机务段担当牵引任务的线路上，列车的平均总重，是反映机车牵引力利用程度的质量指标，计算公式为

表 1-6-5　R 局机车平均全周转时间表

单　位			机车周转时间(h)
m 地区	C 机务段	B—C	10.3
		C—D	11
	H 机务段	D—H	9.7
		H—G	10.3
	地区		10.4
n 地区	E 机务段	D—E	10.8
		E—F	9.5
		E—K	9.5
	地区		10
R 铁路局			10.2

$$Q_{总}^{列}=\frac{\sum QS_{总}}{\sum nL_{本}} \quad (t/列) \tag{1-6-27}$$

式中　$\sum QS_{总}$——机车牵引总重吨公里(不含单机,不分劈重联、补机)。

4. 机车平均牵引总重

机车平均牵引总重为每台运用机车平均牵引列车的总重量,计算公式为

$$Q_{总}^{机}=\frac{\sum QS_{总}}{\sum nl_{本}+\sum MS_{重}+\sum MS_{补}} \quad (t/台) \tag{1-6-28}$$

5. 机车台日产量

机车台日产量($W_{机}$)即平均每台货运机车每日生产的总重吨公里数,反映了货运机车和牵引力的利用效率,是考核机车运用质量的综合指标,计算公式为

$$W_{机}=\frac{\sum QS_{机总}}{M_{货}} \quad (t \cdot km/台) \tag{1-6-29}$$

式中　$\sum QS_{机总}$——机车牵引总重吨公里(不含补机)。

6. 机车需要系数

机车需要系数($K_{需}$)是指在一个牵引区段内,每担当一对列车的牵引任务平均需要的机车台数,计算公式为

$$K_{需}=\frac{\theta_{机}}{24} \quad (台/对) \tag{1-6-30}$$

据此,可以求得各区段机车需要台数

$$M_{货}=(n+n_{双})\frac{\theta_{机}}{24}=U_{供应}K_{需}(台) \tag{1-6-31}$$

【复 习 题】

1. 为各路局分配运用车保有量是编制技术计划的主要目的,为什么在计算移交重车保有量时还应分别按分界站计算保有量?
2. 机车是怎样进行分类管理的?
3. 机车运用工作量指标有哪些?什么是机车沿线走行公里?
4. 机车运用效率指标有哪些?怎样确定运用货运机车台数?

第七章 运输方案

第一节 概述

一、运输方案的性质

运输方案根据运输生产规律寻求总体最优的运输组织方法，是保证完成月度运输计划的综合部署。运输方案按照编制和执行的组织机构分为跨局运输方案、路局运输方案和车站运输方案。

为了完成月度运输计划，需要研究计划月的货流特点及由此可能带来的困难，制定提高运输效率和克服困难所应采取的运输组织措施。运输方案就是为这一目的编制的。每月铁路局、站段都要根据实际情况，按照月度货运计划、技术计划的要求和列车编组计划、列车运行图、机车周转图的规定，与路内外有关单位密切配合，共同编制和执行运输方案。

列车编组计划、列车运行图、月度货运计划和技术计划不能代替运输方案。列车编组计划和列车运行图是依据年度计划车流编制的比较长期的车流组织办法和列车运行计划，与月度货流往往有出入。

月度运输计划是铁路当月应完成的货运任务，它规定了各类货物的流向和数量，技术计划是为完成月度货运计划所制定的铁路机车车辆的运用和分配计划。月度货运计划和技术计划规定了当月运输工作的数量指标和质量指标，但对于如何组织货流车流，使车流组织和列车运行、列车运行与机车运用密切结合，则缺乏具体安排，因而，不能据以直接组织运输过程。

运输方案就是根据这一情况，按照月度货运计划、技术计划的任务要求和列车运行图和列车编组计划的规定，在满足产、销需要，协调路内外与运输有关部门关系的前提下，综合部署月、旬运输工作而制定的旨在全面改进运输组织的对策和办法。

因而，运输方案是指导铁路日常运输工作的战略部署。

二、运输方案的作用

铁路运输方案在运输日常调度指挥中发挥着重要的指导作用，主要表现在：

1. 平衡运能和运量

当运能不能满足运量的需要时，运输方案通过综合平衡，保证计划内物资和重点物资的运输。

2. 组织路内外协作，保证企业生产，提高运输效率

在铁路运输总量中，约有70%的运量是在专用铁道和专用线上进行装卸的。在运输方案中，可根据企业的生产特点组织重、空车辆的取送，保证企业生产的顺利进行。由于加强了路内外协作，既可满足企业生产的运输需要，又可为运输组织创造方便条件。

3. 做到预见地组织运输生产

通过运输方案，可以找出当前运输工作的薄弱环节，有利于提高运输工作的预见性和主动性，对可能产生的困难采取预防措施，从而保证实现计划运量。

4. 便于对运输设备的改建和扩建提出切中要害的方案，提高基建投资的效益

运输方案主要研究在现有设备条件下，为消除运输薄弱环节而应采取的技术组织措施，并不涉及运输能力加强。但是，由于运输方案是从全局的角度考虑作业组织，因而在进行铁路技术设备的改、扩建时，从运输方案的角度容易得到整体最优的方案。

三、运输方案的编制原则

铁路运输方案是以运输过程的整体优化为目标所制定的保证完成月、旬运输工作的综合部署。编制运输方案应遵守以下原则：

1. 提高作业效率，缩短关键作业的延续时间

根据计划评审技术的原理，一项工程的工期由处于关键路线上的单项作业时间之和决定。缩短了这些单项作业的延续时间，整个工期就缩短了。运输方案要通过提高作业效率，使运输设备的作业能力与运输需要相适应。

2. 减少运输过程的作业环节，前一工序为后一工序打基础、创条件，组织高质量列车，加速机车车辆周转

例如，开行高质量直达列车，可以越过更多的编组站不进行改编，从而使列车在这些编组站的作业从有调中转变为无调中转，减少了调车的作业环节；按照在卸车站的作业地点编组的高质量直达列车，则可以减少在卸车站的调车作业；在货运站将同一组号的装车集中在一条装卸线上，就可以减少分解取回车辆的调车作业。

3. 以系统观点统筹安排，消除薄弱作业环节

铁路的运输能力由最薄弱的作业环节决定，消除了薄弱环节，就提高了系统的整体作业能力。运输方案通过有预见地合理分配作业负担，使薄弱环节的作业能力与其承担的作业任务相适应，从而保证在现有设备条件下顺利完成运输任务。

四、技术组织原理

1. 提高运输效率

(1)充分利用运输设备的通过能力

运输方案采用选取与当月运量相适应的分号运行图，统筹分配区段、技术站和货运站的作业负担，使系统的整体运能得到充分利用。

(2)减少运输生产的中间环节

铁路运输是多部门、多工种参与的生产过程，通过协作减少作业，就能提高运输效率、降低运输成本。

(3)压缩车辆的非生产停留时间

根据统计，车辆周转过程中，1/3 在装卸车站作业和停留，1/3 在技术站作业和停留，只有 1/3 时间在途中运行，装卸站的停留时间 25％是作业时间、75％是等待时间，技术站上停留时间中用于作业的时间只有 20％。大部分时间是集结和等待时间。

运输方案压缩非生产停留时间有如下一些做法：

①按大阶段去向均衡，小阶段去向集中的原则组织挂线装车。大阶段均衡是指 3～6 h 内，各去向列车数量均衡；小阶段集中是指在编组某一趟列车之前的一段时间内，各装车点都装统一去向的车流，使取车就是编组，连挂即可成列。

②挂线装车，即根据列车出发时间和编组内容安排装车，保证装好的车能立即挂出，不产生等线发车时间。

③组织车流配合到达技术站，压缩车辆集结时间。

④根据到站的卸车能力，组织本站作业车到达。

(4)实现货物列车运行客车化

运输方案实现货物列车运行客车化的具体方法是列车挂线，即以定点、定线、定编组的方式，为有稳定车流的去向制定列车运行线。

列车挂线的方式有：

①一个发站发出的列车挂一条运行线。

②几个发站发出同一径路的列车合用一条运行线。

到站可以是一个或几个卸车站，或到达技术站改变。

2. 适应运量波动

在日常运输工作中，运量波动是不可避免的。运量降低，铁路运输能力空费；运量超过运能，则无法完成运输任务。因而，应当采取组织措施，把运量的波动控制在一定的范围。运输方案通常采用以下措施应对运量波动：

(1)组织本站机动货源作为调整货源

铁路运输的货物从时间要求来看，有两大类：一类是时间要求比较严格，如鲜活货物、抢险救灾物资；另一类是发运时间有一定灵活性，可以适当提前或推后的货物。铁路运输方案安排日历装车时，应先安排发送日期没有调整可能性的货源。发送日期比较灵活的货源，可以作为机动货源，补充落空或不足的货源，保证方案列车的开行。

(2)利用出车区其他车站的车流补轴

在同一出车区内，各站大多装运同种大宗货物。本站车流不足，影响方案列车时，可以用其他车站的车流补充。打破部门、工种的界限，统筹安排运输资源，是运输方案解决运能、运量矛盾的主要思路。

第二节　跨局运输方案和路局运输方案

一、跨局运输方案

跨局运输方案在交换车流较大的铁路局间编制，目的在于合理安排跨局列车的挂线，以协调局间的列车解编任务，减少车辆在途中的改编作业，缓和编组站和区段能力紧张状况。跨局运输方案主要包括跨局货流组织方案和跨局列车组织方案。

1. 跨局货流组织方案

由于跨局货流的发站和到站不在同一路局，为了避免到站卸车困难，相关路局应根据厂矿生产需要和车站装、卸作业条件协商决定直达列车的组织方法。

首先，要合理规划物资的调拨，消除不合理运输，使货流相对集中，以利于开行直达列车。

其次,要根据到站的卸车条件组织直达列车,防止因待卸时间过长降低车辆的使用效率。

2. 跨局列车组织方案

跨局列车组织方案主要规定分界口交接的空、重直达列车的组织办法,即指定跨局空车直达列车的车种、编成辆数和固定车次和跨局核心列车的车次及编组内容。

为了便利到站的卸车作业或缓解编组站的能力紧张,要在跨局运输方案中规定高质量直达列车的编组要求。高质量直达列车是指超过列车编组计划的要求,为卸车站或终到的编组站提供作业便利的直达列车,包括:

(1)越过列车编组计划规定的最远到达站的直达到车。由于远程直达列车无改编通过更多的技术站,可以获得更大的经济效益。

(2)为编组站编组分站、分场的列车。当直达列车到达的枢纽内有两个及以上编组站时,要求列车编成站按枢纽内的编组站编组列车而不混编,即到达列车中只能编挂该列车终到的编组站集结的车流,而不能包含枢纽内其他编组站集结的车流。分站编组可以减少枢纽小运转列车的开行数量和调车作业量,但列车编成站可能延长车列集结时间。

当到站为双向编组站或实行双推双溜的编组站时,按到站的调车系统或调车分区编车,也可以减少车辆转场和重复分解的调车作业。

(3)对本站自编列车中车辆的组号再按照列车终到站列车编组计划规定的组号细分,从而减轻终到站改编车流的作业负担、加速作业进度。

(4)按到站的同一专用线和货物作业点成组,便于货运站送车的列车。有的货运站因调车设备能力不足而延误车辆取送,如规定列车中车辆按到站的卸车地点分组,甚至按车辆的作业线分组,就可以减轻卸车站的调车作业负担,加速车辆在到站的作业过程。

跨局运输方案在加强局间协作,保证运输畅通方面发挥了积极的作用。

二、路局运输方案

路局运输方案包括货运工作方案、列车工作方案和机车工作方案。在站场或线路施工期间还需要编制施工方案。

路局运输方案依据月度运输计划、技术计划、列车编组计划、列车运行图及站段技术作业标准,区段通过能力、技术站改编能力及货运站装卸能力,水运、公路接运能力,施工计划等原始资料编制。

1. 货运工作方案

(1)货运工作方案的主要内容

货运工作方案是整个运输方案的基础,其内容包括:

①大宗稳定货流始发、阶梯直达列车的配开计划。

②成组装车的日历安排。

③短途货物整列出车固定车底循环列车日历装车计划。

④零流合组直达列车和区段零流挂线装车的日历安排。

⑤重点装车站的日历装车安排。

⑥主要站的卸车安排。

(2)货运工作方案的编制方法

编制货运工作方案的思路是通过扩大直达、成组装车提高运输效率。

①根据运输设备条件组织货流。

发站和到站有整列装、卸条件时，应使供需关系相对集中，以形成稳定、强大的车流，为组织直达列车创造条件。

装车可以整列，但卸车站不具备整列卸车条件时，可考虑组织反阶梯直达列车或到达技术站解体的列车。

卸车可以整列，但整列装车有困难时，可组织阶梯直达列车。

对同品名、不同发货单位的货源，可以组织统一运用仓库、货区货位、统一调配搬运工具，实行统一发货，既提高装车设备的利用效率，又为组织直达列车和成组装车创造条件。

②根据货流条件选择自装车流的组织方式。

以大宗货物装车站和出车区为单元，将全月批准的运输需求计划，按先直达、后成组、再零星的顺序，由远而近地组织自装车流。

在选择车流组织方式时，应采取有效措施，最大限度地扩大直达列车吸收车流的比例：在大宗货物装车站，可以采取"以整带零"的方法，扩大直达流量，即以煤、矿石等大宗货物为主，吸收相同到站或去向的零星货流，扩大直达流量。

编制旬间日历装车计划，把中间站的零星车流纳入技术站车流组织计划。

2. 列车工作方案

列车工作方案根据货运工作方案的货流组织进行车流挂线，确定方案列车运行线。列车工作方案具体实现货运工作方案的安排，是铁路运输方案的核心和最终体现。

编制列车工作方案所要完成的工作包括：

(1)车流组织

列车工作方案包括直达车流和空车流组织。

①直达车流组织。

直达车流组织主要是自装车流的组织，其目的在于增加装车地直达列车的数量、提高装车地直达列车的质量。

②空车流组织。

向空车不足的装车地点配送空车是实现装车计划的必要条件。在编制运输方案时，主要解决空车直达列车组织问题。

编开始发直达列车的装车站通常需要整列配送空车，实行整列或成组装车。空直达列车的开行列数，根据铁路总公司技术计划规定的局间分界站的空车交接数和要求以及自局管内始发直达列车列数确定。

空车直达列车的组织地点，应选择在大量卸车站或有大量空车汇集的技术站。

(2)选定分号运行图

为了提高机车的运用效率，实现均衡运输，在运输方案中要根据技术计划规定的各区段行车量，并考虑日常波动选定分号运行图。

采用独立分号运行图的路局，根据当月最大运量和最低运量，为每一区段编制基本图、第一和第二分号图。采用综合分号运行图的路局，则根据运量波动的情况在基本图上抽去一定数量的运行线形成第一分号图，在这一基础上再抽去一定数量的运行线形成最低行车量的第二分号图。

在运输方案中，应根据当月技术计划的行车量，并考虑一定的波动，选定相应的分号图。

(3)车流挂线

车流挂线是指为货运工作方案中确定的各种车流指定运行线，将车流与运行图中的列车车次固定起来。这些有稳定、足够数量车流保证的车次即为核心车次，又称为方案车次。在一般情况下方案车次占全部运行线的比重不应少于60%。

由于方案列车固定了在装车站和卸车站的出发和到达时间，便于铁路与厂矿密切配合，保证编组站、装卸站和区段工作的稳定。

车流挂线的方法有两种：

①单独固定。

车流量达到或接近每日一列能够每日开行的到达站，单独固定一条运行线。

②联合固定。

小于每日一列、有共同径路的若干到达站可联合使用运行线。

发站相同而到站不同的直达列车联合使用一条运行线：同一装车站，如组织有到达同一方向不同到站的直达列车，它们有一段共同径路，这些不同到站的直达列车可以联合使用列车运行线。

发站不同而到站相同的直达列车联合使用一条运行线：位于相同运行区段的不同发站，或位于不同支线的不同发站，如果它们组织的直达列车有相同的到站，可以考虑联合使用一条运行线。

3. 机车工作方案

编制机车工作方案的主要任务是在列车工作方案确定的分号运行图上勾画机车周转图，安排机车检修工作。

在制定列车工作方案，从基本图中抽线选定分号图时就应考虑机车周转，抽线时应尽量减少机车在折返段的交路变更，而在基本段调整某些机车交路，使机车在机务段所在站的停留时间不至于过分延长而需要增加机车台数。

【复习题】

1. 什么是运输方案？有什么作用？编制原则是什么？

2. 运输方案与铁路月度货物运输计划、技术计划有什么联系？

3. 跨局运输方案解决的问题及其主要内容是什么？路局运输方案的主要内容以及解决的问题是什么？

第二篇

铁路运输调度工作

在铁路运输过程中，需要由铁路调度指挥部门协调车务、机务、工务、电务、车辆和供电部门，来完成列车运输任务。可见，铁路运输调度部门日常的工作极为重要。铁路日常调度工作包括车流预测和调整、铁路局轮廓计划、调度日(班)计划、列车运行调整计划以及对旅客输送工作日常计划等内容。本篇着重讨论这些内容。

第一章　概　　述

第一节　铁路运输调度的机构设置

铁路运输是一个复杂的大系统，这一庞大的系统具有线长、点多、工种多、分工细、连续性强的特点。为使各环节协调配合，铁路运输生产必须实行集中统一指挥的管理原则。凡与运输有关部门、各工种都必须在运输调度的统一指挥下，进行日常生产活动。为了对全路运输生产，特别是列车运行，进行不间断地组织指挥和监督，我国铁路实行铁路总公司、铁路局和车站三级调度管理的制度：铁路总公司设调度处，铁路局设调度所，在技术站设调度室。各级调度机构在铁路总公司的统一领导下，实行分级管理。

调度所应设综合、安全、技术教育、生产分析、统计室，行车、计划、货运、客运、特运、施工、机车车辆、供电、工务、电务调度室。

铁路总公司值班调度设值班处长、调度员，铁路局值班调度设值班主任（必要时可设值班副主任）、主任调度员、调度员，技术站值班调度设值班站长、车站调度员（设调度室的技术站应设室主任、副主任）。

为了对复杂的运输生产活动进行全面地指挥和监督，在各级调度机构中又必须实行合理分工的管理原则，将整个运输生产活动按业务性质划分为若干部分，设置不同职名的调度员分别管理一定的工作。其中，调度所是最基本的铁路地区综合调度职能部门。

铁路局调度所设主任和若干名副主任。值班主任是本班实现运输工作日计划的统一组织者，班内实行分工负责的原则，设置不同职名的调度员分管各自职责范围内的工作。

铁路运输调度指挥工作的核心部门是铁路局调度所，在调度所中一般设有：

1. 列车调度员，又称行车调度员，负责管辖区段内所有与列车运行有关的工作。

2. 计划调度员，负责编制和调整管辖区域的列车工作计划，协助值班主任组织实现日班计划。

3. 机车调度员，负责机车运用的调度工作。

4. 客运调度员，负责旅客计划运输及客车的运用。

5. 货运调度员，负责管辖区段内装卸作业及管内重车的输送工作。

此外，根据各铁路地区的具体货流和设备情况还可以设有施工调度员、篷布调度员、零担货物调度员、罐车调度员、车辆检修调度员、特种运输调度员、预确报调度员、军事运输调度员、电力牵引区段的电力调度员等岗位，分别对线路及场站施工、铁路篷布、零担货物、车辆、特种货物运输、车流推算、军事运输、铁路运输供电等工作进行日常管理工作。

铁路局调度所的组织机构如图 2-1-1 所示。

根据管辖范围和工作量各调度岗位按区域分别设岗。计划调度员和货调、机调一般按枢纽或管辖区域设置；行车调度员由于工作较为繁重，一般按区段设置(除枢纽单独设置外，一般情况下是每区段设置一名调度员)；其他调度岗位一般按区域，如工作量相对较小，也可以不分别设置。

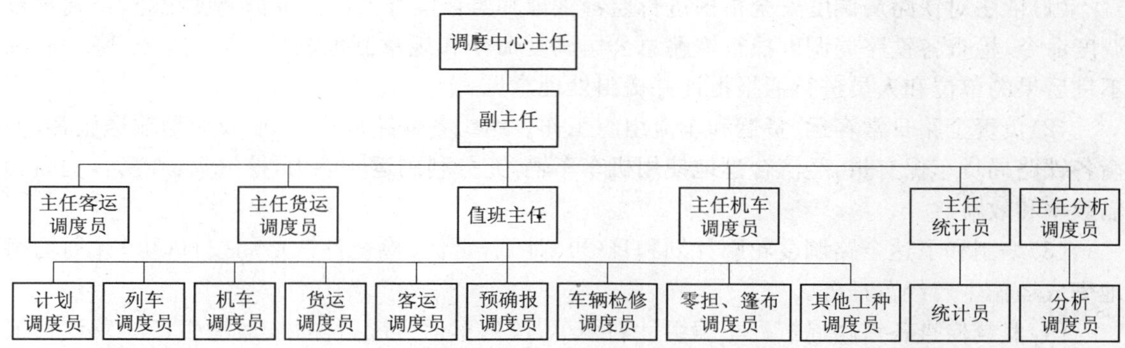

图 2-1-1　铁路局调度所组织机构

调度所一般还设有统计室和分析室负责日常的统计和分析工作。

统计员负责接收车站 18:00 报表资料，编制 18:00 统计报表，并报上级部门。

近年来随着运输组织自动化水平的提高和 TDCS 系统的应用，统计工作基本已由计算机完成。

分析调度员负责对运输情况进行日常分析、定期分析和专题综合分析，及时发现调度工作中存在的不足，以便不断提高调度指挥水平。

第二节　铁路运输调度的任务

铁路运输调度担负着组织客货运输、保证国家重点物资输送、提高客货运输服务质量、确保运输安全的重要责任，对完成铁路运输生产经营任务、提高铁路运输企业效益起着关键的作用。铁路运输调度实行统一领导、分级管理的制度，凡与运输有关的各部门、各工种的日常生产活动都必须在运输调度的统一组织指挥下进行。

一、铁路运输调度的基本任务

1. 编制运输工作日常计划

要使铁路运输这架庞大的联动机动作协调、高效率地运转，必须实行高度集中的调度指挥模式。

正确合理地编制运输工作日常计划是保证良好运输秩序的前提。制定运输工作日(班)计划时，要科学地组织客流、货流和车流，搞好均衡运输，经济合理地使用机车车辆及运输设备，组织与运输有关的部门紧密配合，协同动作，提高运输效率。

2. 组织实施运输工作日常计划

铁路运输调度部门在制定日(班)计划以后，必须保证计划的兑现，维护运输计划的严肃性。

铁路总公司调度要掌握好各局运用车保有量、局间分界站的空车交接及重点物资的装卸和输送，监督客车车体的调拨，保证全路运输计划的顺利实现。

二、各级调度的主要职责及任务

1. 铁路总公司全路调度主要职责及任务

(1)依法对铁路局调度安全指挥进行监督管理和监督检查工作。维护调度纪律,正确发布调度命令,检查各铁路局调度执行铁路总公司调度命令和规章制度的情况,对违令、违章造成不良后果的单位和人员进行通报批评并提出处理意见。

(2)负责全路日常客运、货运和车流组织工作。组织各铁路局有计划、及时地输送旅客,平衡各铁路局货车保有量,经济合理地使用机车车辆,充分利用运输能力,挖掘运输潜力,提高运输效率和效益。

(3)编制和下达全路调度轮廓计划和日(班)计划,督促、检查各铁路局按日(班)计划均衡地完成运输生产经营任务。

(4)监督检查各铁路局按列车编组计划编车、按列车运行图行车、按运输生产经营计划组织运输,督促、组织各铁路局按铁路总公司批准的计划均衡地完成铁路局间分界站列车、车辆交接任务,及时处理铁路局间分界站出现的问题,实现铁路局间分界口畅通。

(5)掌握全国重点用户、港口和车站的装卸车,搞好与路外单位的协作。

(6)掌握旅客、军运及重点列车的始发运行情况;处理跨铁路局旅客列车的加开、停运、变更径路、客车甩挂,根据需要临时调拨客车、动车组。

(7)负责审批日常施工和繁忙干线铁路总公司管理的施工项目日计划,组织各铁路局兑现施工日计划,做好施工期间的分界口车流调整工作。

(8)负责全路抢险救灾物资、人员运输组织工作,跟踪掌握输送情况。

(9)按阶段收取各铁路局调度工作报告,检查日常运输工作完成情况。

(10)掌握铁路总公司备用货车,批准铁路总公司备用货车的备用、解除,检查各铁路局对备用货车的管理情况。

(11)负责全路专用货车的统一调整,军运备品和集装箱的回送,篷布的运用和备用、解除。

(12)检查、通报安全情况,及时收取、掌握铁路交通事故、自然灾害等突发事件信息,启动应急预案,通报信息、组织救援、调整运输。

(13)负责全路日常运输工作完成情况和全路调度安全监督检查情况的分析工作,及时总结、推广调度工作先进经验。

(14)负责《铁路运输调度规则》的修订,检查指导全路调度基础管理和技术培训工作,不断加强和规范调度管理和队伍建设。

(15)负责全路调度信息化统一规划,积极采用、推广先进设备和技术,促进调度指挥工作现代化。

2. 铁路局调度主要职责及任务

(1)严格执行各项规章、安全管理制度和安全卡控措施,遵守和维护调度纪律,正确发布调度命令,及时处理影响行车安全的有关情况,确保调度指挥安全。

(2)组织铁路局管内各运输生产单位密切配合、协同动作,经济合理地使用机车车辆,充分利用运输能力,挖掘运输潜力,压缩运输成本,提高运输效率和效益,完成运输生产经营任务。

(3)负责编制和下达铁路局调度日(班)计划,并组织各站段落实,提高计划兑现率。

(4)组织调整铁路局管内的货流、车流,按阶段均衡地完成铁路总公司下达的车流调整计划和去向别装车计划，重点掌握排空、重点物资运输。

(5)按铁路总公司批准的计划组织列车在分界站均衡交接，保证机车与列车的紧密衔接，保持与邻局的密切联系，向邻局做出正确的列车预报，及时协商、解决发生的问题，保证分界站畅通。

(6)负责组织和监控列车运行，重点掌握旅客、专运、军特运、超限超重、挂有装载危险货物车辆等重点列车，督促、检查车站按列车编组计划、列车运行图、运输生产经营计划和重点要求编发列车，实现按图行车。

(7)掌握铁路局管内各站和主要用户、港口装卸车，搞好与路外单位的协作。重点抓好大客户、路企直通、战略装卸车点的运输组织工作，提高直达列车和成组装车比重，扩展运输能力。

(8)负责铁路局管内抢险救灾物资、人员运输组织工作，跟踪掌握输送情况。

(9)认真执行铁路总公司备用货车的管理制度，严格掌握铁路局管内备用货车的备用、解除。

(10)掌握铁路局管内客车配属、客流变化、旅客列车开行情况，重点掌握动车组、特快旅客列车、国际旅客列车及跨铁路局重点旅客列车的运行情况；组织站段按计划、及时地输送旅客，组织铁路局管内旅客列车的临时加开、停运、迂回运输、编组、车辆甩挂和实施票额调整。

(11)负责铁路局管内专用货车的调整，军运备品和集装箱的回送，篷布的运用和备用、解除。

(12)负责编制、下达施工日计划，发布运行揭示调度命令、施工调度命令，协调组织施工按计划进行，确保施工期间行车安全。

(13)检查、通报各站段安全正点情况，及时收取、上报铁路交通事故、自然灾害等突发事件信息，启动应急预案，通报信息、组织救援、调整运输。负责调动救援列车或向铁路总公司调度请求调动跨铁路局的救援列车。

(14)及时收取、上报调度工作报告。

(15)检查各站段执行调度命令和规章制度的情况；对违令、违章的单位或人员，进行通报批评并提出处理意见。

(16)负责铁路局日常运输工作完成情况及调度安全工作情况分析，抓好典型，及时总结、推广运输生产先进经验。

(17)负责铁路局调度基础管理和技术培训，指导站段调度工作，不断加强和规范调度管理和队伍建设。

(18)负责配合铁路局有关部门实施铁路局调度信息化建设规划，积极采用、推广先进设备和技术，促进调度指挥工作现代化。

3. 技术站调度主要职责及任务

(1)严格执行各项规章、安全管理制度和安全监控措施，遵守和维护调度纪律，认真执行上级调度命令和指示，及时处理影响行车安全的有关情况，确保调度指挥安全。

(2)掌握货源、货流、车流，根据铁路局下达的日(班)计划，正确编制和组织实现车站的班计划和阶段计划，保证车站按列车编组计划和列车运行图编发列车，不间断地接发列车。

(3)经济合理地运用车站技术设备和能力，掌握调车机运用，组织有关部门、单位密切配合，协同动作，按作业计划、技术作业过程和时间标准，完成编组和解体列车的任务，提高作业效率，加速机车车辆周转。

(4)及时收集到达列车预确报，掌握车流变化，正确推算现车和指标，按阶段向铁路局调度汇报车流和车站作业情况。

(5)组织旅客、军运、行邮、行包列车，“五定”班列、重载和重点货物列车的开行。

(6)主动与厂矿企业联系，及时预报车辆到达情况和取送车作业计划，掌握货位、装卸劳力情况，按计划均衡地完成装车和卸车任务，组织开行路企直通列车。组织新送(厂修)客车、货物作业车、检修车(修竣车)和专用车的取送，缩短待取、待送时间。

(7)发生影响行车的事故时，积极组织救援，减小事故对行车的影响。

(8)认真分析考核车站日常作业计划的兑现情况和日常运输生产完成情况，及时向铁路局调度和车站领导报告。

【复习题】

1. 我国铁路运输调度指挥机构分为几级？各级的职责及任务是什么？
2. 铁路运输调度机构的基本任务是什么？

第二章　车流预测及调整

第一节　车流预测

我国铁路的车流预测是根据装车统计和车流统计进行的。车流预测是进行车流调整的重要条件。只有准确预测车流的分布，才能有预见地采取有效的运输调整，特别是车流调整措施。在制定运输工作日常计划（旬计划和日班计划）中，对于车流预测的期限有不同的需求，因此车流预测按日期分为远期车流预测（推算）和近期车流预测（推算）两种。远期车流预测一般可预测 3～7 d 到达局管内的车流，近期车流预测一般可预测 2 d 的车流，其车流推算方式有所不同。

一、远期车流预测

远期预测到达铁路局的管内工作车，一般按照各局装车数和运行期限使用表 2-2-1 所示的格式进行推算。

表 2-2-1　外局装到本局及本局装车远期车流推算表

年　　月　　旬

发局／运行期限／月计划／日期	*A*	*B*	*C*	*D*	*E*	*F*	*G*	…	计	局自装自卸计划				计	局自装交出计划			
运行期限	4	4	3	2	1	2	3			×站	×线	…	计		××口	××口	…	计
月计划																		
1																		
2																		
3																		
4																		
5																		
⋮																		
计																		

全路调度指挥中心每日早 6:00 前将全路昨日各铁路局的方向别装车数通知各到局调度科，局调度科车流调整人员根据上述资料及本局装到本局管内卸的车数及通过各分界站装到外局的车数添入车流推算表，以推算远期车流。

车流填记及推算方法是按照各装车局到本局的接入分界站的运行期限，分别将有关车数填入不同的日期栏内。例如，*A* 局装到该局的车辆，其运行期限为 5 d，若 *A* 局某月 1 日装到该局的车数为 50 辆，则应在 *A* 局名下对应 5 日的栏内填记 50，其他各局 1 日装到该局的车数也根据运行期限填入相应栏内。逐日填记，即可预计今后某日接入管内工作车的车数。

由各局到达某局的车流运送期限可按下列公式计算

$$T=\frac{1}{24}\left(\frac{L_{全程}}{v_{旅}}+\sum t_{中}\right)\quad(\mathrm{d}) \tag{2-2-1}$$

式中 T——某局装到某局车流的一般运送期限，d；

$L_{全程}$——由装车局的装车集中点至到达局接入分界站的距离，km；

$v_{旅}$——货物列车平均旅行速度，km/h；

$\sum t_{中}$——沿途各技术站的中转时间之和，h。

若能取得通过重车流资料时，也可用类似方法推算远期接入的通过重车流。

必须指出，上述推算方法所采用的运行期限是以装车集中地为起点计算的，即对不同装车地点的各支车流均按同一个确定的数值计算。事实上由于装车地点的不同以及途中运行受各种因素的影响，同一装车局到本局经某一分界站的车流，其运行期限往往不一致，并且装车时刻的不同也将影响车流到达本局的期限。因此，进一步改进车流预测方法，提高预测工作水平，对提高铁路运输组织工作质量具有重要的意义。

车流在路网上运行至到局，可以利用各日到达参数计算其数量。各日到达参数表示各昼夜到达指定铁路局的车流比重。它的原理如图 2-2-1 所示。

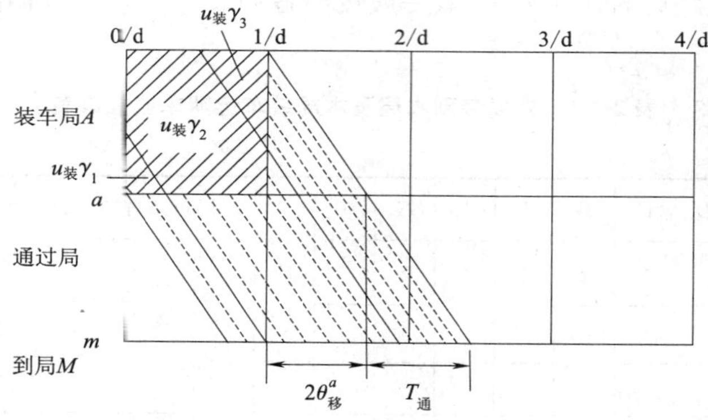

图 2-2-1 装车局装车车流运行至到局分界站的示意图

图 2-2-1 表示装车局 A 在第一昼夜装到 M 局的车流以参数 γ_1、γ_2、γ_3 的比例分别于第一、二、三日到达到局 M 的 m 分界站，即第一日装往 M 局的车辆 $u_{装}$，将分别以 $u_{装}\gamma_1$、$u_{装}\gamma_2$、$u_{装}\gamma_3$ 的比例于第一、二、三日到达 m 分界站。这样，若知道了各局各去向的装车数以及各去向(到局的入口站)各日到达参数的标准值，就可以预测任何一个铁路局各昼夜到达的车数。

车流各日到达参数，直接决定于车流在到局前的运行时间。可以设想，在铁路局正常工作的条件下，用确定各日到达参数来预测车流是足够可靠的。由于路网配置的具体特点、装车时间和地点分布的不均衡、旅客列车运行等因素的影响，车流的形成及列车运行是不均衡的。利用分析计算方法来确定各日到达参数，要完全考虑到这些因素的影响，实际上是不可能的。但是铁路局每昼夜工作有一定程度的稳定性，因而可以用统计方法确定各日到达参数。

用统计方法确定各日到达参数，可以按图 2-2-1 原理建立数学模型式，并根据到达局和相应装车局对应日期的统计资料进行。

$$u_j = \sum_{s=1}^{j} u_{装s}\gamma_{j-s+1} + \varepsilon_j (j = 1,2,\cdots,n) \tag{2-2-2}$$

当 $k \leqslant 2\theta_{移}^{a} + T_{通} < k+1, k=0,1,\cdots$ 且 $j-s+1 > k+2$ 时，令

$$\gamma_{j-s+1} = 0, \sum_{i=1}^{k+2} \gamma_i = 1$$

式中　u_j——第 j 日某装车局实际到达本局某一入口站的统计车数；

$u_{装s}$——第 j 日该装车局装往本局(经某一入口站)的统计车数；

γ_i——第 i 日该装车局到本局某一入口站的到达参数；

$\theta_{移}^{a}$——该装车局 a 分界口自装移交车辆的周转时间，d；

$T_{通}$——车辆经由通过局的平均时间，d；

ε_j——实际统计值与线性方程 $u_j = \sum_{s=1}^{j} u_{装s}\gamma_{j-s+1}$ 计算值的误差。

为避免统计日开始时装车局现在车对到达车数的影响，到达车数的统计应从第 $k+2$ 日开始，即式中 $j=k+2,k+3,\cdots,n$(n 为统计样本数)。

为了求得准确的 γ_i 参数，使得计算值与统计值的误差最小，可用最小二乘法对如下目标函数求算 γ_i 值，使

$$D = \sum_{j=k+2}^{n} \varepsilon_j^2 = \sum_{j=k+2}^{n} (u_j - \sum_{s=1}^{j} u_{装s}\gamma_{j-s+1})^2 \rightarrow \min \tag{2-2-3}$$

推算远期接入的通过重车流，可用类似的方法进行，只要装车局能提供车流通过的出入分界站，并按出入分界站的运行期限，即可推算通过局未来各日向各分界站交出的通过车数。

二、近期车流预测

近期车流预测是根据有关邻局互相交换的待发重车资料、本局的待发重车和预计装往外局的重车推算，以预计分界站能交出重车数。其具体方法是：根据有关邻局互相交换的待发重车数中，预计接入需经某一分界站交出的重车数，加上本局向某一分界站交出的待发重车数及本局当日预计向某一分界站装车的重车数，减去当日预计可向某分界站交出的重车数，即可推算出当日 18:00 需经某一分界站交出的待发重车数。将此数除以该分界站的移交车周转时间，得出预计次日某分界站应移交的重车数。

第二节　车流调整

为了完成铁路货运任务，铁路局和车站都必须保有与其运输任务相适应的运用车数量。车流分布不合理就会空费铁路运输能力或造成线路和车站的堵塞，影响生产任务的完成。

但是，在日常运输工作中，每旬、每日的车流都不可避免地会发生变化而偏离正常的保有量，而局部的车流变化又将影响到其他地区。因此需要采取调度措施，保证运用车的合理分布。

为保持全路货车的合理分布及各线车流的相对稳定，车流调整工作必须实行高度集中、统一调整的原则。

当铁路局管内运用车实际保有量与其所承担的工作量或线路通过能力不相适应时，采取调整装车数量、空车配进和备用车数量等组织措施，使管内运用车保有量恢复正常分布的过程

称为车流调整。

车流调整的目的在于当运输情况发生变化时，通过各种调整方法，达到“合理分布运用车、充分利用线路通过能力、保持各线车流相对稳定、预防和消除可能发生的困难”的目标，从而保证月度计划任务的完成。

进行车流调整的依据是：各局运用车的分布情况（总的保有量及管内工作车、空车和移交车保有量），各线的通过能力及利用情况，主要技术站、枢纽、卸车站的作业能力及生产情况，国家对铁路运输的紧急需要等。

车流调整应遵循优先确保大客户、路企直通、战略装卸车点的运输需求原则。限制装车时应减少零散装车点的装车，组织集中装车时，应优先增加大客户、路企直通、战略装车点的装车。

车流调整分为重车调整、空车调整、备用车调整及专用货车的调整，其调整措施通过日计划实现。必要时，也可下达临时调整计划。

一、重车调整

重车调整是车流调整工作的重点。这是因为在运用车中重车占很大比重，重车的流向和数量，即重车流的结构，决定着各区段的行车量，决定着空车流的结构，决定着车站的卸车任务。因此，重车调整是整个车流调整工作的基础。

重车调整的方法有去向别装车调整、车种别装车调整、限制装车、停止装车、变更重车输送径路和集中装车。

1. 去向别装车调整

按去向别组织均衡装车是保持各铁路局车流稳定、管内工作车数量合理、装卸作业均衡和运输秩序正常的基础。各铁路局和车站必须严格掌握装车去向。

计划编制人员应熟悉管内各区段的列车通过能力、牵引定数和平均编成辆数，管内各货运站的装卸能力，上级下达的轮廓计划对各分界站移交车数量的规定，制定的装车计划应保证各区段通过能力和车站装卸能力得到较好的利用。

进行去向别装车调整时，要执行下列规定：

(1)运输工作不正常，需要减少或增加日装车计划时，应首先减少或增加自局管内的装车进行调整，如需减少、增加外局的装车时，须经铁路总公司批准。

(2)分界站接入某方向的重车不足或增多时，应首先采取增加或减少自局装往该去向装车数量的方法进行调整。

(3)如果重车不足或增多延续时间较长，自局调整又有一定困难时，应将情况及时报铁路总公司，由铁路总公司统一调整。

2. 车种别装车调整

按车种别的装车调整，即在装车时，尽可能按照卸车地区所需要的车种装车，组织车种代用。例如，向煤炭装车局装车时，以敞车代替棚车、平车。按车种别的装车调整可以保证到达局和到达站装车需要的空车，消灭或减少不同车种的空车对流，也便于组织双重作业、减少有关车站的调车作业。

但每一车种都有一定的货物适用范围，组织车种代用必须在保证车辆完好、货物安全的前提下才能实行。

3. 限制装车、停止装车和变更重车输送径路

为消除局部重车积压，可采取限制装车、停止装车和变更重车输送径路。

(1)限制装车或停止装车

规定在一段时间内向某方向、某一到站或某一收货单位发送某些品类货物的装车限制在一定数量之内或停止装车,称为限、停装。遇下列情况时采用:

①某一去向的运用车保有量过大,超过了区段通过能力或编组站作业能力。

②发往某一卸车站的作业车保有量过大,超过了卸车站的卸车能力。

③由于自然灾害、事故,线路封闭中断行车时。

④因其他原因发生车辆积压或堵塞时。

(2)变更重车输送径路

由于自然灾害、事故堵塞或中断行车或重车严重积压时,经铁路总公司批准,依据调度命令,可变更跨局的车流输送径路,即采用迂回径路。

变更重车输送径路,应选择能力有富余的次短径路,并指定变更的期限、列数、辆数和列车编组计划。

采用迂回运输可能增加运输支出,影响其他线路的正常作业,因而需要权衡利弊。应事先对预计中断的时间与迂回运送需要的时间进行比较,确认采取迂回运输有利或特殊紧急需要时方可采用。此外,还应检查迂回径路的通过能力、机车配置是否适应,对可能产生的问题提出切实可行的解决办法,并对每日迂回的车数或列数及列车编组计划做出规定,以调度命令公布实行。

凡经上级调度命令批准,采取限装、停装或变更重车输送径路时,铁路局、车站均不准在限装或停装期间承认通过及到达限装、停装区段(或车站)的途中换票和变更到站。

4. 集中装车

集中装车就是使向某一去向的装车较大地超过月度运输计划规定的装车数,以增加该去向的待卸重车保有量。在下列情况采用:

(1)某铁路局的管内重车严重不足时。

(2)方向移交重车严重不足时。

(3)重点用户、港口、国境站急需到达物资或外运物资严重积压时。

(4)急需防洪、抢险、救灾物资时。

集中装车仅在所经过区段通过能力和到站卸车能力允许的条件下方准采用。

二、空车调整

办理货运业务的车站可用卸后空车装车。由于卸后空车的车种别数量与装车需要不可能完全一致,车站应把多余空车向空车不足的车站排送。重新分布空车,使各站空车数量与其装车需要相一致或满足特殊需要而采取的空车资源调配措施称为空车调整。

空车调整是重车调整的补充,用以合理地运用空车,保证装车需要的调整措施。由于空车走行不生产运输产品,因而在空车调整中必须做到缩短空车行程、组织车种代用、消除同车种对流。

各铁路局、车站必须从全局出发,严格遵守排空纪律,按照上级调度批准的车种、辆数均衡地完成排空任务。

空车调整方法有:正常调整、综合调整和紧急调整。

1. 正常调整

正常调整是日常生产中为保证装车所进行的空车调整:各铁路局根据车种别装车、卸车的差数和各分界站接入和排出的车种别空车数，确定管内各车种空车的流向和数量。

铁路局应严格按照列车编组计划和列车运行图规定的空车直达列数向分界站排出空车，以保证外局的重直达列车装车。

2. 综合调整

当货流、车流发生变化或重车流增加时，在不影响接空局重点物资装车需要的前提下，经铁路总公司批准，依据下达的日计划命令，可对重、空车总数进行综合调整，即当本局向某一铁路局交出的某种重车流增加时，可以减少向该局排出该种空车的数量，而由接空局利用卸后空车补充装车需要。重、空车数一经铁路总公司批准，各铁路局不得再增加重车代替空车数量。

这种调整方法是在调度工作日（班）计划中确定的，必须经上级调度部门的批准才能执行。

3. 紧急调整

紧急调整是根据特殊紧急运输情况的需要（如军事调动、抗洪抢险物资的运输）所采取的调整空车的非常措施，以调度命令或日（班）计划中重点事项的形式下达。各铁路局接到紧急空车调整命令后，必须严格按照规定的车种、车数在规定的地点集结好空车，准时向指定地点发出。即使因此影响了本局的装车，也必须优先保证完成紧急空车调整任务。

三、备用车调整

备用货车（以下简称备用车）是为了保证完成临时紧急运输任务的需要所储备的技术状态良好的空货车。备用车分为特殊备用车、军用备用车、专用货车备用车和港口、国境站备用车。

特殊备用车是指因运输市场发生结构变化，为调剂车种、满足运输需要，对铁路总公司以备用命令指定的大于本局月计划部分的某种特殊备用车。

特殊备用车、军用备用车、专用货车备用车的备用、解除，必须经铁路总公司备用车命令批准。

港口、国境站备用车的备用、解除，有关铁路局根据铁路总公司每季批准的计划，按照指定的车站、车种、数量，以铁路局备用车命令批准。非标准轨的货车备用、解除由所在铁路局负责处理。

1. 备用、解除的规定

（1）特殊备用车须备满 48 h，军用备用车、专用货车备用车和港口、国境站备用车须备满 24 h，才能解除备用。因紧急任务需要解除备用车时，经铁路总公司调度命令批准，可不受时间限制。

（2）备用车状况需经备用基地检车员检查。只有经检查确认技术状态良好的货车才能转入备用。

2. 备用车基地

确定或变更备用车基地站名和基地的最大容车量时，须由铁路局批准，以铁路局文件公布并报铁路总公司备案。

备用车必须停放在铁路局批准的备用车基地内。港口、国境站备用车必须停放在指定的港口、国境站。凡未停放在指定地点的均不准统计为备用车。备用车在不同基地间不得转移，在同一基地内转移时，须由铁路局以备用车命令批准。

3. 备用车的管理

（1）铁路局、备用车所在站和基地检车员，均须分别建立备用车登记簿，按备用日期、时分、命令号码、地点、车种、辆数、车号、吨位等内容顺序进行登记。

（2）铁路总公司、铁路局调度分别建立备用车命令簿，单独规定备用车命令号码。

四、专用货车调整

专用货车的调整方法，除按一般货车调整规定办理外，空车应按铁路总公司指定的方向、到站回送，有配属站的除铁路总公司另有指定外，均应向配属站回送。

专用货车的回送，要按规定填写回送单据。

为使冷藏车、罐车经常保持设备完整，性能良好，各铁路局原则上不得以冷藏车代用其他货车，各种罐车应分类使用。

冷藏车、罐车必须代用时，需经铁路总公司特运调度命令批准。

凡以货车代用客车时，需经铁路总公司调度命令批准。

【复习题】

1. 简述车流预测的作用和方法。
2. 什么是车流调整？车流调整的目的是什么？有哪些方法？
3. 为什么说车流调整的重点是重车调整？简述重车调整的方法。
4. 什么是空车调整？简述其调整方法。

第三章　货运日计划及铁路局轮廓计划

月度货运计划提出了铁路局一个月货物运输的数量和流向，技术计划规定了为完成国家运输任务所需要的机车车辆等运输设备的运用指标，运输方案则为保证顺利实施月度运输计划制定技术组织措施。这些都是任务性质的计划而不是作业性质的计划。

调度工作日（班）计划是作业性质的计划，它具体采取车流调整措施、规定车站的装卸作业及各区段的列车开行任务，组织按日实现月度运输计划。铁路运输部门依据调度工作日（班）计划组织日常运输生产。

运输工作日（班）计划与月度运输计划、技术计划和运输方案之间有不可分割的联系，它们共同构成组织运输生产过程的统一的计划管理制度。

第一节　货运日常计划的构成

由于日常铁路运输工作中，运输情况不断变化，每日的装车数量和车流量与所规定的任务也不可能完全相同。因此，为了均衡地完成月度货运计划、技术计划，实现列车编组计划、列车运行图及运输方案，必须根据每旬、每日的具体情况，编制货运日常计划。

货运日常计划包括旬计划、日班计划和车站作业计划。全路、铁路局要分别制定旬计划和日计划，铁路局还要编制班计划。

一、旬 计 划

旬计划的内容基本上与月度货运计划和技术计划相同，它不重新规定机车车辆运用指标及运用车保有量计划，而是根据货源、货流、车流变化及运用车的分布情况制定的旬间调整计划。

1. 全路旬计划

全路调度中心根据各铁路局每旬开始前 3 d 上报的货运量资料，编制全路旬间装车去向表。然后根据月度技术计划、当前运输工作情况及预计计划旬开始前全路车辆的分布情况，指定车流调整措施，确定各铁路局方向别装车计划、通过限制口使用车数及卸车计划，计算各局装卸差，确定局间分界站空车调整任务，确定分界站移交重车数及列车数。此外，还规定了直达列车列数、车数，篷布运用计划及重点工作要求等。旬计划经运输局局长批准后，于旬计划开始前 3 d 下达各铁路局。

2. 铁路局旬计划

(1)装、卸车数。

(2)按品类、去向别的装车数，去向及通过限制口的使用车数。

(3)日历装车计划、直达列车和成组装车计划。

(4)各区段和各分界站列车对数，选定分号运行图及施工方案。

(5)分界站交接重车数、车种别排空车数、守车调整车数。

(6)各区段机车运用台数。

(7)篷布运用计划。

(8)重点工作要求。

二、货运日班计划

编制运输工作日班计划是为了保证均衡地完成月或旬货运生产计划。日计划分为两个班计划:当日 18:00 至次日 6:00 为第一班计划;次日 6:00 至 18:00 为第二班计划。日计划的编制,全路由调度指挥中心调度处长负责,铁路局由调度所主任负责。局装车、卸车、列车编发和交接等工作均依据日计划进行,因此它应包括货运工作计划、列车工作计划和机车工作计划,三者是紧密衔接、环环相扣的有机组成部分。货运工作计划确定次日管内自装重车和卸空车的分布,为列车工作计划提供自装卸车流的数据;列车工作计划依据 18:00 现车、次日自装卸车流和次日接入车流,计划各区段开行列车的车次;机车工作计划组织机车运用和检修,为开行列车提供动力保证。

为了均衡完成运输生产任务,合理调整运用车,预防运输生产过程发生困难,调度指挥中心在每日早 9:00 前应向铁路局下达轮廓计划任务,铁路局再确定轮廓计划任务。按照局轮廓计划,在每日 14:00 即着手收集编制日班计划的资料,由调度所主任主持,其他有关调度员(如计划调度员、主任货运调度员、主任机车调度员等)参加编制。在编制日计划过程中,调度所主任负责编制次日全局的卸车数、装车数和各分界站移交的重空车数与列车数的轮廓计划,确定次日计划指标;主任货运调度员负责编制详细的货运工作计划,计划调度员负责编制列车工作计划,主任机车调度员和机车调度员负责编制机车工作计划。各项详细的计划应保证日间轮廓计划的实现。局日间轮廓计划经局长批准后,于 17:30 前下达站段。

第二节　货运日常组织工作

一、货运日常工作概述

货运的主要内容包括装车工作组织、卸车工作组织、货运调度工作组织。

货运日常工作的基本任务:根据国家有关运输方针政策及铁路运输组织原则,与运输调度及货运计划部门紧密衔接,通过装车工作组织、卸车工作组织、货运调度工作组织,努力挖潜提效,高质量、高标准地完成铁路运输生产经营计划和重点物资运输任务。

货运日常工作组织原则:

1. 贯彻执行国家运输政策和铁路运输法律及规章制度。

2. 贯彻“统筹安排、保证重点”的方针,优先安排关系国民经济、国防需要和人民日常生活必需品等重点物资及重点企业、重点用户的物资运输。

3. 坚持运输集中统一指挥的原则。

4. 坚持计划运输、直达运输和均衡运输的原则。

二、装车工作组织

日常装车运输工作组织可以分为货源落实、运输需求申请车申报及审批、重点物资日常装车组织等环节。

1. 货源落实工作

(1)日常货源

为了有效利用铁路运输能力,及时完成装车任务,各级货运日常工作部门,负责掌握日常货源情况:

①纳入"五定"班列和大宗货物直达列车的货物。

②批准的月编货运计划、日常货运计划的货物。

③上级部门命令批准必须紧急装运的货物。

(2)货源核实制度

为了及时掌握了解货源,车站日常货运工作部门应建立货源核实制度:

①装车站应定期或不定期的通过召开会议或走访物资单位等方式核对有效货源。了解纳入"五定"班列和大宗货物直达列车的有效货源,批准的月编货运计划、日常货运计划的有效货源,物资单位生产、供应、销售、库存量及短途运输等情况。遇货源发生较大变化时,应及时逐级上报。

②重点物资装车站,应掌握吸引区内重点物资单位的生产、运输情况,并对重点物资实际库存量和可运量逐日登记。港口站对港口到达车数、品类和装、卸车数及港存量等情况逐日登记。口岸站对进、出口物资品类的到达车数、换装车数及站存量逐日登记。

(3)落实货源的原则

落实货源应遵从以下原则:

①积极挖掘货源、货流,最大限度地组织"五定"班列、大宗货物直达列车的开行。

②在均衡运输的基础上,本着"可远勿近、可多勿少、可整勿零"的原则,大力组织直达运输。

③严格使用车去向。按照铁路总公司下达的定量交接数,安排发往通过限制区段的装车;按照使用车去向计划数,均衡组织到达各铁路局装车,尤其是到达主要钢厂、电厂、港口及联运出口货物的装车。

④充分考虑其他运输工具的衔接,装车为卸车创造条件。

2. 运输需求车的申报和审批

(1)申报概述

运输需求车辆申报概述如下:

①运输需求车辆的依据:批准的月编货运计划、日常货运计划、托运人提出的货物运单、抢险救灾物资及紧急军用物资的命令等。

②运输需求车内容:发、到站,发、收货人,品名、吨数、车种、车数以及运输限制条件。

③在车站内装车的货物,原则上必须全部到货位后方可提出运输需求车计划。但经发货单位和车站双方确认,在当日18:00前可全部进站的货物,或在装车前可全部进站的鲜活易腐货物可提出运输需求车辆计划。

④在专用线内装车的货物,属于连续性生产的,应以前日实际生产外运量为基础,参考可能装车的存量,由发货单位和车站双方洽商提出运输需求车辆计划。

(2)审批概述

运输需求车辆审批概述如下:

①加强运输需求车辆计划的审批管理。对运力紧张和去向受限的运输需求车辆计划，实行由运输处长(副处长)、调度所主任、货工科长、货调主任集体审批制度；对重点物资优先批准；对同一发站的同品类、同去向运输车辆原则上按日历安排顺序审批。遇特殊情况由铁路局主管局长批准。

②逐步实现运用技术手段管理运输需求车辆计划的审批。大力推进信息化管理，实现车站网上提报运输需求车辆计划，铁路局网上审批运输需求车辆计划，并纳入货运信息查询系统，增强运输需求车辆计划审批的透明度。

③认真执行货运工作日班计划，严格按批准的日装车计划(承认车)组织装车。严禁车站无月度货运计划装车和变更承认车计划装车。急需运输的重点物资，确需无计划安排装车时，局管内的装车，必须经铁路局主管局长批准，发布调度命令；跨铁路局的装车必须以铁路总公司调度命令批准。

3. 重点物资日常装车组织

(1)重点物资范围

重点物资指国家明确指定运输的物资和关系国计民生需紧急运输的各类物资。其具体范围：

①国家明确指令运输的煤炭、石油、粮食、棉花等能源和战略性物资及军用物资。

②防洪抗旱、抢险救灾、支农(化肥、农药)等急需运输的物资。

③铁路生产和建设急需的钢轨、轨枕、桥梁、道岔、建筑材料、机械设备等路用材料。

④国务院各部委和各省、自治区、直辖市政府提出的关系工农业生产和人民生活急需运输的各类物资。

⑤对外贸易急需运输的国际联运、进、出口的物资。

⑥“五定”班列、大客户和铁路总公司确定的跨局大宗直达货物。

⑦铁路总公司临时指定运输的其他物资。

(2)工作要求

为保证重点物资的正常运输，应加强日常装车组织工作，其要求包括：

①对于列入月度货运计划(包括日常货运计划)的各类重点物资，日常工作中都要坚持“三优先”，即优先安排去向、优先安排空车、优先安排挂运，保证及时运输。除特殊情况或托运人原因外，要保质保量完成计划，不得欠装。

②对铁路总公司下达的专项运输任务和必须运输的救灾物资，各级运输部门接到通知后，都要指定专人负责，主动与有关部门联系，落实货源，安排好装车日期和日历进度，保证按期完成。

③铁路总公司下达的装车命令中指定装运的重点物资，各铁路局都要优先组织装运，按期装出。

三、卸车工作组织

卸车是保证运输连续不断再生产的关键环节。货运日常组织工作中必须贯彻“一卸、二排、三装”的运输组织原则，以卸保排，以卸保装。

1. 安排卸车工作

为有预见地安排卸车，应做好下列工作：

(1)各铁路局间于每月 26 日前通过计算机传输相互交换次月卸车资料。铁路局、车务段、直属车站根据到卸资料，制定次月卸车安排和接卸措施。

(2)卸车量较大的车站，每月 5 日前要召开收货单位和地方运输部门会议，或采取其他方式落实卸车安排和接卸措施。每旬向装车站了解到达本站的装车安排。装车站应及时提供有关资料。

(3)铁路局于每月 15 日前，将次月停止纳入月度货运计划的货物，分发站、到站、品名、收货人通过计算机(或以电报形式)传输给装车局和铁路总公司。装车局根据到达局的要求停止纳入计划。到重点用户的货物是否停止纳入计划，由铁路总公司确定。

(4)对已列入月编货运计划，但违反营业限制或到站和收货人不实的货物，在计划执行前，到站通过计算机传输或以电报形式通知装车局和装车站，装车站据此不得装车。

(5)同一车站同日装车，到达同一到站、同一收货人的货物达到 50 车以上时，发站在装车前应及时电告到站，以做好接卸准备。

(6)开行“五定”班列的车站，“五定”班列始发后应及时将车次、发车时刻、编组内容等通过调度逐级上报，同时电告有关铁路局和卸车站。

2. 完成卸车工作

为及时完成卸车工作，卸车站应做的工作包括：

(1)根据到卸资料及厂矿港口专用线、专用铁道技术作业过程查定的有效作业时间，确定每日卸车计划，制定取送车作业方案，做到快取快送，压缩待取待送时间，加速车辆周转。

(2)对专用线及车站内由收货单位自行卸车的货物，车站接到预报后，要及时通知收货单位做好卸车准备。

(3)密切与收货单位和地方运输部门的协作，组织好地方搬运工作，做到随到随卸、随卸随搬，及时腾空货位，防止货物堵塞。

(4)加强夜间卸车组织，夜间卸车比重要达到 45%以上。

(5)在站停留超过 48 h 以上的待卸车称为大点车。车站应按 18:00 待卸车分析表填记大点车的积压日期和时间，并建立台账，注明未卸原因，提出处理意见。

四、货运调度工作

货运调度的基本任务是：编制、执行货运日班计划，及时了解和掌握装、卸车及重点物资运输情况，组织货流车流紧密衔接，质量良好地完成装、卸车和重点物资运输任务。

货运日班计划编制与审批流程如下：

(1)铁路局货工科长会同调度所主任每日 10:00 前，根据次日运输需求车辆计划、运用车分布情况、重点任务和上级要求，拟定次日日间货运轮廓计划，布置车站、车务段(以下简称站段)。同时通过铁路运输调度系统报铁路总公司。

(2)站段每日 9:00 前向铁路局货运调度报告次日的运输需求车辆计划，铁路局货运调度汇总后，通过铁路运输调度系统报铁路总公司货运调度。

(3)铁路局根据铁路总公司批准的次日货运轮廓计划，结合运输需求车辆和车流情况，在运输处长(副处长)主持下，调度所主任、货工科长、货调主任共同编制铁路局日间货运装卸车计划。经铁路局主管运输副局长审定后，于 17:00 前，通过铁路运输调度系统报铁路总公司货运调度。经铁路总公司批准后，铁路局以调度命令下达站段。

(4)站段根据铁路局下达的日班计划，制定本站段的货运日班计划，经站段长批准后，布置有关人员贯彻执行，并及时通知厂矿企业等有关单位。

第三节　铁路局轮廓计划

铁路局轮廓计划应符合铁路总公司轮廓计划的要求，完成月度运输计划的数量指标和质量指标，保证次日 18:00 运用车的正常分布，为下一个工作日打下良好的基础。

为了确定局轮廓计划，调度所应依据以下资料，推算当日 18:00 各种运用车数及次日接入的重空车流：

(1)昨日 18:00 各类运用车保有量。

(2)铁路总公司下达的轮廓计划。

(3)今日早 6:00 修正计划。

(4)次日各站运输需求计划(军运应有军运任务通知书，超限货物应提出批准装运电报)和物资部门的要求。

(5)次日各分界站接入车种别空车数；向邻局收取次日分界口预计接入车流资料。

(6)次日各分界站接入列车预确报。

计划编制人员从 9:00 接收铁路总公司轮廓计划开始，推算当日运用车保有量，收取管内各站次日运输需求计划，确定次日各地区装卸车数，由主管副局长审批后，于 10:00 前下达。其编制过程如下：

一、推算车流

1. 今日 18:00 各种运用车保有量

推算今日 18:00 管内各种运用车保有量，是为了掌握计划日开始时的运输状态，以确定车流调整措施，并且依据运用车保有量与工作量之间的关系用来确定计划日运输任务。所以在编制轮廓计划时首先要推算今日 18:00 现车。

(1)管内工作车

今日卸车有三个车流来源：昨日 18:00 结存的管内工作车、今日(昨日 18:00～今日 18:00)各局间分界站接入的管内工作车和今日管内各站自装的管内工作车。今日卸车资源减去今日全天的卸空车数就得到今日 18:00 结存的管内工作车数。故今日 18:00 管内工作车保有量 $N_{\text{管内}}^{\text{今日}}$ 可按下式计算：

$$N_{\text{管内}}^{\text{今日}}=N_{\text{管内}}^{\text{昨日}}+u_{\text{接入自卸}}^{\text{今日}}+u_{\text{自装自卸}}^{\text{今日}}-u_{\text{卸}}^{\text{今日}}\quad(\text{车})\tag{2-3-1}$$

式中　$N_{\text{管内}}^{\text{昨日}}$——昨日 18:00 管内工作车保有量，车；

$u_{\text{接入自卸}}^{\text{今日}}$——今日 6:00 修正计划预计全日接入自卸车数，车；

$u_{\text{自装自卸}}^{\text{今日}}$——今日 6:00 修正计划预计全日自装的管内工作车数，车；

$u_{\text{卸}}^{\text{今日}}$——今日 6:00 修正计划预计的全日卸空车数，车。

(2)移交重车

今日向各分界站移交的重车也有三个车流来源，即昨日 18:00 管内结存的移交重车、今日自装的移交重车和今日各局间分界站接入的移交重车。今日 18:00 管内结存的移交重车数为今日移交车资源减去今日交出的重车数。故今日 18:00 移交车保有量 $N_{\text{移交}}^{\text{今日}}$ 可按下式计算：

$$N_{\text{移交}}^{\text{今日}}=N_{\text{移交}}^{\text{昨日}}+u_{\text{自装交出}}^{\text{今日}}+u_{\text{接运通过}}^{\text{今日}}-u_{\text{交量}}^{\text{今日}}\quad(\text{车})\tag{2-3-2}$$

式中　$N_{\text{移交}}^{\text{昨日}}$——昨日 18:00 移交车保有量，车；

$u_{自装交出}^{今日}$——今日 6:00 预计全日自装的移交车数,车;

$u_{接运通过}^{今日}$——今日 6:00 预计全日接入的移交车数,车;

$u_{交重}^{今日}$——今日 6:00 预计全日交出的重车数,车。

为了确定次日每一个分界站的移交重车任务,18:00 移交重车应按分界站分别推算。

(3)空车

今日空车来源为昨日 18:00 结存、今日接入、今日自卸和今日解除备用的空车,去向为今日由分界站交出、今日装车使用和今日按调度命令列入备用的空车,今日 18:00 空车保有量 $N_{空}^{今日}$ 可按下式计算:

$$N_{空}^{今日}=N_{空}^{昨日}+u_{接空}^{今日}+u_{卸}^{今日}+u_{解备}^{今日}-u_{交空}^{今日}-u_{装}^{今日}-u_{列备}^{今日} \quad (车) \tag{2-3-3}$$

式中 $N_{空}^{昨日}$——昨日 18:00 空车保有量,车;

$u_{接空}^{今日}$——今日 6:00 修正计划预计全日接入空车数,车;

$u_{卸}^{今日}$——今日 6:00 修正计划预计的全日卸空车数,车;

$u_{解备}^{今日}$——今日计划解除备用车数,车;

$u_{交空}^{今日}$——今日 6:00 修正计划预计全日排空车数,车;

$u_{装}^{今日}$——今日 6:00 修正计划预计全日装车数,车;

$u_{列备}^{今日}$——今日计划列入备用车数,车。

(4)运用车保有量

全局今日 18:00 总运用车保有量 $N_{运用}^{今日}$ 为以上三部分运用车保有量之和,即

$$N_{运用}^{今日}=N_{管内}^{今日}+N_{移交}^{今日}+N_{空}^{今日} \quad (车) \tag{2-3-4}$$

可按下式验算:

$$N_{运用}^{今日}=N_{运用}^{昨日}+u_{接入}^{今日}+u_{交出}^{今日}+u_{解备}^{今日}-u_{列备}^{今日} \quad (车) \tag{2-3-5}$$

式中 $N_{运用}^{昨日}$——昨日 18:00 运用车保有量,车;

$u_{接入}^{今日}$——今日 6:00 预计全日接入运用车数,车;

$u_{交出}^{今日}$——今日 6:00 预计全日交出运用车数,车。

可以看出,推算今日 18:00 现车的基本数据来自昨日 18:00 统计和铁路局早 6:00 修正计划。

以 R 局为例,9 月 9 日编制 9 月 10 日轮廓计划,推算 9 日 18:00 现车的车流,资料如下列各表:昨日 18:00 铁路局各类运用车保有量(表 2-3-1),今日早 6:00 预计全日装车数(表 2-3-2),今早日 6:00 预计全日卸车数(表 2-3-3)、今日早 6:00 预计 m 地区全日分界站货车出入数(表 2-3-4),今日早 6:00 预计 n 地区全日分界站货车出入数(表 2-3-5)。

表 2-3-1 昨日运用车 单位:车

地区		运用车	重车						空车
			m 地区	n 地区	局计	移交重车			
						B 口	F 口	计	
m 地区	计划	864	390	128	518	141	35	176	170
	实际	864	397	130	527	142	30	172	165
	差	0	+7	+2	+9	+1	−5	−4	−5

续上表

地区		运用车	重车						空车
			m 地区	*n* 地区	局计	移交重车			
						B 口	*F* 口	计	
n 地区	计划	646	137	276	413	52	54	106	127
	实际	635	133	280	413	50	52	102	120
	差	−11	−4	+4	0	−2	−2	−4	−7
局计	计划	1 510	527	404	931	193	89	282	297
	实际	1 499	530	410	940	192	82	274	285
	差	−11	+3	+6	+9	−1	−7	−8	−12

表 2-3-2 早 6:00 预计今日装车 单位:车

地区		自局			外局			总计
		m 地区	*n* 地区	计	*B* 口	*F* 口	计	
m 地区	日计划	203	166	369	98	50	148	517
	6:00 完成	94	77	171	45	23	68	239
	预计全日	204	167	371	98	51	149	520
n 地区	日计划	188	154	342	77	40	117	459
	6:00 完成	86	72	158	36	19	55	213
	预计全日	190	155	345	78	41	119	464
局计	日计划	391	320	711	175	90	265	976
	6:00 完成	180	149	329	81	42	123	452
	预计全日	394	322	716	176	92	268	984

表 2-3-3 早 6:00 预计今日卸车 单位:车

地区	日计划		6:00	
	全日	6:00	已卸	预计全日
m 地区	538	247	252	540
n 地区	444	203	206	445
合计	982	450	458	985

表 2-3-4 早 6:00 预计 *m* 地区全日分界站货车出入 单位:车

分界站		接入							交出		
		重车					空车	合计	重车	空车	合计
		m 地区	*n* 地区	*B* 口	*F* 口	计					
B 口	计划	103	74	—	15	192	38	230	190	24	214
	预计	105	73	—	16	194	40	234	190	25	215

续上表

分界站		接入							交出		
		重车					空车	合计	重车	空车	合计
		m 地区	*n* 地区	*B* 口	*F* 口	计					
D 口	计划	232	—	92	—	324	13	337	305	48	353
	预计	233	—	92	—	325	14	339	303	50	353
合　计		338	73	92	16	519	54	573	493	75	568

表 2-3-5　早 6:00 预计 *n* 地区全日分界站货车出入　　单位:车

分界站		接入							交出		
		重车					空车	合计	重车	空车	合计
		m 地区	*n* 地区	*B* 口	*F* 口	计					
D 口	计划	—	240	—	65	305	48	353	324	13	337
	预计	—	239	—	64	303	50	353	325	14	339
F 口	计划	44	50	15	—	109	11	120	105	31	136
	预计	45	51	14	—	110	12	122	107	32	139
合　计		45	290	14	64	413	62	475	432	46	478

根据以上资料,推算结果见表 2-3-6～表 2-3-9。

表 2-3-6　*R* 铁路局今日 18:00 管内工作车保有量推算表　　单位:车

地区和路局	*m* 地区	*n* 地区	*R* 铁路局
昨日 18:00 管内车	397	280	940
预计本日接入管内重车	338	290	274
预计本日自装管内重车	204	155	716
预计本日卸车	540	445	985
预计本日 18:00 管内重车	399	280	945
技术计划	390	276	931
与技术计划比较	+9	+4	+14

表 2-3-7　*R* 铁路局今日 18:00 移交车保有量推算表　　单位:车

地区和路局	*m* 地区				*n* 地区				*R* 铁路局		
	B 口	*n* 地区	*F* 口	计	*B* 口	*m* 地区	*F* 口	计	*B* 口	*F* 口	总
昨日 18:00 移交车保有量	142	130	30	302	50	133	52	235	192	82	274
预计本日接入	92	73	16	181	14	45	64	123	14	16	30
预计本日自装	98	167	51	316	78	190	41	309	176	92	268
预计本日交出	190	239	64	493	92	233	107	432	190	107	297

续上表

地区和路局	m 地区				n 地区				R 铁路局		
	B 口	n 地区	F 口	计	B 口	m 地区	F 口	计	B 口	F 口	总
预计本日 18:00 移交车保有量	142	131	33	306	50	135	50	235	192	83	275
技术计划	141	128	35	304	52	137	54	243	193	89	282
与技术计划比较	+1	+3	−2	+2	−2	−2	−4	−8	−1	−6	−7

表 2-3-8 R 铁路局空车保有量推算表 单位:车

地区和路局	m 地区	n 地区	R 铁路局
昨日 18:00 空车	165	120	285
预计本日接空	54	62	52
预计本日卸车	540	445	985
预计本日排空	75	46	57
预计本日装车	520	464	984
预计本日 18:00 空车	164	117	281
技术计划	170	125	297
与技术计划比较	−6	−10	−16

表 2-3-9 R 铁路局今日 18:00 运用车保有量推算表 单位:车

地区和路局	m 地区	n 地区	R 铁路局
昨日 18:00 运用车	864	635	1 499
预计本日接入	573	475	356
预计本日解备	—	—	—
预计本日发出	568	478	354
预计本日列备	—	—	—
预计本日 18:00 运用车	869	632	1 501
技术计划	864	646	1 510
与技术计划比较	+5	−14	−9

2. 预计次日接入重、空车数量

编制次日轮廓计划,不仅需要掌握今日 18:00 现车情况,而且需要掌握次日各分界站接入重、空车流的预测资料,才能据以确定次日装车调整措施。

次日各局间分界站接入重车流由邻局依据预测数据提供,局管内地区间分界站交换的车流由车流调度员依据局间分界口接入、今日 18:00 结存移交车数和技术计划规定的自局移交车装车数及移交车周转时间,确定次日地区间移交车预测资料。设次日局间分界站接入重车流的预测资料见表 2-3-10,接入空车流的预测资料见表 2-3-11,各地区次日接入货车的预测数据见表 2-3-12 和表 2-3-13。

表 2-3-10　次日接入重车流预测资料　　单位：车

分界站	*B* 分界站			*F* 分界站		
接入去向	*m* 地区	*n* 地区	*F* 分界站	*m* 地区	*n* 地区	*B* 分界站
接入车数	105	73	16	45	48	18
技术计划	103	74	15	44	50	15
差值	+2	−1	+1	+1	−2	+3

表 2-3-11　次日接入空车流预测资料　　单位：车

分界站	*B* 分界站							*F* 分界站						
	P	C	N	粘	轻	B	计	P	C	N	粘	轻	B	计
接入车数	25	13	—	—	—	—	38	—	3	—	—	6	2	11
技术计划	24	14	—	—	—	—	38	—	2	—	—	7	2	11
差值	+2	+1	—	—	—	—	+3	—	+1	—	—	+1	+2	+4

表 2-3-12　次日 *m* 地区接入货车流预测资料　　单位：车

分界站		接　入						
		重　车					空车	合计
		m 地区	*n* 地区	*B* 口	*F* 口	计		
B 口	计划	103	74	—	15	192	38	230
	预计	105	73	—	16	194	38	232
D 口	计划	232	—	92	—	324	13	337
	预计	235	—	90	—	325	15	340
合计	计划	335	74	92	15	516	51	567
	预计	340	73	90	16	519	53	572

表 2-3-13　次日 *n* 地区接入货车流预测资料　　单位：车

分界站		接　入						
		重　车					空车	合计
		m 地区	*n* 地区	*B* 口	*F* 口	计		
B 口	计划	—	240	—	65	305	48	353
	预计	—	243	—	64	307	50	357
F 口	计划	44	50	15	—	109	11	120
	预计	45	52	14	—	111	11	122
合计	计划	44	290	15	65	414	59	473
	预计	45	295	14	64	418	61	479

二、确定次日车流调整措施

制定轮廓计划的目的在于指导日（班）计划的编制，保持局管内正常的运用车分布。通过调整向各方向装车的数量以及车辆的解备和列备，保证完成装车和向各分界站的交车任务，并使管内的运用车数量与车站运输设备和线路通过能力相适应。

在制定铁路局轮廓计划时，要根据推算出的今日 18:00 各种运用车保有量及预计次日车流到达情况、上级关于车流调整的指示，确定次日车流调整措施，作为制定次日装车计划和排空计划的依据。

在次日出发车流的三项来源中，今日 18:00 管内现车和次日分界口接入车流是客观现实，其数量及分布情况不取决于本局次日的运输组织工作。因此，车流调整工作主要是对自装重车流的调整。

1. 装车调整的目标

装车调整应尽量接近以下目标：

(1)完成分界站次日空车交车任务，按铁路总公司要求的车种、数量和输送方式向分界站排出空车。

(2)完成分界站次日移交重车任务，保证分界站衔接各线的正常流量。

(3)完成次日装车任务。

(4)使次日 18:00 有正常的运用车分布，即

$$N_{运}^{次日}=N_{运}^{今日}+u_{产生}^{次日}-u_{消耗}^{次日}=N_{计划}\quad（车）\qquad(2\text{-}3\text{-}6)$$

式中 $N_{运}^{次日}$——18:00 该种运用车(管内工作车、移交重车和空车)保有量，车；

$N_{运}^{今日}$——今日 18:00 该种运用车(管内工作车、移交重车和空车)保有量，车；

$N_{产生}^{次日}$——次日该种运用车产生的数量，车；

$N_{消耗}^{次日}$——次日该种运用车消耗的数量，车；

$N_{计划}$——本月技术计划规定的该种运用车保有量，车。

因而，在具体确定次日装、卸车和分界站货车交接任务之前，先要在对次日运用车分布进行分析的基础上，确定次日应采取的装车调整措施。

2. 确定车流调整措施的方法

(1)分析次日运用车分布情况

确定次日装车调整措施，首先要分析局管内的运用车保有量是否正常，即与技术计划的规定相比是否有较大出入。装车调整就是要通过调整自装车流，使运用车的分布趋于正常。R 局次日运用车分布推算结果见表 2-3-14。根据此表，可以清晰地看出局管内次日车流分布的概况。

表 2-3-14 次日 R 局运用车分布 单位：车

运用车类别			计	管重	移交重车			空车
					外地区	B 口	F 口	
m 地区	今日结存	技术计划	864	390	128	141	35	170
		推算	869	399	131	142	33	164
		差	+5	+9	+3	+1	−2	−6
	次日 B 口接入	技术计划	230	103	74	—	15	38
		推算	232	105	73	—	16	38
		差	+2	+2	−1	—	+1	0
	合计差		+7	+11	+2	+1	−1	−6

续上表

运用车类别			计	管重	移交重车			空车
					外地区	B口	F口	
n地区	今日结存	技术计划	646	276	137	52	54	127
		推算	632	280	135	50	50	117
		差	−14	+4	−2	−2	−4	−10
	次日F口接入	技术计划	120	50	44	15	—	11
		推算	122	52	45	14	—	11
		差	+2	+2	+1	−1	—	0
	合计差		−12	+6	−1	−3	−4	−10
R局	今日结存	技术计划	1 510	931	—	193	89	297
		推算	1 501	945	—	192	83	281
		差	−9	+14	—	−1	−6	−16
	次日接入	技术计划	350	271	—	15	15	49
		推算	354	275	—	14	16	49
		差	+4	+4	—	−1	+1	0
	合计差		−5	+18	—	−2	−5	−16

(2)装车调整措施

由以上分析可见，次日R局运用车保有量与技术计划指标基本相符，具体分布来看正常，管内工作车数量稍多，B分界站移交车数量、F分界站移交车数量和空车数量稍显不足。

m地区管内工作车数量稍多，空车数量稍显不足。可以加速管内工作车的输送和卸车，以增加空车保有量。n地区管内工作车数量稍多，但是B、F分界站移交车数量和空车数量不足，可以加速管内工作车的输送和卸车，同时多装B、F分界站移交车数量。

三、确定次日各地区卸车轮廓任务

在任一时刻，铁路局管内总是分布着处于不同作业状态的管内工作车：或在装车站待发，或正在运行途中，或在技术站中转，或在卸车站待送、待卸，或正在卸车。老的管内工作车卸空了，新的管内工作车又由分界站接入或自管内各站装出。这是车站能够持续、均衡地完成卸车任务的基本条件。

管内工作车在局管内有一定的存续时间，这就是管内工作车的周转时间。依据技术计划的原理，管内工作车的周转时间($\theta_{管内}$)与保有量($N_{管内}$)和完成的卸空车数($u_{卸空}$)保持着一定的比例关系，即$\theta_{管内}=\dfrac{N_{管内}}{u_{卸空}}$。各局次日应卸车数($u_{卸}^{次日}$)，可利用这一关系，以今日18:00管内工作车保有量($N_{管内}^{今日}$)作为次日$u_{卸空}$的平均运用车保有量，以技术计划规定的管内工作车周转时间$\theta_{管内}$作为次日管内工作车的实际平均存续时间，按下式确定：

$$u_{卸}^{次日}=\frac{N_{管内}^{当日}}{\theta_{管内}} \quad (车) \tag{2-3-7}$$

在车流比较稳定的情况下，一般可以得到接近次日实际情况的计算结果。目前各铁路局在制定卸车轮廓计划时均采用这一方法。

但今日 18:00 管内工作车保有量的变化并不一定总是与次日接入和自装车流的变化趋势一致，实际完成的货车周转时间也可能偏离技术计划。特别是自装车流，铁路局在制定次日装车计划时，会采取调整措施，使运用车分布趋于合理。所以，如果相差较大，则式(2-3-7)的计算结果就可能产生较大的误差。例如，R 局技术计划规定本月每日卸 982 车，其中自装自卸 711 车、接入自卸 271 车，管内工作车周转时间为 $\theta_{管}=0.95$ d，则管内工作车保有量标准为 $N_{管内}=u_{管内}\times\theta_{管内}=982\times0.95=932$(车)。如果推算的今日 18:00 管内工作车保有量为 945 车，则推算次日卸空车任务 $u_{卸}^{次日}=\dfrac{N_{管内}^{当日}}{\theta_{管内}}=\dfrac{945}{0.95}=995$(车)。

为了更为精确地推算次日卸车轮廓计划，也可利用卸空率计算法，即按次日三类卸车资源(18:00 结存、次日接入和自装的管内工作车)的卸空率，按下式计算：

$$U_{卸}^{次日}=N_{管内}^{今日}\times\alpha_{结存}+u_{接入}^{次日}\times\alpha_{接入}+u_{自装}^{次日}\times\alpha_{自装}\quad(车)\tag{2-3-8}$$

式中 $U_{卸}^{次日}$——次日卸车轮廓计划，车；

$u_{接入}^{次日}$——预计次日接入的管内工作车数，车；

$u_{自装}^{次日}$——根据车流调整计划，预计次日自装的管内工作车数，车；

$\alpha_{结存}$、$\alpha_{接入}$、$\alpha_{自装}$——分别为今日 18:00 结存、次日接入和次日自装的管内工作车在次日卸空的概率(卸空率)。

由于三类管内工作车次日可供在管内输送和进行货物作业的时间长度不同，其卸空率也不同。今日 18:00 已在局管内车站待卸的作业车得到的作业时间最长，通常在次日内均能卸空；今日 18:00 在管内各站待发和次日接入的管内工作车次之；次日自装的管内工作车，卸空的概率最低。

上例中，如果 $\alpha_{结存}=0.82$、$\alpha_{接入}=0.38$、$\alpha_{自装}=0.15$，则次日应卸车数为

$$945\times0.82+275\times0.38+715\times0.15=987(车)$$

卸空率的数值可以参照路局日班计划的货运工作计划在管内工作车去向表(运货-4)上推定的数值确定。在铁路货车追踪系统全面投入使用以后，由计算机系统进行卸空率的自动统计和预测，为运输调度轮廓计划的编制提供可靠的依据。

四、确定次日排空及装车轮廓任务

管内各地区次日的排空和装车任务根据货主及车站提报的次日运输需求计划、次日管内空车来源、铁路总公司下达的局间分界站交空任务和各局装车调整任务确定。运输需求计划表达了运输需求，而次日空车资源、铁路总公司规定的装车调整和分界站空车调整任务则反映装车的可能性。

铁路局应完成铁路总公司下达的分界口排空任务。如确有困难，在接受铁路总公司轮廓计划时，应提出本局面临的具体问题并提出自己的调整意见。在接受任务以后，就应采取必要措施，保证实现。

确定次日排空和装车轮廓计划的基本原则是完成排空和装车计划、保证计划日结束时管内正常的空车保有量。

次日空车来源($u_{空源}^{次日}$)包括今日 18:00 空车保有量、次日接入空车和卸空车：

$$u_{空源}^{次日}=N_{空}^{今日}+u_{接空}^{次日}+u_{卸}^{次日}\quad(车)\tag{2-3-9}$$

式中 $N_{空}^{今日}$——今日 18:00 管内空车保有量，车；

$u_{接空}^{次日}$——铁路总公司下达的次日局间分界站接入空车轮廓计划，车；

$u_{卸}^{次日}$——本局次日卸车轮廓计划,车。

次日空车去向:

$$u_{空去}^{次日}=N_{排空}^{次日}+u_{装车}^{次日} \quad (车) \tag{2-3-10}$$

式中 $N_{排空}^{次日}$——次日各分界站排空车数之和,车;

$u_{装车}^{次日}$——次日装车数,车。

由此,可得次日18:00空车保有量:

$$N_{空}^{次日}=u_{空源}^{次日}-u_{空去}^{次日} \quad (车) \tag{2-3-11}$$

为了顺利完成排空和装车,铁路局每日18:00的实际空车数都应接近技术计划规定的空车保有量。将计算出的次日18:00空车保有量与技术计划规定的标准相比较,如果空车保有量过大,应将多余空车以调度命令列入备用;反之,则应解除部分备用车的备用。通过备用车调整,还是不能满足装车需要时,才需要调整装车计划。以R铁路局为例,铁路总公司下达的装车数为976,则计算结果为

$$N_{空}^{次日}=281+(38+11)+987-(26+32)-976=283 \quad (车)$$

当次日接入和自卸空车与技术计划接近时,也可将今日18:00车种别空车保有量作为次日平均保有量,与次日需要空车保有量相比较,确定备用车、排空和装车调整措施。次日需要空车保有量($N_{需空}^{次日}$)按下式计算:

$$N_{需空}^{次日}=(u_{排空}^{次日}-u_{装}^{次日})\theta_{空} \quad (车) \tag{2-3-12}$$

式中 $u_{排空}^{次日}$——次日排空车数,车;

$u_{装}^{次日}$——次日装车数,车;

$\theta_{空}$——技术计划规定的空车周转时间,车。

排空和装车计划应按车种分别制定,因为车种间通常难以相互代用。例如,铁路局可能轻油罐车过剩,但敞车不足,而需要排出罐车、接入敞车。

五、确定次日分界站移交重车轮廓任务

与计算次日卸车轮廓计划一样,次日分界站移交重车轮廓计划可以利用今日18:00各分界站移交车保有量和技术计划规定的各分界站移交车周转时间求出,或采用移交率计算。

1. 车辆相关法

按今日18:00移交车保有量和技术计划规定的移交车周转时间确定各分界站移交重车数的方法为

$$N_{次日交重}^{B}=\frac{N_{今日结存}^{B}}{\theta_{移交}^{B}} \quad (车) \tag{2-3-13}$$

式中 $N_{次日交重}^{B}$——次日B分界口移交重车计划数,车;

$N_{今日结存}^{B}$——今日18:00B分界口移交车保有量,车;

$\theta_{移交}^{B}$——技术计划规定的B分界口移交车周转时间。

路局应分别推算各局间分界站18:00移交车保有量,计算出各分界站移交车数。

$$N_{次日交重}^{B}=\frac{192}{0.967}=199 \quad (车)$$

同理可得$N_{次日交重}^{F}=\frac{83}{0.868}=96$(车)。

2. 移交率计算法

按下式计算：

$$u^B_{次日交重}=N^B_{今日结存}\times\alpha^B_{今日结存}+u^B_{次日接入}\times\alpha^B_{次日接入}+u^B_{次日自装}\times\alpha^B_{次日自装}\quad(车)\qquad(2\text{-}3\text{-}14)$$

式中 $u^B_{次日接入}$——预计次日由各分界站接入的 B 分界站移交车数，车；

$u^B_{次日自装}$——根据车流调整计划，预计次日自装的 B 分界站移交车数，车；

$\alpha^B_{今日结存}$、$\alpha^B_{次日接入}$、$\alpha^B_{次日自装}$——分别为今日 18:00 结存、次日接入和次日自装的 B 分界站移交次日有效移交的概率。

局管内各地区每日上午 9:00 左右编制好地区轮廓计划，铁路局汇总管内各地区轮廓计划，按铁路总公司轮廓计划调整后于上午 10:00 前下达执行。

至此，经过以上步骤，汇总数据，填入铁路局日间总计划表内，即形成了铁路局日间总的计划。具体格式见表 2-3-15。

月计划和昨日数据可由“表 2-3-1 昨日运用车”得到。

预计当日运用车的数据由“表 2-3-9R 铁路局今日 18:00 运用车保有量推算表”得到。结存数为推算的预计本日 18:00 运用车数量；出入差＝接入总计－交出总计＝356－354＝2；同理可得：B 口出入差＝573－568＝5；F 口出入差＝475－478＝－3。

预计当日管重一栏的自装车数量由“表 2-3-2 早 6:00 预计今日装车”得到；卸车数量由“表 2-3-3 早 6:00 预计今日卸车”得到；B 口接入数据由“表 2-3-4 早 6:00 预计 m 地区全日分界站货车出入”m 地区、n 地区接入数求和得到；F 口接入数据“表 2-3-5 早 6:00 预计 n 地区全日分界站货车出入”m 地区、n 地区接入数据求和得到；结存由“表 2-3-6R 铁路局今日 18:00 管内工作车保有量推算表”的预计本日 18:00 管内重车数量得到。

预计当日空一栏的装车数量由“表 2-3-2 早 6:00 预计今日装车”得到；卸车数量由“表 2-3-3 早 6:00 预计今日卸车”得到；B 口接入、交出数据由“表 2-3-4 早 6:00 预计 m 地区全日分界站货车出入”得到；F 口接入、交出数据“表 2-3-5 早 6:00 预计 n 地区全日分界站货车出入”得到；结存由“表 2-3-8R 铁路局空车保有量推算表”的预计本日 18:00 空车得到。

预计次日空车中 B 口、F 口接入数可以在次日空车预测资料等次日预测表里得到，交出数按照上级的轮廓计划确定(局轮廓计划栏为上级铁路总公司下达)。次日卸车轮廓任务数此处取的卸空率计算法的结果；次日装车轮廓任务数取铁路总公司下达轮廓任务数，此为 976；次日空车保有量按公式 2-3-11 求得结果为 283。

预计当日移交车保有量的根据“表 2-3-7R 铁路局今日 18:00 移交车保有量推算表”的结果填写。

次日分界站出入计划接入数可由次日运用车分布表或者次日接入货车的预测资料得到；交出重车数可以通过车辆相关法或者根据以往规律由移交概率求得。此处为车辆相关法计算结果。此处交出空车数取铁路总公司下达的局轮廓计划空车数。

预计次日移交车的有效车数的确定可以采用有效过滤点法或概率法。所谓有效过滤点是指某支车流在何时以前完成始端作业即可保证在计划日 18:00 前完成该项任务，则该时间即为有效过滤点。对于有效过滤点的确定，必须根据列车编组计划、列车运行图、车站技术作业过程时间标准及运输方案确定，并且需对不同的接入、交出分界站，不同的装车、卸车站分别确定。在编制日间总计划的时候，由于时间紧迫，而且有些资料尚不完备，有效车数一般按以往规律或按概率法计算。此处直接给出结果。

表 2-3-15　*R* 局日间总计划

预计当日运用车

项目		实际
月计划		1 510
昨日存		1 499
出入差		+2
其中	*B*	+5
	F	−3
备用		0
解除		0
结存		1 501
差		−9

预计当日管重

项目		月计划	实际
月计划		—	—
昨日		931	940
接入计		271	274
其中	*B*	177	178
	F	94	96
自装		711	716
卸车		982	985
结存		931	945
差		—	+13

预计当日空车 / 预计次日空车

项目		月计划	实际	预计次日空车
月计划		—	—	—
昨日存		297	285	281
接入	*B*	38	40	41
	F	11	12	15
交出	*B*	24	25	26
	F	31	32	32
装车		976	984	976
卸车		982	985	987
备用		0	0	0
解除		0	0	0
结存		297	281	283
差			−14	

（次日）分界站出入计划

接交／分界站	接入 列数	接入 总车数	接入 重车/空车	交出 列数	交出 总车数	交出 重车/空车	差
B	6	232	$\frac{194}{38}$	6	225	$\frac{199}{26}$	
F	4	122	$\frac{111}{11}$	4	128	$\frac{96}{32}$	
计	10	354	$\frac{305}{49}$	10	353	$\frac{295}{58}$	

计划指标

项目／计划	月计划	日计划
当日运用车	1 510	1 501
出入差		+1
解除		0
备用		0
次日运用车	1 510	1 500
接重	301	305
装车	976	976
工作量	1 277	1 281
卸车	982	987
周转时间	1.18	1.17

预计当日移交车保有量

去向／项目	计划	昨存	接入 *B*	接入 *F*	装	交	结存
B	193	192	—	14	176	190	192
F	89	82	16	—	92	107	83
计	282	274	16	14	268	297	275

预计次日移交车 / 局轮廓计划

去向	自装／有效	接入有效 *B*	接入有效 *F*	交出有效	交出	局轮廓计划 接入（重/空）	局轮廓计划 交出（重/空）
B	176／45	—	0	154	199	$\frac{194}{38}$	$\frac{197}{26}$
F	92／23	0	—	73	96	$\frac{111}{11}$	$\frac{96}{32}$
计	268／68	0	0	227	295	$\frac{305}{49}$	$\frac{293}{58}$

记事：

日计划指标的货车周转时间，可以用车辆相关法计算。为此，应首先推算次日 18:00 的运用车保有量

$$N_{运}^{次日}=N_{运}^{今日}+u_{产生}^{次日}-u_{消耗}^{次日}=1\ 501+354-353=1\ 500(车)$$

接运重车数、装车数、卸车数为次日计划数，工作量为接运重车与装车数之和：305＋976＝1 281(车)。

周转时间 $\theta_{次日}=\dfrac{N_{运}^{次日}}{u_{次日}}=\dfrac{1\ 500}{1\ 281}=1.17(d)$。出入差为次日各分界站接入与交出重空车总数之差：354－353＝1(车)。

【复 习 题】

1. 简述货运日常计划的构成及组织工作。
2. 铁路局轮廓计划的编制依据有哪些？简述其编制过程。
3. 局调度所在制定局轮廓计划时推算车流依据哪些资料？预测结果准确性如何？谈谈你的理解，并提出几项提高资料准确性的措施。
4. 次日车流调整措施的目的是什么？怎样确定具体措施？
5. 怎样确定次日应卸车数？
6. 简述制定次日装车数的基本思路？
7. 怎样确定次日分界站移交重车轮廓任务？

第四章　铁路调度日(班)计划

第一节　概　　述

铁路运输生产的各作业环节紧密联系、环环相扣,必须周密计划、统一指挥,才能使运输各有关部门的工作相互协调。铁路局调度日(班)计划是组织的调度管内装卸和行车工作的行动计划,具体规定局管内各站货物装卸和各区段列车开行任务,其内容包括货运工作计划、列车工作计划和机车工作计划。

铁路局调度日(班)计划根据铁路总公司轮廓计划的要求编制。

1. 调度计划的编制原则

调度日(班)计划的编制应遵守下列原则:

(1)坚持安全生产的原则。

(2)贯彻国家运输政策,保证重点运输的原则。

(3)坚持一卸、二排、三装的运输组织原则。

(4)按列车编组计划编车,按列车运行图行车,按运输生产经营计划组织运输,按《站细》组织作业,最大限度地组织直达、成组运输的原则。

(5)按施工计划安排施工,坚持运输、施工兼顾的原则。

(6)经济合理地使用机车车辆和其他运输设备,提高运输效率和效益的原则。

(7)组织均衡运输的原则。

2. 编制调度计划的资料来源

(1)铁路局编制调度日(班)计划依据的资料

①铁路总公司下达的轮廓计划。

②预计当日 18:00 各种运用车保有量。

③次日局间分界站接入自卸和接入通过重车流的推算资料。

④次日货源情况、重点物资待运情况。

⑤管内主要货物作业站的装卸情况。

⑥机车台数和分布情况。

(2)调度计划的资料来源

铁路局各工种调度人员,在每日 14:30 前向有关站段收集编制日(班)计划的资料,并向调度所主任(副主任)提供。

①货运调度员——预计当日 18:00 各站卸车数、装车数和去向别装车数、重点物资装车数,“五定”班列装卸情况,18:00 待卸车,有关停、限装命令,卸车单位的卸车能力,次日运输需求车辆情况及货运工作轮廓计划。

②计划及列车调度员——预计当日 18:00 各站运用车(重车分去向,其中到本局和邻局管内摘挂车流分到站;待卸车、空车分车种)、备用车等分布情况,在途列车的编组内容和预计到

达编组站、区段站、分界站的时分。"五定"班列编组情况和预计到达分界站的时分。预计 18:00 列尾主机分布情况。

③特运调度员——整列和零星军用运输需求计划的车种、吨位、辆数、配车时间及挂运要求;装载超限超重、剧毒品货物车辆的分布及挂运条件、车次及挂运通知单;专用货车的备用、解除和调配计划;预计当日 18:00 行邮、行包列车装卸及编组情况,在途列车的编组内容和预计到达分界站的时分;预计 18:00 篷布分布情况。

④机车调度员——预计当日 18:00 运用机车和机车回送计划,机车检修情况,机车、机车乘务员分布动态情况。铁路局外单位工程机车、企业自备(租用)机车在铁路营业线施工、上线运行等情况。

⑤车辆调度员——预计当日 18:00 货车扣修、修竣、检修车分布站及回送情况。车辆段结存检修车、扣修、修竣车数及车种,次日检修车计划,检修能力,有限制运行条件故障车辆回送挂运电报和计划申请。

⑥供电调度员——牵引供电及电力供电、设备运行、次日维修计划情况。

⑦客运调度员——旅客列车的加开、停运、中途折返、迂回运输和客车底回送、车辆甩挂等情况。

⑧施工调度员——各站、各区段施工计划。

⑨工务调度员——工务路用列车开行计划、路料装卸作业计划、慢行处所及限速条件。

⑩电务调度员——电务设备运行维护情况和维修计划。

第二节 货运工作计划

一、编制货运工作计划的规定

1. 卸车计划——根据预计当日 18:00 管内工作车结存和次日产生的有效管内工作车数,确定次日卸车计划;根据 18:00 实际管内工作车确定次日应卸车数,并以此考核铁路局卸车完成情况;根据"管内工作车去向表"(运货 4)确定各站的卸车任务。

2. 装车计划——必须在保证排空任务的前提下,由调度所主任(副主任)会同货运调度室主任(副主任)及有关人员,严格按照铁路总公司下达的货运轮廓计划及各站运输需求车辆情况确定装车日计划。

3. 第一班装、卸车计划应达到全日计划的 45%以上。

4. 货运工作计划规定管内各站次日卸车和装车任务包括:

(1)各站卸车数(到站整列货物要有品名、收货人)。

(2)各站按发货单位、品名、到站别(包括限制区段、主要厂矿、港口、口岸站)的装车数。

(3)"五定"班列、重点直达列车、集装箱直达列车、企业自备车直达列车和成组装车的列数、组数及辆数。

(4)装卸劳力、机械调配计划。

(5)篷布运用计划。

货运工作计划规定次日自卸空车流的车种、数量及地点的分布和自装重车流的去向、数量,为列车工作计划编制提供自装卸车流的资料,是铁路局调度日(班)计划的基础。

二、站别卸车计划的编制

铁路局运输工作日间总计划为日(班)计划的编制提供了完成局轮廓计划的控制数字。为了实现计划任务,还需要具体确定管内各站的卸车计划:推算次日卸车资源,确定其中的有效车数(即次日 18:00 前可以卸空的车数)。

铁路局次日应卸车数 $U_{卸}^{次日}$ 为

$$U_{卸}^{次日}=N_{今日管内}^{有效}+u_{次日自装自卸}^{有效}+u_{次日接入自卸}^{有效} \tag{2-4-1}$$

式中 $N_{今日管内}^{有效}$——今日 18:00 在站、在途管内工作车中的有效车数,车;

$u_{次日自装自卸}^{有效}$——次日管内各站自装的管内工作车中的有效车数,车;

$u_{次日接入自卸}^{有效}$——次日由各局间分界站接入的管内工作车中的有效车数,车。

推算工作由主任货运调度员根据早 10:00 制定的次日轮廓计划和推算的车流资料在管内工作车去向表(运货 4)上进行,格式见表 2-4-1。

表 2-4-1 管内工作车去向表 (运货 4)

项目	站及列车 \ 到站	a 站	b 站	c 站	E 站	d 站	e 站	F 站	f 站	g 站	K 站	合计
现有管重	a 站	3	—		3	—	—	5	—	—	—	11
	b 站	—	5	—	—	—	—	—	—	3	—	8
	c 站	—	—	2	—	—	—	—	—	—	4	6
	E 站	2	—	—	14	—	2	11	—	—	1	30
	d 站	—	—	—	—	5	—	—	—	—	—	5
	e 站	—	—	—	—	—	—	—	3	—	5	8
	F 站	—	1	—	12	3	—	13	—	—	—	29
	f 站	—	—	3	—	—	—	—	—	4	6	13
	g 站	—	—	—	2	—	—	—	—	—	—	2
	K 站	—	—	5	—	—	6	—	3	—	20	34
	32005	4	2	—	—	—	—	14	—	—	—	20
	合计	9	8	10	31	8	8	43	6	7	36	166
自卸装	a 站	—	—	—	2/2	—	—	5/5	—	—	2/2	9/9
	b 站	—	—	—	—	—	—	—	1/1	—	—	1/1
	c 站	—	—	—	—	—	—	—	—	4	—	4
	E 站	—	3	—	—	4	—	—	—	—	—	7
	d 站	—	—	2	—	—	—	—	—	—	—	2
	e 站	—	—	—	—	—	—	3/3	—	—	—	3/3
	F 站	1/1	—	—	—	—	—	—	—	—	3	1/4
	f 站	—	4	—	—	—	—	—	—	—	—	4
	g 站	—	—	—	—	—	5	—	—	—	—	5
	K 站	—	—	—	3/3	—	—	—	—	—	—	3/3
	合计	1/1	7	2	5/5	4	5	8/8	1/1	4	2/5	17/42

续上表

项目		站及列车 \ 到站	a站	b站	c站	E站	d站	e站	F站	f站	g站	K站	合计
接入管重	D口	20002	/12	—	—	2/2	—	—	—	—	—	—	2/14
		20004	—	11/11	—	—	—	—	—	—	—	—	11/11
		20006	—	—	/4	/3	—	—	—	—	—	—	/7
		31002	—	—	—	—	—	6/6	—	—	—	—	6/6
		31004	—	—	—	—	2/2	—	8/8	—	—	—	10/10
		41002	—	—	—	—	—	—	—	/5	/8	/14	/27
		计	/12	11/11	/4	2/5	2/2	6/6	8/8	/5	/8	/14	29/75
	F口	33001	—	—	—	3/3	—	—	—	—	—	—	3/3
		33003	—	—	—	4/4	—	—	—	—	—	—	4/4
		33005	—	—	—	5/5	2/2	3/3	7/7	—	—	—	17/17
		43001	—	—	—	—	—	—	—	/5	/3	/6	/14
		计	—	—	—	12/12	2/2	3/3	7/7	/5	/3	/6	24/38
	合计		/12	11/11	/4	14/17	4/4	9/9	15/15	/10	/11	/20	53/113
总计			22	26	16	53	16	22	66	17	22	61	321
当日不能卸车			1	11	0	19	4	9	23	1	0	2	70
18:00 预计次日卸车			21	15	16	34	12	13	43	16	22	59	251

表 2-4-1 全面反映了组成局管内各站次日卸车资源的三部分内容：当日 18:00 已在管内的管内工作车、次日自装管内工作车和次日局间分界站接入的管内工作车。

编制站别卸车计划的过程，实际上就是收集并分析各站次日卸车资源的资料，确定各站次日有效卸车数及实现路局下达的卸车轮廓任务所应采取的措施。

1. 推算当日 18:00 在站、在途的管内工作车中的有效车数

当日 18:00 已在局管内的管内工作车包括在站和在途的管内工作车。

(1)18:00 在站管内工作车

18:00 在站的管内工作车包括该站待卸车和待发车。次日管内工作车流量的推算工作大约是在 15:00 开始的，此时 15:00～18:00 间为管内各站输送车流的列车一般已有确报，挂运车流的列车车次和到达各站的时刻也已确定。根据这些资料可按下式推算 18:00 各站待卸和待发管内工作车数：

$$N^{18}_{待卸,i}=N^{15}_{待卸,i}+u^{15-18}_{到卸,i}-u^{15-18}_{卸空,i} \tag{2-4-2}$$

式中 $N^{18}_{待卸,i}$——预计今日 18:00 在 i 站待卸的车数，车；

$N^{15}_{待卸,i}$——今日 15:00 在 i 站待卸的车数，车；

$u^{15-18}_{到卸,i}$——预计今日 15:00～18:00 间由各次列车挂到 i 站的作业车，车；

$u^{15-18}_{卸空,i}$——预计今日 15:00～18:00 间 i 站可以卸空的待卸车数，车。

$$N^{18}_{待发i,j}=N^{15}_{待发i,j}+u^{15-18}_{到卸i,j}-u^{15-18}_{自装i,j}-u^{15-18}_{发出i,j} \tag{2-4-3}$$

式中 $N^{18}_{待发i,j}$——预计今日 18:00 在 i 站的 j 站作业车，车；

$N^{15}_{待发i,j}$ ——15:00 统计的 i 站结存的 j 站作业车，车；

$u^{15—18}_{到卸i,j}$ ——预计 15:00～18:00 间由各次列车挂到 i 站的 j 站作业车，车；

$u^{15—18}_{自装i,j}$ ——预计 15:00～18:00 间 i 站可以装好的 j 站作业车，车；

$u^{15—18}_{发出i,j}$ ——预计 15:00～18:00 间 i 站发出的 j 站作业车，车。

每一车站的 18:00 待发车和待卸车的有效车数应分别推算。由于我国铁路货车一次作业停留时间标准一般都小于 24 h，因而当日 18:00 各站待卸车均可计算为有效车。

(2)18:00 在途管内工作车

18:00 在途的管内工作车是指 18:00 当时编挂在局管内运行的列车中的管内工作车，分为可直接送达卸车站的和到达技术站中转的管内工作车两类。

对于当日 18:00 管内在途列车中可以直接送达卸车站的管内工作车，根据列车到达各站的图定时刻和各站作业时间标准，确定各站有效车的临界车次。

确定 18:00 在途列车中到达技术站或其他车站中转的管内工作车的有效车，应根据列车运行图中该次列车在技术站的接续车次和卸车站的作业时间标准确定是否有效。

2. 次日自装管内工作车

(1)中间站次日自装的管内工作车送往到站的过程有以下三种情况：

①由装车站编开的始发直达列车或整列短途列车直接送达卸车站。

②装往邻近技术站卸车的管内工作车，由摘挂列车或小运转列车等区段管内列车送达邻近技术站。

③装往邻近技术站以远的车站卸车的管内工作车送往邻近技术站中转。

(2)技术站产生和汇集的待发管内工作车送往到站的过程有以下两种情况：

①由技术站编组的列车直接送达卸车站，包括由摘挂列车送达邻近区段各站卸车，或由区段、直通、直达列车送达技术站卸车。

②需要由本技术站编开的列车送达途中技术站进行一次或几次中转，才能最后到达卸车站。

可以看出，无论是中间站还是技术站装出的管内工作车，均可能直接送达或需技术站中转。直接送达时，可根据挂线车次的固定到达时刻和车站作业时间标准确定是否为有效车；需技术站中转时，其有效性由装车站挂线车次、技术站接续车次和卸车站作业时间标准确定。

3. 次日局(地区)间分界站接入的管内工作车

次日局间分界站接入列车中缩挂的管内工作车的到站、车种别车数按邻局预报确定。可由接入列车直接送达卸车站的管内工作车，根据该车次的图定到达时刻和车站作业时间标准确定其是否为有效车；需技术站中转时，其有效性由接续车次和卸车站作业时间标准确定。

次日各站的卸车任务为卸车资源中三部分有效车之和，按下式计算：

$$u^{次日}_{卸i} = (u^{有效}_{待卸,i} + u^{有效}_{待发,i}) + u^{有效}_{自装自卸,i} - u^{有效}_{接入自卸,i} \tag{2-4-4}$$

式中 $u^{次日}_{卸i}$ ——i 站次日卸车数；

$u^{有效}_{待卸,i}$ ——今日 18:00 在 i 站待卸的管内工作车有效车数；

$u^{有效}_{待发,i}$ ——今日 18:00 在管内各站等待送往 i 站的管内工作车中的有效车数；

$u^{有效}_{自装自卸,i}$ ——次日管内各 i 站装往 i 站卸车的管内工作车中的有效车数；

$u^{有效}_{接入自卸,i}$ ——次日分界站接入各次列车中编挂的 i 站卸的管内工作车中的有效车数。

推算完毕后，在运货 4 的下部汇总各站次日管内工作车总数和无效车数、两者之差即为次日各站应卸车数。

三、站别装车计划

局管内各站次日装车计划的编制，包括收集和审批各站次日运输需求计划、汇总并编制品类、去向别装车计划，制定直达列车和成组装车计划及推算自装交出和自装自卸的有效车等。

1. 收集次日运输需求计划

次日装车计划是根据管内各站在每日 9:00 前向铁路局调度所货运调度员提报的次日运输需求计划确定的。车站运输需求计划根据货主托运整车货物、整车集装箱货物的运单及车站配装的集装箱货物和配装的零担货物提出。为了避免计划落空，车站提报的运输需求计划应有可靠的货源保证。

货运调度员将各站报来的日运输需求计划填记汇总于货运工作日况报告附表（运货 5）提交主任货运调度员审核。运货 5 报表的格式见表 2-4-2。

表 2-4-2 货运工作日况报告附表　（运货 5）

发站	运输需求车									承认车						实际装车				合计吨数	全站需求车				积压特运货物				记事
	开始积压日期	运输计划号码	发货单位	到达		口名	车数			承认车	前半日	命令		空车来源		车种车数	6:00完成	6:00修正	18:00完成		品类		去向		品类		去向		
				路局	车站		车种车数	其中 棚车	其中 敞车			号码	发令人号码	车次	时间						名称	车数	局别	车数	名称	车数	局别	车数	
a				*U*	*A*	*B*	C2		2	2	2	d1	1			C2	2	2											
a				*V*	*x*	*B*	P2	2		2		d1	1			P2	2	2											
a				*R*	*l*		P5	5		3		d1	1			P5	3	5											
a				*W*	*y*	*F*	C1		1	1		d1	1			C1	1	1											
a				*R*	*a*		N2			2	2	d1	1			N2	2	2											
a				*R*	*e*		P2	2		2	2	d1	1			P2	2	2											

2. 审批运输需求计划

次日运输需求计划反映了各站次日装车的需要，在符合政策规定、条件又许可时，应全部承认。但在实际工作中，装车常受到铁路区段通过能力和空车数量的限制。

由于区段通过能力不能满足运输需求，对通过某局间分界站的装车数必须加以限制时，称该局间分界站为限制口。我国铁路的限制口曾经达到 20 多个，严重制约了国民经济的发展。随着路网的不断完善和技术的进步，铁路的限制口已经越来越少，但仍未完全消除。在铁路总公司轮廓计划中，规定了各局通过限制口的装车数。在局装车计划中，不能突破这一限制。

铁路局管内次日产生的空车资源包括当日 18:00 在站、在途空车及次日卸车和接入空车。空车使用由铁路局调度所统筹安排，完成次日排空和装车任务。根据调度纪律，编制日（班）计划必须坚持“一卸、二排、三装”的运输组织原则。在完成铁路总公司向邻局排送空车任务的前提下，安排本局的装车。

主任货运调度员根据铁路总公司和局轮廓计划审批各站请求计划，审批原则是：

(1)坚持“三先、三后”的物资调运原则，即“先中央后地方、先计划内后计划外、先重点后一般”，贯彻国家运输政策、保证重点物资运输，优先承认紧急抢险、鲜活易腐货物的装车。

(2)中间站的装车要符合“日历装车计划”，或是上月、上旬未完成计划的补装货物以及铁路局特批的计划外货物。

(3)不能超过停、限装限制。

(4)考虑站别卸车和管内车种别空车分布及可装车时间，做到车、货结合，大力组织直达、成组装车，做好配空、挂重车次及运行线间的衔接。

(5)保证完成去向别、车种别、品类别装车任务。

(6)第一班装车计划应达到全日计划的45%以上。

3. 汇总装车计划，编制品类别、去向别装车计划表

计划审批后填写“货运工作日状况报告表(运货3)”，格式见表2-4-3，并确定直达列车和成组装车计划。

表2-4-3 货运工作日状况报告表 (运货3)

站名	m地区		n地区		自局计		U局		V局		W局		D分界站		F分界站	
	需求车	日计划	需求车	日计划	需求车	日计划	需求车	日计划	需求车	日计划	需求车	日计划	需求车	日计划	需求车	日计划
a	5	5	3	3	8	8	4	4	5	5	2	2	6	6	3	3
b	4	4	8	6	12	10	5	5	4	4	3	3	10	8	4	4
c	6	6	5	3	11	9	2	2	3	3	4	4	8	8	5	5
E	15	14	20	18	35	32	17	17	11	11	15	15	25	23	10	10
d	7	5	4	4	11	9	3	3	4	4	2	2	7	7	6	6
e	6	6	5	5	11	11	3	3	2	2	1	1	8	6	5	5
F	16	15	21	20	37	35	12	12	13	13	6	6	29	28	11	11
f	8	8	7	7	15	15	4	4	4	4	3	3	9	9	3	3
g	9	8	8	5	17	13	2	2	1	1	2	2	8	8	4	4
K	22	20	23	21	45	41	14	14	7	7	10	10	32	32	12	12
合计	98	91	104	92	202	183	66	66	54	54	48	48	142	135	63	63
6:00修正	98	91	104	92	202	183	66	66	54	54	48	48	142	135	63	63
12:00预计																
16:00预计																

4. 推算自装有效车数

自装有效车数指次日18:00之前能够装好的车数。在货运工作计划承认的装车中，有一部分是在计划日的次日才能装完的，这一部分装车为无效装车；同样，计划日的有效装车不仅包括计划日承认并于当日装好的货车，还包括计划日的前日承认于计划日装好的货车。在审批完运输需求计划后，货运调度员要依据次日配送空车和挂线装车安排，计算管内各站计划日能完成的装车数，如果未能达到月度装车计划规定的指标，应当进行调整。

第三节 列车工作计划

一、概　　述

1. 主要内容

列车工作计划主要确定次日管内有列车编组任务的车站编开的列车车次、始发和终到时刻以及各区段中间站车流的输送方法，内容包括：

(1)列车到、发及运行计划，包括列车车次、发站、到站、发到时分、编组内容、特定运行径路，始发列车车辆来源、小运转列车运行计划，机车交路、机车型号及机车号。

(2)分界站列车交接计划，包括列车车次、到开时分、各列车中去向别重车数(到邻局的重车分到站)和车种别空车数。

(3)管内工作车输送计划、各站配空挂运计划和摘挂列车的装卸、甩挂作业计划。

(4)专用货车的调整、挂运计划。

(5)装载超限超重、军运物资(人员)、剧毒品货物车辆，有限制运行条件的机车车辆、自轮运转特种设备挂运和专列开行计划。

(6)旅客列车的临时加开、停运、迂回运输、编组、车辆甩挂计划。

(7)区间装卸作业计划。

(8)路用列车运行计划。

编组站日(班)列车工作计划表(运调 11 甲)的格式见表 2-4-4。其到达列车运行线及编组内容、车站现车和出发列车车流来源推算方法与车站技术作业表相同。不同之处是：车站技术作业表仅分阶段地全面安排一个技术站的运输工作，而运调 11 甲把一个计划台所辖的几个列车编成站都汇集到了一张表上，它不详细安排车站的调车作业，只确定各次列车是否有足够的车流保证、次日开行哪些列车。

2. 编制过程

编制列车工作计划的作业过程是：

(1)收集车流资料，将推定的 18:00 各去向结存车数填写到 18:00"推定"栏。

(2)根据到达列车预、确报，按图定或预计到达时分铺画到达列车运行线并标记各去向到达车数。

(3)按时间顺序逐条运行线检查各次出发列车的车流，确定是否可以开行，画出可开行列车的运行线。

(4)各区段开行列车车次确定以后，再根据各中间站 18:00 结存车、次日装卸计划和技术站管内车流，在技术站及区段管内日(班)列车工作计划表(运调 11 乙)上详细安排各区段管内列车的车辆甩挂计划。

(5)运调 11 甲和运调 11 乙确定的列车开行计划还需要机车牵引动力的保证，因此列车工作计划编好后要按区段绘制小时格运行图，即"技术站日(班)列车工作计划表"(运调 11 丙)，送机车调度员安排机车周转、勾画机车交路。最后完成的运调 11 丙交列车调度员执行并报有关人员。

下面就编制运调 11 甲过程中推算车流和选定运行线以及编制运调 11 乙的方法加以说明。

表 2-4-4　C 编组站列车工作计划表

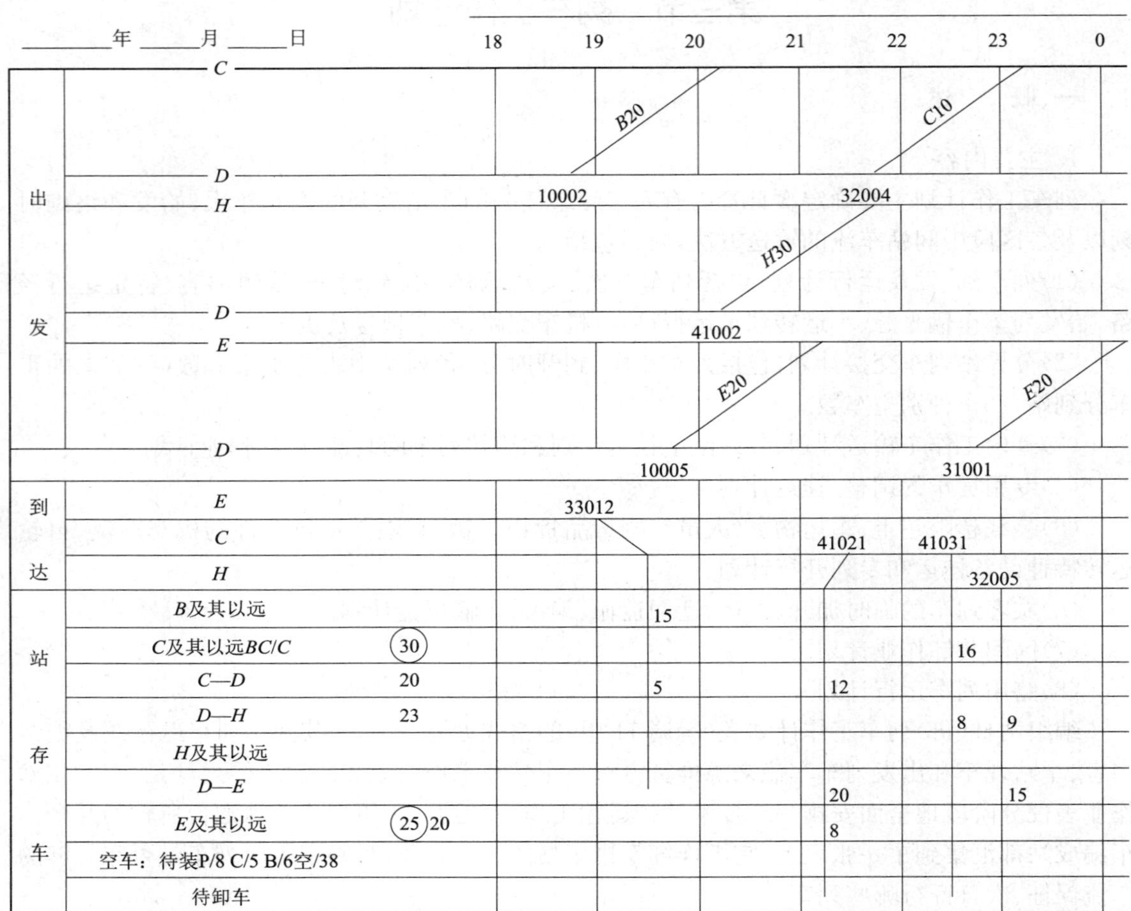

二、推算车流

1. 推算次日出发车流资源

编制列车工作计划的关键在于准确掌握次日出发车流。当前，车流推算工作一般在 15:00 左右开始。对于每一个有列车编组任务的车站（包括编组站、区段站和编开始发直达列车的中间站），其次日出发车流都由以下三部分组成：

（1）当日 18:00 结存车

即当日 18:00 在站的运用车，按该站列车编组计划规定的组号推算，其数值为

$$N_{i,j}^{18}=N_{i,j}^{15}+U_{\text{到达}i,j}^{15-18}+U_{\text{自装}i,j}^{15-18}-U_{\text{发出}i,j}^{15-18} \tag{2-4-5}$$

式中　$N_{i,j}^{18}$ ——18:00i 站集结的 j 去向车数；

$N_{i,j}^{15}$ ——15:00 开始推算车流时 i 站集结的 j 去向现车数，局调度所计划调度员推算后与车站上报的数字进行核对，可得到车站各去向车数的准确数字；

$U_{\text{到达}i,j}^{15-18}$ ——15:00～18:00 之间由到达或途经列车送至 i 站的 j 去向车数，该项资料由列车确报和预报取得；

$U^{15-18}_{自装i,j}$——15:00～18:00之间 i 站自装的 j 去向车数，由车站货运调度员根据车站货运作业进度上报；

$U^{15-18}_{发出i,j}$——15:00～18:00之间 i 站出发列车挂走的 j 去向车数，由车站调度员（或助理站调）根据车站阶段计划推算后上报局调度所。

(2)次日自站产生的空车、重车

根据货运工作计划确定的该站卸车和装车计划，大致确定各阶段排出空车的数量、装车去向、数量、装好时间及挂线车次。

(3)次日由局间分界站接入或由管内其他车站编组的列车送达该站的车流

包括当日18:00管内在途列车中的过表车流、次日分界站接入和管内外站编开的列车送达的车流。这部分车流根据列车预、确报，按图定时间统计，晚点列车按预计时间统计。

2. 确定次日各去向列车的大致开行列数

在推算了次日出发车流资源后，需要为每一列车编成站确定其各列车到达站的开行列数。所确定的列车开行列数应保证该列车编成站没有车流积压，且每一列车都有充足的车流供应。

$$n_i = \frac{\sum (N_i^{18} + N_i^{次日自装} + N_i^{次日到达}) - N_i^{基础}}{m_i} \quad (列) \tag{2-4-6}$$

式中　n_i——该站编组出发的 i 到达站次日应开行的列数；

N_i^{18}——该站编组出发的 i 到达站今日18:00已集结的车流数量；

$N_i^{次日自装}$——该站次日装车计划承认的 i 到达站装车数；

$N_i^{次日到达}$——次日各次列车挂到该站的 i 到达站车流数；

$N_i^{基础}$——为保证次日第一阶段该站编组出发的 i 到达站列车满轴正点，该到达站次日18:00时应剩余的基础车流量；

m_i——该站编组出发的 i 到达站列车的平均编成辆数。

三、选定列车运行线

在选定列车运行线之前，应大致计算各去向全天有效集结车数，确定要避免车流积压次日各列车到达站应开行的列数，检查旬计划选定的分号运行图规定开行的车次是否能满足次日车流输送的需要。

接着，按规定的列车车次，依次逐条运行线检查是否有足够的车流、车流接续时间是否满足要求，具体选定运行线。

对于列车运行线的选定，《铁路运输调度规则》做了如下规定：

1. 列车工作计划必须有全日车次和全日编组内容。编制列车工作计划必须有可靠的资料，禁止编制无车流保证的空头计划。各区段日计划列数，要按列车运行图做到基本均衡。

2. 实行分号列车运行图时，选定列车车次、确定日计划列数应以分号列车运行图为基础，首先保证核心列车开行。当分号列车运行图的列车开满后，可开行基本列车运行图的列车车次；增开的跨铁路局列车车次，由相邻铁路局协商确定，报铁路总公司调度批准。

3. 列车运行图规定的货物列车是否开满，跨铁路局列车以分界站全日交接列车计算；铁路局管内列车以编组站或区段站全日发出列车计算；干支线衔接的区段，列车对数应分别计算；列车运行图规定在中间站始发和到达的列车未开满，但贯通全区段运行的列车已开满时，可视为列车运行图已开满。

4. 列车工作计划要确保排空列车的开行。第一班计划的排空车数必须达到全日计划的45%以上。

5. 始发列车计划应按列车运行图规定的时分制定；中转列车可按预计到达时分，在分号列车运行图中选定紧密衔接的适当运行线。

图定车次贯通到底的直达货物列车，在接续的区段站或编组站因晚点不能使用原图定运行线，在制定日(班)计划时，准许利用图定的直达或直通列车运行线开车，但必须保持原车次不变。

6. 摘挂列车与其他货物列车运行线不得互相串用。

7. 在中间站始发或终到的列车，如列车运行图规定为通过时分，在编制日(班)计划时，应另加起停车附加时分。

8. 开行临时定点列车的规定：

(1)基本列车运行图的列车开满后，方准加开临时定点的列车车次。

(2)始发列车无适当车次使用时，可制定临时定点列车计划，其旅行时间不得超过本区段内同类列车最长旅行时间。跨铁路局运行时，须征得邻局的同意。

(3)列车运行图中的摘挂列车已开满仍有剩余摘挂车流(有一个区间达到牵引定数70%或满长)时，可加开临时定点的摘挂列车，但跨铁路局的加开列数不得超过1列。

(4)开行列车运行图以外的阶梯直达列车，只限于作业站间可临时定点。

(5)挂有限制运行条件机车车辆的列车、有时间限制的军用列车和在区间整列装卸的列车，不能利用列车运行图中的运行线时，可开行临时定点列车。

挂有限制运行条件机车车辆的列车，在制定日(班)计划时允许指定始发和到达时分，运行时分可在3～4 h列车运行调整计划中确定。

(6)途中停运的列车，恢复运行时应利用空闲运行线。如确无适当运行线可利用时，方准开行临时定点列车到达前方第一个技术作业站。

9. 列车运行图规定18:00后由分界站交出的列车，不准作18:00前的交车计划。

分界站当日未交出的晚点列车，必须纳入次日计划。接近18:00的晚点列车，来不及纳入次日计划时，准许18:00后晚点交出。

10. 原则上不准编制跨铁路局的超重、超长列车计划；必须时，须征得邻局的同意，并经铁路总公司调度命令准许。

11. 挂有装载超限超重、剧毒品货物车辆和限制运行条件机车车辆的列车跨铁路局运行时，应向相邻铁路局重点预报。

12. 班计划一经确定，必须维护计划的严肃性，在执行中不准变更列车车次和整列方向别的编组内容；跨铁路局列车遇有特殊情况必须变更时，要预先征得相邻铁路局同意，并须报请铁路总公司调度批准。

13. 日(班)列车工作计划编制后，相邻铁路局调度所必须主动将分界站列车交接计划(包括车次、时分、编组内容、机车交路)核对一致后，方准上报铁路总公司批准。

除了上述的规定之外，还应该确定分界站交接车计划，进行列车预报。即根据所确定的出发列车计划，确定分界站交出车计划，并向相邻管内地区预报列车的车次及编组内容。分界站交接车计划亦应汇总于规定的表报。分界站交出车计划不仅是该地区日计划的结果，而且其中一部分又是相邻管内地区编制日计划的资料，因此，列车预报应及时向计算机网传送，以满足相邻管内地区编制日计划的需要。

四、编制区段管内车流输送计划

区段管内车辆输送计划是完成装卸车任务的保证。区段管内重车和空车是以整列输送或以沿零摘挂列车、小运转列车输送，应根据列车编组计划和运输方案的规定，利用“技术站及区段管内日（班）列车工作计划表”（运调 11 乙，如图 2-4-1）编制。

管内重空车输送计划是根据预计各站当日 18:00（早 6:00）的结存车数（包括待发重车、空车及待卸车），技术站的列车工作计划，相邻管内地区列车到达预确报及各车站次日装车任务，按照列车运行图及运输方案的规定，确定各站的配空及各种列车在区段内的甩挂作业计划。进一步确定各区段管内中间站的车流输送计划，其基本要求是：

1. 对主要厂矿或大量装车站尽量组织直达和成组，按旬计划规定的日历安排，按阶段均衡输送。

2. 对同一去向货流较多的区段，按日历采取定线、定量的阶梯直达或成组输送。

3. 对货源较少的中间站，隔日或分段、分上下行方向通过摘挂列车输送。

4. 对短途的大量货源，按旬计划或运输方案，采用固定车底循环运用。

需要整列输送的管内车流应在运调 11 甲上安排。

区段管内重、空车流的输送方式由列车编组计划和运输方案规定：一般利用摘挂列车和小运转列车；作业量较大、有办理整列列车到、发能力的中间站，部分车流可能由始发直达列车或阶梯直达列车输送。

按照输送计划可以确定各站每班的装卸计划。

具体计划表格式如图 2-4-1 所示。

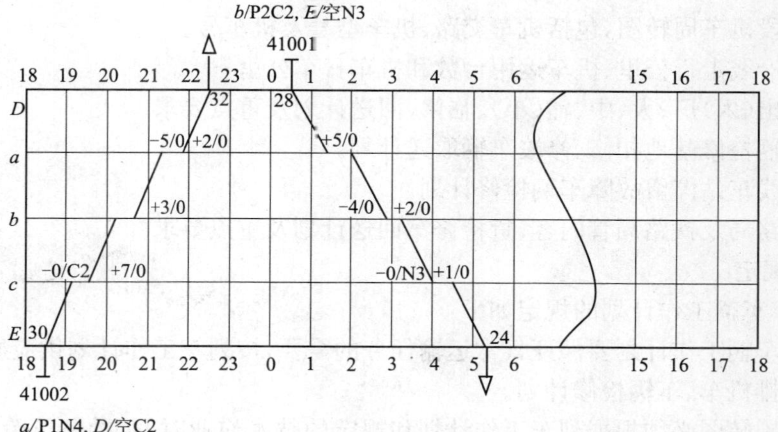

车站	装车计划	18:00结存
a	F/P2 V局/C2	W局/3
b	E—F/P2 B口/N3	空P4C2
c	W局/C1	C/4 V局/3

作业进度			
第一阶段	第二阶段	第三阶段	第四阶段
	卸P1N4 装V局/C2	装F/P2 W局/3	
装B口/N3		卸P2C2	装E-F/P2
装C/4 V局/3			装W局/C1

图 2-4-1　D—E 区段管内车流输送计划图

这是某日 D—E 区段第一班 18:00～6:00 开行计划。18:00 现在车情况以及各站的装卸状况如图 2-4-1 所示。图中两个车次挂运的列车都是摘挂列车，其中 41002 次是上行摘挂列车，41001 次是下行摘挂列车。图中的"＋"号表示在该站挂走的车组，"－"表示在该站摘下的车组数，"/"划分的分母(右侧)部分表示空车数量，分子(左侧)部分表示重车数量。

以图中所示 D—E 区段上行列车为例，41002 次列车从 E 站出发，到达 D 站。始发时"a/P1N4"表示到达 a 站卸下 P 车 1 辆和 N 车 4 辆；"D/空 C2"表示到达 D 站卸 C 空车 2 辆。当列车到达 c 站时，根据该站的装车计划，上行方向的装车有"C/4V 局/3"，即到达 C 站 4 辆，V 局 3 辆，所以在该站挂上重车 7 辆。到达 b 站时，上行方向的装车有 B 口 3 辆，故挂重车 3 辆。到达 a 站时，卸 P1N4，即摘重车 5 辆，挂上行方向 V 局重车 2 辆，到达 D 站终止。作业进度将一班分为四个阶段，显示了各中间站具体的装卸作业计划。以 a 站为例，第一阶段和第四阶段没有作业；第二阶段 41002 次列车到达，卸 P1N4 共 5 辆车(－5)，装上发往 V 局的 C 车 2 辆(＋2)；第三阶段 41001 次列车到达，装上发往 F 口 P 车 2 辆，W 局 3 辆，共 5 辆车(＋5)。可知这一班共装了 7 辆车，卸了 5 辆车。

第四节　机车车辆工作计划

货运工作计划决定了次日管内自装、卸车流的流向和流量，加上分界站次日接入车流的预、确报，就可以为编制列车工作计划提供完整的车流资料。列车工作计划确定各区段开行的列车车次，编制完毕后，需要解决的就是牵引动力。

1. 编制内容

机车车辆工作计划由机车调度员编制，具体内容规定如下：

(1)各区段机车周转图，包括机车交路、机车型号及机车号。

(2)机车沿线走行公里、机车运用台数和机车日车公里。

(3)机车出(入)厂、大、中、辅(小)、临修、回送计划及重点要求。

(4)各车辆检修基地扣修、修竣车辆取送计划。

(5)各沿线车站停留故障车辆检修计划。

(6)跨铁路局及铁路局管内客、货检修车回送计划及重点要求。

2. 编制规定

编制机车车辆工作计划的规定如下：

(1)机车车辆工作计划要保证日常运输任务的需要，按列车工作计划供应质量良好的机车车辆，合理安排机车、车辆检修计划。

(2)机车周转图必须根据列车工作计划和规定的技术作业时间、乘务员劳动时间、机车交路进行编制。不准编制反交路，消除对放单机，减少单机走行。如编有紧交路时，必须制定保证实现的组织措施。

第五节　日计划的审批和下达

一、注意事项及规定

列车工作计划编制完毕后，由主管运输的副局长审批后下达执行。

1. 注意事项

审批日班计划时应注意检查：

(1)装车计划：检查品类、去向，是否符合旬计划。

(2)卸车计划：是否达到应卸车标准。

(3)各分界站排出空车：排出空车的车种别数量是否符合局轮廓计划的要求，空车直达列车的车流有无保证。分界站交车：分界站排车是否均衡，重点配空列车和排空安排均衡。

(4)编组站出发列车是否均衡，车流有无积压。

(5)机车运用：机车交路安排是否合理。

(6)能否保证主要技术指标达到月计划标准。

2. 审批和下达规定

具体的审批和下达规定：

(1)铁路局日计划，经分管副局长(总调度长)批准后，于 17:00 前报铁路总公司，17:30 前以调度命令下达站段。

(2)18:00～21:00、6:00～9:00 的列车工作计划，应分别提前在 16:00、4:00 前下达有关站段。对车次的考核，仍以正式下达的日(班)计划为依据。

(3)铁路总公司日计划，经调度部主任(副主任)批准后，于 17:40 前以调度命令下达铁路局。

(4)对上报日计划有调整时，铁路局应按铁路总公司调度命令批准的计划，以调度命令更正，并组织实现。

(5)第二班的调整计划，由调度所值班主任负责，各工种调度人员参加，按铁路总公司批准的日计划进行调整，铁路局于 6:00 前以调度命令下达有关站段。

(6)施工日计划审批和下达按相关规定执行。

铁路局调度所日间计划的前半日计划就是第一班计划，无须另行编制，第二班计划的编制属于对日间计划修正的性质。在第一班计划完成实际的基础上，根据实际情况，部分地修正装卸车计划、调整列车车次、时刻、编组内容和机车交路。

二、早 6:00 修正计划

铁路运输调度工作日间计划规定了次日全日路局各站应完成的装卸任务和各区段全日开行的列车车次。由于时间跨度较大，通常是详细制定第一班计划，即夜班计划，在早 6:00 再根据第一班计划的完成情况和掌握的车流资料对日计划进行修正形成第二班计划(称为早 6:00 修正计划)。

1. 货运工作计划的修正

根据早 6:00 各站已完成的卸车任务，待卸、待发管内工作车，在途管内工作车及邻局、邻地区列车预报，确定第二班卸车资源，是否能够完成日计划卸车数，如应加以调整。

2. 列车工作计划的修正

根据推算至早 6:00 的编组站结存车、管内在途车流及邻地区或邻局预报，修正第二班的列车到发计划及机车交路计划。

第二班的调整计划，由调度所值班主任负责编制、于 5:00 前以调度命令下达站、段。

【复 习 题】

1. 铁路局调度工作日(班)计划的主要内容是什么？编制原则是什么？
2. 在计算管内各站次日应卸车数时，怎样确定次日卸车资源？
3. 审批次日运输需求车辆计划的基本原则是什么？什么是有效装车？怎样推算？
4. 次日管内各编车站出发车流包括哪些部分？

第五章　列车运行调整

第一节　列车调度员工作

列车运行图规定了每一趟客、货列车在区段内各站发、到的时刻，只要严格按图行车，就能保持良好的运输秩序，顺利完成运输任务。但是，在运输日常工作中，由于运量变化、作业延误、不利天气、施工影响、指挥失误、自然灾害、设备故障、行车事故等种种原因，列车很难完全按图运行，早点、晚点或停运、增开的情况经常发生，而个别列车运行条件的变化常常形成连锁反应，影响到其他列车的运行。因此，必须根据实际情况周密计划列车在区段内的运行：何时从车站出发、是否需要加速运行、列车会让的地点和方式、列车在站作业的内容和时间限制等，以保证行车安全和保持较高的运输效率。因而各级调度机构都设立专门的列车调度员负责列车的运行调整工作。

铁路行车工作实行单一指挥的原则：一个调度区段只能由负责该区段的列车调度员统一指挥。列车调度员通过编制和执行阶段计划实现列车运行调整。

一、基本职责

列车调度员负责组织本区段各站实现列车运行图、列车编组计划、运输方案和调度工作日(班)计划。其主要职责是：

1. 通过向车站下达班计划，编制和组织实现列车运行调整 3～4 h 阶段计划，指挥列车运行，组织晚点列车恢复正点，保证列车接续及机车交路，掌握机车乘务员的劳动时间。

2. 及时发布行车调度命令和指示，与各工种调度员和与行车有关人员密切配合，确保完成本区段运输任务。

3. 随时注意列车到发和区间运行情况，特别是重点列车的运行。接到危及行车安全的报告后，及时采取果断措施，防止事故的发生。遇发生行车事故时，要立即采取有效措施，会同有关人员及时处理，缩小影响、减少损失，并及时汇报。

4. 正确掌握及推算车站现车，按时提供本区段各站运用车、守车、备用车分布情况及列车过表位置。

5. 及时、准确、清晰、完整地抄收和填记各种图表。

在铁路运输调度指挥管理系统(DMIS)投入运用后，收点、记录实绩运行图和铺画阶段计划的工作已由计算机实现，也可利用模板编制调度命令、由系统转发，极大地减轻了行车调度员的作业负担，从而可以延长调度区段，在更大的范围内实现统一的调度指挥。

二、作业程序

行车调度工作是关系到行车安全和运输效率的大事，必须做到周密计划、精心组织。为此，各铁路局都为行车调度员制定了相应的作业程序。行车调度员应严格调度纪律，明确岗位职责，实现标准化作业。行车调度员的大致作业程序如下：

1. 19:20～19:30(7:20～7:30)

班前了解本区段列车到、开计划，机车交路，技术站、货运站作业情况，中间站装卸、配空任务，接触网和线路施工计划，军用列车、挂有重点或超限货物列车的运行条件，邻台列车正、晚点情况等，做到对管辖区段的本班任务和现状大致心中有数。

2. 19:30～19:50(7:30～7:50)

参加接班会，听取上班工作情况概要、领导指示、有关文电、命令及重点事项，做好记录。

3. 19:50～20:00(7:50～8:00)

与交班调度员办理交接，确认核实交接项目无误后，在交接班登记簿上签字。

4. 20:00～22:00(8:00～10:00)

接班后，向有关站段核实站存车及车流接续、线路占用、机车整备、交路等情况，根据日班计划和列车运行实际检查第一阶段计划的执行情况、着手编制并下达第二阶段计划(21:00～0:00 或 9:00～12:00)，召集本区段各站电话会议，传达领导指示、有关文电、重点要求事项，布置阶段计划：列车到开、会让，车站装卸、甩挂，设备维修、施工安排等。

5. 22:00～0:00(10:00～12:00)

监督列车、运行调整计划的兑现，收点、铺画实绩运行图；抄收列车确报，监督中间站装卸及配空、车辆甩挂，军运列车开行情况，及时解决出现的问题。延伸列车运行调整计划，于23:00(11:00)前下达第三阶段计划。0:00(12:00)全呼全区段校对时钟。

6. 0:00～3:00(12:00～15:00)

推定 6:00(18:00)各站现车，过表列车位置，向计划调度员提供车流资料。提前 1 h 下达第四阶段计划。6:00(18:00)全呼全区段校对时钟。

7. 3:00～6:00(15:00～18:00)

编制并下达下一班第一阶段计划，做好列车过表工作。

8. 6:00～8:00(18:00～20:00)

认真填记交接班登记簿。

9. 7:50～8:00(19:50～20:00)

与接班调度员办理交接。

10. 8:00～8:30(20:00～20:30)

参加交班会。听取值班主任的班工作总结，任务完成、安全生产情况，解答领导提出的问题。

第二节　实绩和计划列车运行线

专门印制的本区段列车运行图纸是列车调度员进行调度指挥的工具。列车调度员利用在其上铺画的列车实绩运行线和记载的列车确报，了解本区段列车的当前位置和编组内容，利用铺画的阶段计划指挥列车运行。

《铁路运输调度规则》规定所有调度图表均统一用草绿色印制，并规定了实绩列车运行线和运行整理符号的图形和颜色，计划运行线用黑铅笔线表示。

为了避免在交接班时，因接班调度员既要熟悉情况还要编制计划而造成忙乱，我国铁路通常 20:00(8:00)接班。此时,该班的第一阶段计划已由交班调度员编制完毕,并已开始执行。这就给接班调度员以缓冲的余地。

一、实绩列车运行线

当列车到达、出发和通过时,车站值班员要向列车调度员报点,列车调度员在运行图纸上标记列车在该站的到、发时刻,铺画列车实绩运行线。依据列车在区段内各站实际到、发和通过时刻铺画的列车运行线记录了列车在区段内运行的实绩,称为实绩列车运行线。因而,通过实绩列车运行线可以清楚地看出有哪些列车正在该区段运行、这些列车在该区段的运行轨迹以及当前位置。

二、计划列车运行线

通常,把一个班的 12 h 分为 4 个阶段,每个阶段 3 h。列车调度员要根据现场的实际情况和列车的当前位置用铅笔继续向前铺画出下一阶段的列车运行线,此即为列车运行调整计划。组成阶段计划的列车运行线是用于行车调度指挥、尚未实现的列车运行线,称为计划运行线。

在铺画计划运行线时,列车调度员要努力使晚点列车恢复正点,保证按图行车。因此,阶段计划是列车调度员智慧和经验的结晶,编制和执行阶段计划是列车调度员的基本职责。

当区段行车量不大,通过能力有较大富余时,阶段计划的时间间隔可以延长至 4 h;而当区段行车量较大,通过能力利用已达较高程度时,时间间隔应适当缩短。因为在能力利用率较高的区段,列车之间的影响也较大,使新的情况发生时后面铺画的计划线难以实现,而需要重铺。由于列车运行调整的阶段计划一般为 3～4 h,所以阶段计划又称为 3～4 h 列车运行调整计划。

阶段计划应在阶段开始前 1 h 编制完毕,下达给中间站值班员,使中间站对下一阶段的列车运行方法(停车还是通过,交会或越行哪趟列车,在站或区间进行什么作业)心中有数。精心编制的阶段计划是列车调度员回答车站值班员询问的依据。

三、实绩运行图

随着时间的推移,铅笔做的计划运行线逐步被擦去,代之以列车实绩运行线,然后新的阶段计划又铺画出来。这样到当日的两班结束时,运行图纸上将只剩下实绩线。此时尚在本区段内运行的列车需要铺画到下一日的运行图上去,称为过表。跨两日运行的列车称为过表列车。

完成的列车运行图真实地记录了当日两班列车的运行实绩和行车调度员的工作,称为实绩运行图。当日结束后,实际运行图送调度所分析室,进行列车运行和调度调整工作分析。

在 DMIS 中,列车实绩运行图由系统自动采点、记录和铺画;运行调整的阶段计划也由系统自动编制,列车调度员可以用鼠标拖动、修改,系统利用列车运行参数相应调整受到影响的其他运行线;工作日结束时自动生成的实绩运行图可以打印出来,送交分析室分析。

第三节　列车始发组织工作

列车正点出发是列车正点运行和维护良好的区段行车秩序的基础。通过周密组织，列车出发正点容易实现；但如果出发晚点，恢复正点则要困难得多，并影响其他列车，给运行调整工作造成很大的困难。因此，必须在列车出发前，做好各方面的工作，确保列车正点出发。

一、旅客列车出发组织

旅客列车晚点，浪费了旅客的宝贵时间，严重影响铁路的声誉。同时，由于旅客列车的列车等级高，货物列车必须等会或待避旅客列车，对运输秩序造成的干扰也更大。所以一般都把旅客列车的出发和运行作为关键工作。

1. 始发旅客列车的出发组织工作

旅客列车的始发工作由客运调度员负责，在客车车底的整备、检修、客运机车整备、出库，客运乘务组出乘，行包装卸、旅客放行等方面具体掌握，督促各有关部门按时完成各项工作，确保旅客列车出发正点。

列车调度员应做好始发旅客列车的车底取送，行包、邮件装车，机务段机车出库等工作的检查督促，及时解决临时发生的问题，保证列车正点出发。

当列车车底到达晚点，造成折返时间不足时，应及时通知和组织车站、客车车辆段、客运段等部门，加速进行各项检修和整备作业。必要时，可不送客车整备线，而直接在到发线上整备，以缩短作业时间。

2. 邻区接入旅客列车的出发组织工作

对于由邻区接入的旅客列车，列车调度员应及时查看邻台实绩运行图，及时了解列车的运行情况，向客运调度员了解本区段旅客、行包作业量，做到心中有数。列车晚点到达时，应与客运调度员取得联系，加强旅客乘降和行包装卸组织，缩短停站时间，保证正点发车。如晚点较多，已不能正点出发，则应及时做出列车运行调整计划，尽量减少对其他列车的影响，并采取快速作业、区间赶点等措施，争取交出正点，或不增晚。

二、货物列车出发组织

行车调度员对货物列车的出发组织工作主要在于检查出发车流、督促车站按时编车、监督机务段运用车间按时派送机车出库。

发现编组站某次出发列车车流不足时，应有预见地及早组织小运转列车，将枢纽及该站邻近区段产生的车流及时送往编车站。

当由于到达列车晚点，机车赶不上交路时，应与车站和机车调度员联系，快速放行机车入库、组织整备或选派替班机车担当列车牵引任务。

在列车运行调整计划中，发现某次始发列车铺画不上时，可考虑与车站联系组织列车提前出发。

第四节 列车运行调整计划

在实际工作中，列车运行偏离图定时刻的现象是经常发生的。由于出发车流不足、编组延误、列车晚点从邻区段到达，客车车底检修和整备时间不足，机车整备时间不足、出库不及时等原因都可能造成列车出发晚点；由于列车途中运缓，旅客超员、行包装卸量增加使列车作业停站时间延长，受其他列车影响，机车临时故障等原因，则可能造成列车运行晚点；由于运量增加，需加开在图定运行线的空档中运行的临时定点列车，要保证这些列车以较大的旅行速度运行，又不对其他列车产生太大的影响等等，在以上情况下，都需要制定列车运行调整计划。

一、列车运行调整的目标

列车运行调整的目的在于安全地实现本调度区段列车工作计划规定的车流输送任务，使晚点列车尽可能恢复正点，最大限度地减少晚点和早点列车对其他列车正点到达的影响，保证按图行车的良好运行秩序，提高货物列车的旅行速度。

二、列车运行调整的原则

列车运行调整关系重大，列车调度员必须严格遵守调度纪律，精通业务，周密计划，监督实施。列车运行调整应当遵循以下原则：

1. 单一指挥

为了保证行车安全和进行有效的调度指挥，行车工作必须严格执行单一指挥的原则。列车调度员是一个调度区段行车的统一指挥者，有关行车人员必须执行列车调度员的命令、指示，不得违反。

2. 按图行车

列车调度员应熟悉主要行车人员和机车车辆、线路、通信信号、桥隧等设备情况，掌握天气变化对行车工作影响的规律，组织行车有关人员协调动作，保证列车按列车运行图正点运行。

3. 下级调度必须服从上级调度的指挥

列车调度员应按班计划和上级命令指挥行车。相邻铁路局间在排送空车、分界站列车交接工作上应保持密切联系，对出现的问题，双方要主动协商解决，当双方意见不能一致时，应上报铁路总公司调度台解决。一经上级调度决定，有关人员必须无条件服从。

4. 按列车等级顺序调整的原则

当列车运行偏离了列车运行图规定的时刻时，除特殊情况外，要按“先客后货、先跨局后管内”的原则和下列等级顺序调整：

(1)旅客列车(特快列车、快速旅客列车、普通旅客列车)。

(2)混合列车(包括货物列车中编挂乘坐旅客车辆10辆及其以上)。

(3)行包快运专列。

(4)军用列车。

(5)货物列车(“五定”班列、快运货物列车，直达货物列车，直通、区段货物列车，摘挂、超限货物列车，小运转列车)。

(6)单机、路用列车应根据用途按指定条件运行。开往事故现场救援、抢修、抢救的列车应优先办理。专运和特殊指定的列车，按指定的等级运行。

这里，“单机用途”指客车单机、货车单机和小运转单机，其车次分别为 50001～50998、51001～51998 和 52001～52998。

(7)提高列车区段速度。为了不影响旅客乘车，旅客列车在有停点的车站早点到达时，不能提前开车。但货物列车早点到达时，可以灵活掌握。

三、阶段计划的主要内容

列车调度员要根据列车实际运行情况及时铺画和下达阶段计划。其主要内容为：

(1)车站列车到、发时分和列车会让计划。

(2)列车在中间站作业计划。

(3)区段装卸车和施工计划。

(4)重点列车注意事项。

四、列车运行调整的基本方法

列车调度员进行列车运行调整时，一般可采用如下方法：

1. 组织列车赶点或早点出发

(1)组织列车赶点

为使晚点列车恢复正点，或为了使列车赶到指定的车站会车，或为了赶机车交路、车流接续等的需要，要求司机以不超过最高容许速度快速运行来缩短列车区间运行时分，称为列车赶点。列车调度员在组织列车赶点时，应根据列车重量、长度、机车状况、乘务员的技术水平、线路纵断面情况及允许速度、天气条件，提出加速运行的要求。

当列车晚点或需要列车赶到指定车站会车而运行时间不足时，列车调度员常组织列车赶点。如图 2-5-1 所示，10002 次图定通过 c 站，在 b 站等会 10003 次，由于在 d 站出发时晚点 2 min，按正常区间运行时分，将造成 20001 次晚点 2 min 从 c 站开出、10003 次在 b 站机外停车，并将进一步影响到其他列车的运行。列车调度员如能组织 10002 次在 d—c 区间和 c—b 区间分别赶点 1 min，则 10002 次到达 b 站时已恢复正点，不会影响 10003 次正点通过，再组织 20001 次在 c—d 区间赶点 1 min，很快就可以消除 10002 晚点的影响。

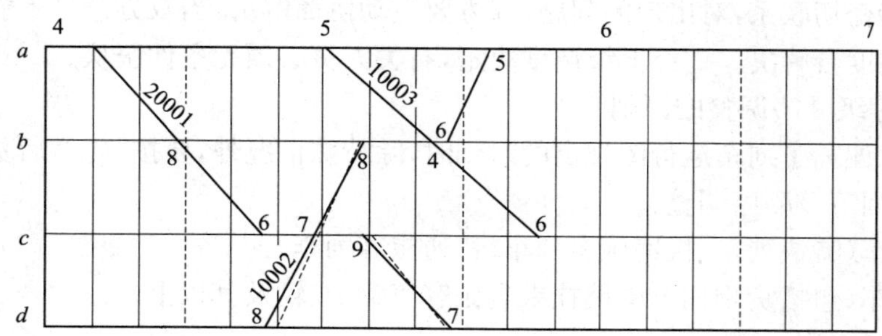

图 2-5-1 组织列车赶点

又如图 2-5-2 所示，T72 次晚点 29 min 于 9:27 通过 c 站，影响了 31007 次列车正点运行。如果 31007 次改为在 c 站等会 T72 次，到达 c 站的时间是 9:25，不足 2 min。列车调度员在阶段计划中决定 31007 次在 a—b 和 b—c 区段各赶点 1 min，通过 b 站，赶到 c 站会 T72 次。

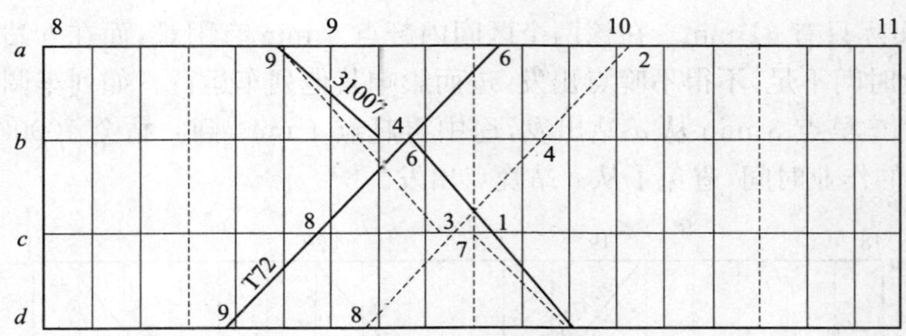

图 2-5-2　指示列车赶到指定车站会车

在具体组织时，列车调度员将这一调整计划及时通知了 31007 次和 T72 次司机和 a、b 和 c 站值班员，使列车于 9:23 赶到 c 站，与 T72 次会车后，于 9:30 从 c 站出发，从而保证了 31007 次列车正点运行。

列车调度员在组织列车赶点时，应了解列车在区间的图定运行速度与线路、机车车辆允许速度的差值及司机的技术水平，对赶点的最大幅度做到心中有数，防止盲目地要求司机超速行驶，造成安全隐患。为了顺利地贯彻调度意图，还必须提前通知有关车站的值班员和司机，简明、扼要地向他们说明情况、需要采取的措施及注意事项，使他们及早做好心理和技术准备。此外，在组织列车赶点时，还应计划周密，提高计划的准确性，情况发生变化要及早通知司机，避免使司机无谓赶点，或前面赶点、后面延误，以至丧失服从调度指挥的信心。

(2)组织技术站始发或中转列车早开

列车在运行图或日(班)计划规定的出发时刻之前提早开出，称为列车早开。组织列车早开以赶上在指定站交会，也是列车调度员采用的运行调整方法之一。但有停点的旅客列车及混合列车不准早开。

如图 2-5-3 所示，20013 次列车图定 19:35 从 a 站出发，19:57 在 b 站停车等会 12012 次。当日 12012 次晚点 36 min，于 8:37 到达 b 站。如 20013 次仍在 b 站等会也将晚点，但因时间不足又不能铺画到 c 站。如能组织 20013 次提前 7 min 从 a 站出发，则可于 20:12 赶到 c 站与 12012 次会车，避免了 20013 次列车运行晚点。由于 20013 次早点到达，又为调度调整提供了余地。

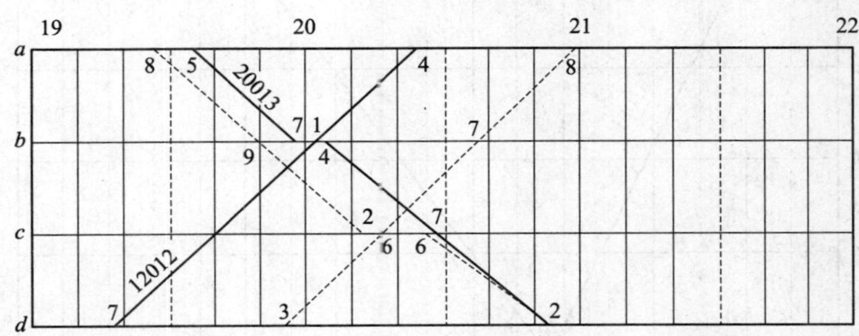

图 2-5-3　组织始发或中转列车提前从技术站发车

(3)组织列车早点出发并赶点

如图 2-5-4 所示，40003 次摘挂列车图定在 b、c 站均需停站作业，根据当日情况，40003 次 b 站没有作业，而在 c 站作业量大。为了保证列车 c 站有足够的作业时间，可组织 40003 次通过 b 站，到 c 站会 10002 次。但 a—b 和 b—c 两区间下行货物列车纯运行时间 33 min、起停附加各 1 min，而实际只有 31 min。在该两个区间内赶点 4 min 有困难，而在 b 站等会 10002 次又会因 c 站作业时间不足，不得不晚点出发，进而影响其他列车运行。如列车调度员有预见地组织 40003 次列车早点 3 min 从 a 站出发，途中再赶点 1 min，到 c 站会 10002 次，则可延长 40003 次在 c 站的作业时间，避免了从 c 站晚点出发。

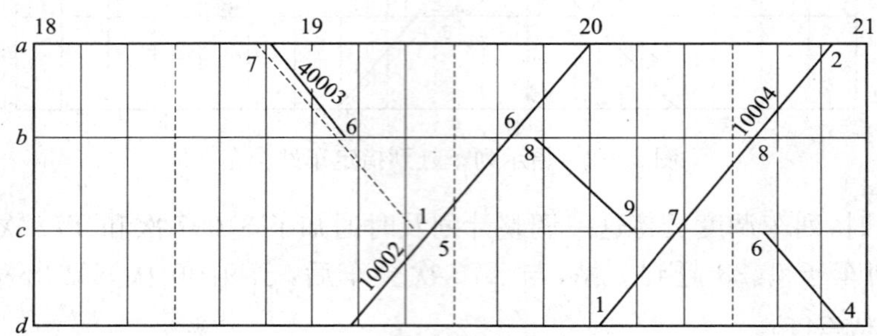

图 2-5-4　根据作业需要组织摘挂列车运行

2. 变更列车的会让地点和会车方式

列车调度员在组织列车运行时，应尽量减少列车等会和待避的停站时间，消除不必要的停站，提高列车的旅行速度。

(1)变更会车地点

在图 2-5-2 中，T72 次晚点 29 min，31007 次如仍在 b 站等会 T72 次也将晚点 29 min，而且会影响到其他列车的运行。改在 c 站会车后，保持了 31007 正点运行。

(2)变更会车方式

图 2-5-5 表示，31001 次图定 4:02 在 d 站停车等会 31002 次，由于预计晚点 8 min 到达 d 站，列车调度员在列车运行调整计划中改为 31002 次提前 2 min 从 B 站出发于 4:05 到达 d 站等会，让 31001 次 4:09 通过 d 站，正点到达终点 B 站，31002 次在 d 站于 4:11 出发，晚点 6 min(包括起动附加时分)，有望在到达 A 站前恢复正点。

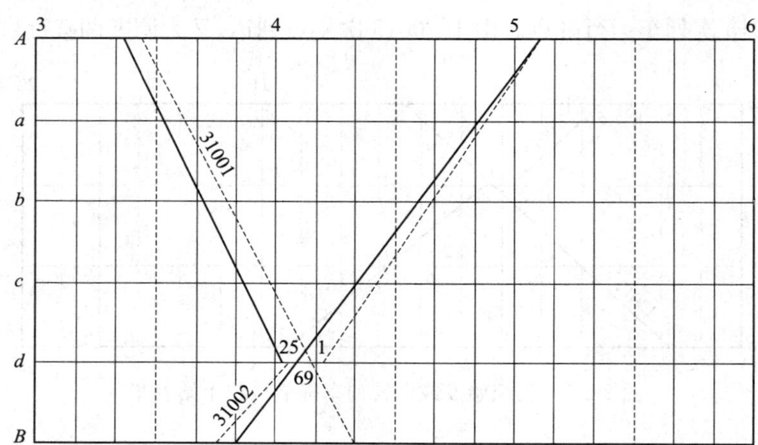

图 2-5-5　变更列车会让方式

在图 2-5-6 中，30001 次列车当日停运，列车调度员变更列车交会方式，组织 30004 次通过 c 站，30003 次通过 b 站，30006 次通过 c 站早点终到 d 站。列车早点终到可以提高列车旅行速度，加速机车车辆周转，及早为技术站提供出发车流；列车运行早点则可以为列车调度员提供列车运行调整的便利。

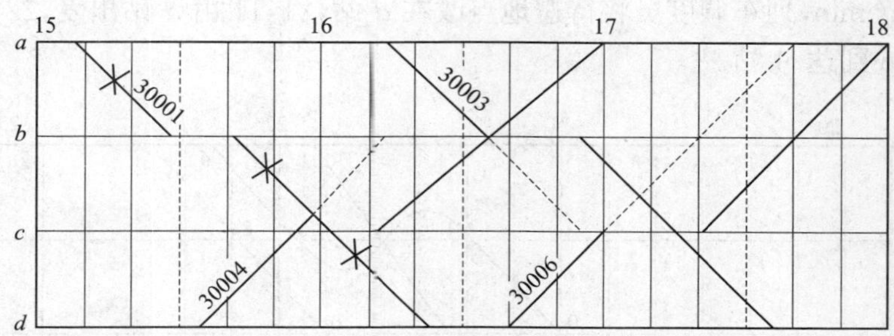

图 2-5-6　利用停运列车运行线提高旅速

3. 组织车站快速、平行作业，缩短列车作业停站时分

列车在运行途中进行的作业，包括在技术站的中转作业，旅客列车在客运站办理旅客乘降、行包和邮件装卸、上水、进备品和餐料、卸垃圾袋，摘挂列车在中间站甩挂车辆，列车在进入长大坡道的后方站进行技术检查、下坡凉闸等。

(1)缩短停站时间

为了使晚点列车恢复正点，列车调度员应把握压缩列车区间运行时分和在站作业时间两项可能性。对于晚点列车，缩短在有作业车站的停站时间是减少晚点或恢复正点的非常有效的方法。在采用这一方法时，列车调度员应及时与车站和列车乘务组联系，组织车站提前做好准备，进行快速作业，按可能发车的最早时刻发出列车。

(2)利用列车接续的宽余时间

在运行图中，列车在站的停点，特别是在技术站，往往有一定弹性。图定停站时间的宽余部分，也是列车调度员可以利用的运行图资源。

例如，图 2-5-7 所示，直通列车在 d 站的无改编中转作业时间标准为 40 min。固定 10003 次列车在 d 站的接续时间为 55 min。10001 原定 8:40 通过 c 站，由于晚点 6 min 造成 10002 次列车晚点至 8:48 可以从 c 站发车，并进一步影响到 10003 次在 b 站机外停车。列车调度员考虑到 10003 次在 d 站的接续时间有宽余，改 10002 次列车 8:49 从 c 站发车，9:17 通过 b 站，令 10003 次在 a—b 区间赶点 1 min，于 9:13 到达 b 站等会 10002 次，9:19 从 b 站出发。这一措施，使 10002 次列车免于晚点，10003 次列车晚点 6 min 达 d 站，可以正点由 d 站出发，消除了 10001 次列车晚点的影响。

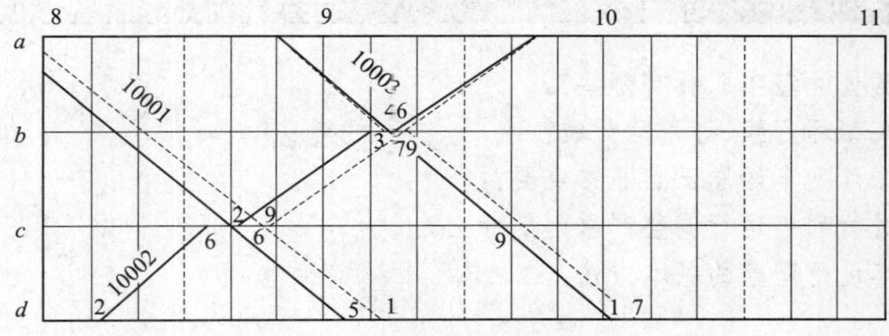

图 2-5-7　利用图定停站时间的宽余时间

(3)使列车停站作业与等会或待避相结合

如图 2-5-8 所示,10002 次图定在 d 站技术作业停站 12 min,在 a 站待避 K76 次。由于邻区段接入晚点 37 min,列车调度员将待避地点改在 d 站,21:11 由 d 站出发,22:08 通过 a 站,减少晚点 25 min 到达 A 站。

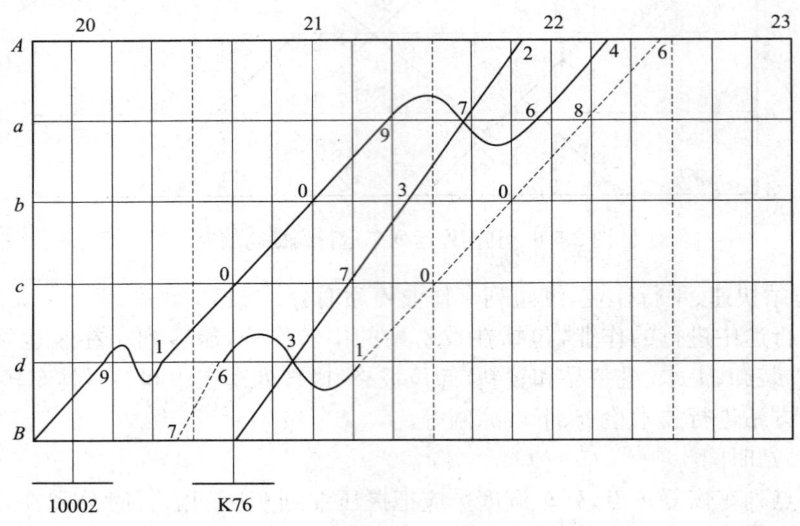

图 2-5-8 变更越行地点使列车技术停站与待避相结合

在可能的条件下,将货物列车待避旅客列车的停车站选择在相邻两区间列车运行时分均较小的车站,可以减少列车停站时间。

4. 组织反方向行车及列车合并运行

在双线半自动闭塞区段,也可以利用反方向线路的空闲时间放行列车。这时,列车调度员应发布调度命令,停止反方向线路基本闭塞设备的使用,改为电话闭塞、引导接车,待列车到达后再恢复基本闭塞设备的使用。

当由于运行图天窗,在施工区段的两侧有列车积压时,可以开行组合列车,以缩短恢复正常运输秩序的时间。

在实际编制列车运行调整计划时,制约因素很多,难度较大,需要综合考虑,寻求最优方案。

【复 习 题】

1. 行车调度员的基本职责有哪些?
2. 什么是实绩运行线、计划运行线?
3. 为什么保证列车始发正点非常重要?
4. 为什么进行列车运行调整?原则是什么?
5. 简述列车运行调整的基本方法。

第六章　旅客运输工作日常计划

第一节　客运调度工作

一、各级客运调度员的职责和权限

各级调度机构在值班主任统一指挥下，分别设主任客运调度员和客运调度员，负责其管内的日常客运组织指挥工作。其基本任务是正确编制和执行客运工作日常计划，有预见地组织客流，经济合理地使用客车和客运设备，协调各客运部门工作，保质保量地完成客运任务。不同级别的客运调度员具体职责和权限有所不同，各级客运调度员具体职责和权限如下：

1. 全路调度指挥中心客运调度员

掌握全路客流和国际旅客列车及直通旅客列车的运行，组织各局有计划地、均衡输送旅客，处理跨局旅客列车的加挂、停运、变更径路、客车甩挂及调拨。

2. 局客运调度员

掌握团体旅客运输工作，按级监督组织旅客列车按运行图安全、正点运行，经济合理地运用客车，掌握旅客列车编组和车辆检修、整备情况，及时调整车组的配挂，检查掌握专运列车和加开临时旅客列车及中转站的合理接续，掌握客流动态和行李、包裹运输的变化，及时提出增减车辆计划。

二、客运调度员的日常工作

1. 正确组织旅客及行李、包裹运输

全路调度指挥中心客调要经常分析各个铁路局、主要站发送旅客人数的波动情况，并及时提出决策意见。经常检查路局直通旅客、行李包裹的运送情况，掌握旅客列车编组调整及车辆调拨。对节假日和大批旅客、行李包裹的运送，做到有计划地安排车辆，必要时加开临时旅客列车。

铁路局客调要按日、旬、月对管内的发送旅客及行包波动情况，做好分析、总结工作。向铁路总公司汇报跨三局以上的旅客列车利用情况，并提出修改意见。协商处理跨两局的旅客列车的利用情况并报铁路总公司备案，处理局管内旅客列车的停运、加开或增减车辆，对停运、增开的旅客列车应向铁路总公司报告。对大批管内旅客、行包的运输(包括节假日)应组织分批乘坐正常旅客列车，或采取加开临时旅客列车、增加车辆和套用客车车底等方法。

2. 经济合理地使用客车

按客车运用规则规定，全路的客车均固定地配属各铁路局有关车辆段，并由其负责日常维修保养。因此，各铁路局客调应组织好本局配属客车的使用，掌握客车动态，包括建立专门的表报，用以了解和掌握客车运用情况，分析旅客列车晚点原因，统计本局出入客车、登记检修客车等。

客调应了解各次列车人数的波动情况，根据乘车人数和区段密度，及时发布调度命令，调整“全国旅客列车编组表”规定的编组，增减或换挂车辆。本局管内旅客列车凭调度命令由铁路局自行处理；跨及两局的旅客列车，由两局协商按调度命令办理；跨两局以上的旅客列车及直通快车在自局管内增挂车辆时，如不影响列车正点及原编组顺序，以调度命令自行办理，跨局增挂车辆时，除国际列车、软卧车及公务车外，一般与有关局取得联系后，亦凭调度命令办理。

铁路局客调应根据客流量自行调剂客车使用，解决不了时，及时向铁路总公司报告，联系借用或调拨外局客车。借用外局客车，使用后应及时派检车人员送回，并认真办理交接手续，中途不得扣留使用。铁路总公司调拨车辆时，接车局应派检车人员接车，保证车内设备完整。

3. 监督列车按运行图行车

旅客列车如果晚点，不仅打乱整个运行图，而且给旅客带来不便。因此，客调在监督旅客列车按运行图运行的日常指挥、组织工作中，应做好下列工作：

(1)了解和掌握旅客列车运行情况，摸规律，抓关键列车、车站，发现问题及时解决。

(2)对始发旅客列车，应及时检查车底的整备及取送情况，督促车站及时取送；检查机车交路，了解机车运用和整备情况，发现问题，及时通过有关部门联系解决；检查和督促车站安全迅速地组织旅客乘降及行包装卸工作，保证列车正点始发。

(3)加强与邻局的联系。遇接入晚点旅客列车时，及时与行车调度员取得联系，调整列车运行，并事先了解列车行包件数，以便组织前方有关站提前做好卸车准备，及时采取措施恢复列车正点运行。

监督旅客列车按运行图行车是各级客调的重要职责。

全路调度指挥中心客调应加强对国际联运列车和重点布置的临时旅客列车的运行情况的掌握，应每日收录各局旅客列车运行情况，并进行全面的分析，找出主要晚点原因，提出改进意见。

铁路局客调应收录各局旅客列车运行情况，并进行全面的分析，找出主要晚点原因，向上级汇报并提出改进意见。应每 3 h 向各局客调收录旅客列车运行情况一次，对晚点列车要督促站段采取措施，恢复其正点运行，对于国际联运列车始发及运行情况每 3 h 向调度指挥中心汇报一次。

铁路局客调应对旅客列车的运行情况不断地了解和掌握，并与有关列车调度员建立必要的联系制度，保证旅客列车按运行图行车。对旅客列车运行情况做好记录，向铁路局领导及时汇报。检查旅客列车编组和取送情况、停车站台、车辆技术检查和整备装台机车出段准备情况以及旅客行包情况，保证旅客列车正点始发。对晚点列车，及时组织旅客迅速乘降和行包的快速装卸，联系站、车工作人员在安全基础上，加速作业，压缩列车停站时间，恢复列车正点运行。

4. 客运调度工作的分析

为了提高客运工作计划质量，改进客运组织工作，各级客运调度工作必须建立、健全各种表报和客流分析制度，认真考核客运组织工作情况，系统地对客运工作进行分析。分析工作由各级主任调度员负责，分析的主要内容包括：

(1)客流情况及波动规律。

(2)旅客列车晚点情况及其原因。

(3)客车运用及检修车完成情况。

考核客运调度员工作业绩的主要指标有：外局车平均停留时间、坐席利用率、客车日车公里等。

5. 客运调度报告制度

为准确掌握客运工作情况，及时处理发生问题，车站、路局各级调度必须加强客运调度报告制度。各铁路局除按现行规定，上报有关资料外，遇下列情况必须及时逐级向上级调度报告：

(1)发生自然灾害和行车特别重大、重大、大事故中断行车。

(2)发生旅客、路内客运职工伤亡事故。

(3)车站和旅客列车发生火情、火灾。

(4)因机车车辆发生事故造成甩车、长时间修理而导致始发和运行晚点。

(5)由于站车设备损坏或其他原因造成人员伤亡。

(6)车站和列车票款、票据被抢、被盗。

(7)进京上访人员乘车。

(8)站车之间发生纠纷或其他原因影响旅客列车严重晚点。

(9)站、车发生意外情况,工作人员不能正常作业。

(10)其他需要及时上报的有关客运工作事项。

第二节 旅客输送日计划及站车客流信息传报

一、旅客输送日计划

由于客流分配计划是按年度平均数编制的,实际执行中,客流的流量和流向经常会产生一定幅度的变化或波动。因此,在客流分配计划的基础上,日常客运生产过程中尚需编制旅客运输日常计划。

旅客运输日常计划一般指车站旅客输送日计划、客运调度工作和站车客流信息传报工作、旅客运输的日常统计分析、旅客运输各项指标的完成情况。其中最主要的是前三项工作。

1. 概述

旅客输送日计划实质上就是车站根据客流变化情况而编制的旅客乘车输送计划。为详细掌握各种客流变化情况,日计划的编制一般分市郊、管内和直通列车分车次并按区段进行。在客运副站长(或客运主任)领导下,由客运计划员根据票额分配的规律数,确定分车次、分区段的旅客输送日计划。客流发生变化时,应提出调整票额或增减车辆的计划,及时上报局客调,由局客调调整后下达执行。

旅客输送日计划的编制,实行固定票额与日计划相结合的方法。为了严格掌握旅客列车的乘车人数,及时调整票额,对发送和中转旅客人数较多的车站,应在票额分配计划的基础上,再根据客流变化情况,编制旅客输送计划,以确定次日各次列车的计划乘车人数。直通旅客列车主要按固定票额分配计划执行。

编制计划必须严格执行"从全局出发,按长短途分工"的原则,注意运输能力的均衡使用,体现时间和空间上的均衡,以指导售票和其他客运服务工作的执行。旅客输送日计划以0:00～24:00为标准,编制完毕后,经客运副站长(客运主任)审查,并报局客调批准。计划经客调批准后,各站即可依此组织发售车票和办理中转签证。对软、硬卧及软座应严格根据固定票额及预报组织售票。客运计划员对票额要合理安排,统一调度,认真掌握,严格管理。

2. 主要依据

编制旅客输送日计划的主要依据有:

(1)各次旅客列车的票额分配计划。

(2)近日来各次列车上车人数实绩及其规律。

(3)中转换乘旅客签证的规律。

(4)节假日与工作日客流的差异情况及其规律。

(5)未来天气变化情况和过去天气变化时对客流影响的规律。

(6)有无团体预约和到达本站的团体(对后者应调查其回程日期和拟乘车次)。

(7)各次列车预售客票数量和情况等。

3. 主要内容

旅客输送日计划的主要内容有:

(1)分线别、方向别的旅客列车车次。

(2)分线别的管内、直通旅客区段。

(3)分车次、分区段的软、硬卧及软硬座票额。

(4)分车次、分区段的软、硬卧及软、硬座预售、当日售、剩余数、中转数、乘车证人数。

(5)车辆的甩挂计划。

(6)分车次的计划合计数。

(7)分车次、分区段的实际上车人数及合计数。

(8)分车次的日计划兑现率。

(9)日计划兑现率。

(10)站段客调调整数。

4. 主要指标

日计划完成情况主要通过以下两个指标反映和考核:

(1)每趟列车的日计划兑现率γ要求达到95%以上,其计算公式为

①实际大于计划时,
$$\gamma=\left(1-\frac{A_{实际}-A_{计划}}{A_{计划}}\right)\times100\% \tag{2-6-1}$$

②实际小于计划时,
$$\gamma=\frac{A_{实际}}{A_{计划}}\times100\% \tag{2-6-2}$$

式中 $A_{实际}$、$A_{计划}$——分别为每趟列车实际、计划上车人数。

(2)车站日计划兑现率β要求达到95%以上,其计算公式为

$$\beta=\frac{\sum\gamma}{N} \tag{2-6-3}$$

式中 $\sum\gamma$——各次列车兑现率总和;

N——列车数。

二、站车客流信息传报

1. 概述

站车间的客流信息传报工作是指办理客运业务的车站按规定区段或停车站,正确、及时地向旅客列车提报确切的乘车人数,旅客列车(市郊列车除外)向指定的预报站正确地发出车内实际人数、区段内旅客密度和列车剩余能力的预报。建立站、车预报制度,是合理组织旅客乘车、实现旅客计划运输、弥补和调剂列车超员或虚糜的主要措施,是准确实现车站旅客输送日计划的重要环节。站车客流信息传报和旅客输送日计划结合可使客调了解、掌握各次列车的旅客密度,使始发站、中间停车站的客流得到合理的分配和及时输送,列车前方停车站能有预

见地组织旅客乘车，以保证旅客的均衡运输。

2. 专用传递报表

站车客流信息传报主要是通过专用表报的形式来传递，专用表报有三种：

(1)乘车人数通知单

它是车站记录各次列车上车人数，统计、积累客流实际的原始资料，是列车添记旅客密度表的依据，是车站考核日计划兑现率，检查售票、检票、执行旅客输送日计划的依据。

(2)列车密度表

它是列车长正确掌握旅客密度，向车站提交预报，向各级客调提交区段旅客密度报告、分界站报告的依据，是列车及时掌握旅客流量、流向变化，合理安排列车统一作业过程，主动为旅客服务的基础。

(3)旅客区段密度报告、分界站报告、预报通知单(或统称"三报")

旅客区段密度报告(简称"速报")，供客调及时了解和掌握各次列车在管内各个区段的旅客密度情况，运能的利用和适应程度，是各级客调及时调整列车编组和增减车辆的依据。

分界站报告，用于考核列车通过局在分界站发出的旅客流量、流向，采取措施控制列车超员和防止虚糜，及时指挥管内各站组织旅客均衡运输。

预报，是指车站或列车按限售区段向前方站预报剩余能力，以便有计划地组织利用，防止列车超员或虚糜。

3. 传递程序和方法

站车客流信息传报的传递程序和方法：

(1)站车客流信息传报的传递，采取逐站推移的方式。列车始发站向前方第一收报站预报该站及其以远的剩余能力，第一收报站向第二收报站预报该站及其以远的剩余能力，其余依此类推。

(2)列车根据各停车站提交的"乘车人数通知单"和"剩余卧铺通知单"，及时填写旅客密度表，正确掌握列车输送情况，在预报站、分界站与车内实际人数核对后，正确填写"三报"。

(3)旅客密度表要分别软卧、硬卧和软、硬座进行填写。列车长将剩余的坐席和软、硬卧铺空位向指定的预报站及时预报，并按规定填写旅客密度报告交分界站或指定的分界站，分界站接到上述报告后，按规定及时报转客调。

(4)在站车客流信息传报的办理工作中，要求时间上必须迅速及时，人数统计和转报、填报必须正确，列车密度表的正确率要求达到95％以上。预报站由客运计划员负责(夜间由客运值班员负责)预报的转报工作。凡规定报告"三报"的车站，列车长要准时下车，客运值班员要准时接车。为方便站、车交接，规定在列车中部办理，采取相互加盖有站段名和姓名印章的办法办理交接。

【复习题】

1. 各级客运调度员有哪些职责和权限？
2. 客运调度员的日常工作有哪些？
3. 旅客运输日常计划主要内容有哪些？
4. 为什么要进行站车信息传报？有哪些主要报表？分别包含哪些内容？

第七章　高速铁路运营调度

第一节　调度指挥模式

一、既有线调度指挥模式

我国铁路既有线调度指挥采用分级管理、集中统一指挥的原则。通过设置三级调度机构进行统一指挥，即铁路总公司设调度部，铁路局（集团公司）设总调度室，技术站设调度室。铁路总公司、铁路局、技术站调度，根据分级管理、逐级负责、统一指挥的原则，分别掌管全国铁路、铁路局和车站的日常运输组织指挥工作。

二、秦沈客运专线调度指挥模式

秦沈客运专线是于2003年开通并投入运营，基于CTC的行车指挥模式和融入既有线调度指挥模式的特点，使秦沈客运专线的调度指挥基本沿袭既有线调度指挥但又区别于既有线调度指挥。秦沈客运专线的调度指挥模式是按通道调度指挥模式设置，即单独设置秦沈客运专线的调度台于沈阳铁路局调度指挥中心内，归属沈阳铁路局调度室管理，与沈山行调台进行出入关列车的相互协调。秦沈客运专线调度隶属关系如图2-7-1所示。

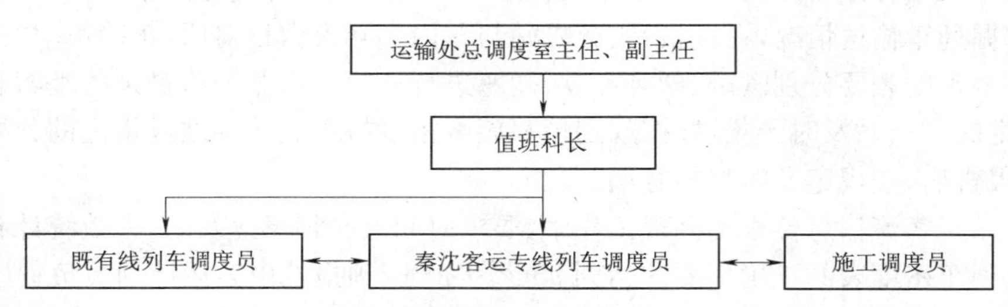

图2-7-1　秦沈客运专线调度隶属关系

秦沈客运专线列车运行指挥系统以调度集中控制指挥为主，车站控制为辅，取消了地面信号机，以机车信号为主（地面发码，机车设有接收器），发布命令等均实现自动化。调度员在调度所内利用远程控制设施控制和监视管辖范围内各车站信号设备，指挥列车运行，通过调度集中系统可以遥控千里之外的列车运行，其特点是将信号系统的安全性与列车运行监控结合起来，由控制中心控制、指挥列车运行。

秦沈客运专线调度指挥改变了我国传统的运营指挥模式，使行车组织更具科学性和实时性，优化了运输生产组织结构，提高了运输效率，强化了安全控制能力，减轻了劳动强度和最大限度地减少现场工作人员，适应列车的高速运行。

三、我国高速铁路运营调度模式

我国高速铁路运营调度无论采用何种模式，都需要有一个对全路高速铁路进行统一管理和监督的机构，保证高速铁路之间、高速铁路与既有线之间的协调。所以，我国的高速铁路调度指挥需要设置全路调度指挥中心。在考虑调度指挥各级调度机构的隶属关系的情况下，我国高速铁路有三种调度指挥模式可供选择：一级调度指挥模式（全路集中调度指挥模式）、区域集中的二级调度指挥模式和按通道调度的二级调度指挥模式。

1. 全路集中调度指挥模式

全路集中调度指挥模式的组织机构包括全路调度中心、基层单位和备用中心。全路调度中心按客运通道设调度区，各调度区直接监控各条高速铁路日常运输生产，并远程控制基层设备，各专业调度台向基层站段发布调度命令。基层站段受令后按调度中心的命令，组织实施。备用中心设置在高速铁路公司，和调度中心互为备用。高速铁路公司调度设备，正常情况下备份调度中心的数据资源，监控列车运行状态，紧急情况下被授权可以直接指挥列车运行。全路集中调度指挥模式系统构成如图 2-7-2 所示。

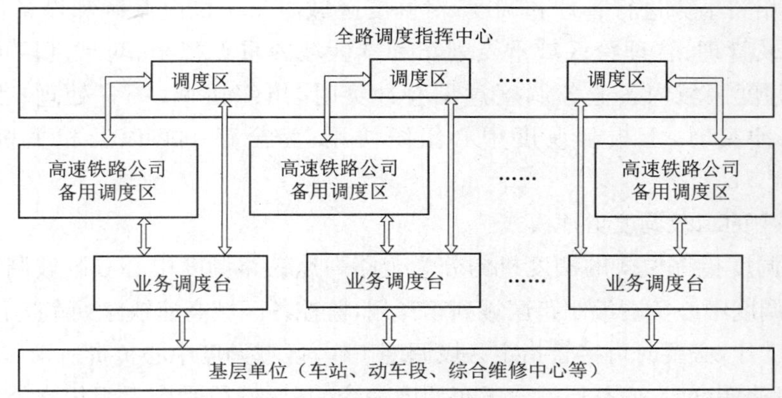

图 2-7-2　全路集中调度指挥模式示意图

全路调度指挥中心全面负责高速铁路网络的日常调度指挥工作，实现对基层设备的直接远程控制，减少控制的环节，使调度工作程序变得简洁。在全路调度中心或线路出现故障的时候，高速铁路公司的备用调度设备启动工作，以保证调度工作的正常进行。

各级机构职责划分：

(1)全路调度中心——包括综合调度的所有功能，协调几大调度台的日常工作。

主要职责包括：列车运行计划的编制和调整（包括基本运行图和调度日班运行计划）；实现列车运行调度的指挥；对安全监控的集中统一管理；编制和调整动车组和乘务组的运用计划；旅客服务调度；对牵引供电系统和设备供电系统的监视、控制、监测及管理；监督管理全部高速铁路的运行安全；管理重点列车，在事故及灾害发生时，进行集中统一指挥；当各业务调度意见有冲突时，组织协调，统一处理；为铁路总公司调度中心以及相关机构提供信息资讯。

(2)基层单位——具体包括：车站、乘务段、机务段、动车段、司机段和综合设施段等，它是受命后的执行机构，按调度中心的命令，组织实施。基层单位的调度人员，只能受命于一套系统中的一个相关业务调度台，不参与调度工作，只起信息处理及中转作用。

主要职责包括：按照调度中心发布的调度命令，完成列车进路的办理，确认并监督列车进路的执行；人工操作，完成CTC控制中心不能自动完成的任务；操作与数据记录及统计处理；进行列车车次号跟踪，收集行车运行实际数据，并上传至调度中心；监视系统的运行状况，提供设备故障报警功能，并上传至调度中心；组织实施本段的乘务计划；组织实施本段的动车组维修，并按照动车组运用计划及时地将状态良好的动车组准备好；组织实施本段的司乘计划；组织实施线路、通信、信号、电力等设备的综合维修计划。

(3)备用中心——主要指由高速铁路公司设置备用调度设备，正常情况监控列车运行状态，备份数据，紧急情况可被授权接管高速铁路运营。

主要指责包括：调度中心数据进行备份；监督管理管辖范围内高速铁路的运行安全；当调度区域内发生较大事故和灾害时，在全路调度中心无法正常工作进行集中统一指挥的情况下，备用中心接管调度指挥的工作，实现列车运行调度的指挥；列车运行计划的编制和调整(主要是调度日班运行计划)；对调度区域内动车组和乘务组的运用进行安排；对调度区域内旅客服务相关事务进行管理和调度；对调度区域内牵引供电系统和设备供电系统的监视、控制、监测及管理；管理跨区域重点列车和本区域内重点列车；对调度区域内基层进行宏观调控；当调度区域内各业务调度意见有冲突时，组织协调，统一处理；当与其他区域调度中心意见冲突时，上报部调度中心组织协调；为全路中心以及相关机构提供信息资讯。

2. 区域集中的二级调度指挥模式

区域集中调度指挥模式的调度机构分为全路高速铁路调度中心和区域调度中心两个层次。全路综合调度中心负责编制跨区域列车计划，监控各区域高速铁路列车运行状态，协调各区域调度指挥工作，必要时可接管指定区域调度工作；区域调度中心负责所辖区域的日常运输指挥，通过各专业调度台，向基层站段发布调度命令，基层站段受令后组织实施。区域集中调度指挥模式系统构成如图2-7-3所示。

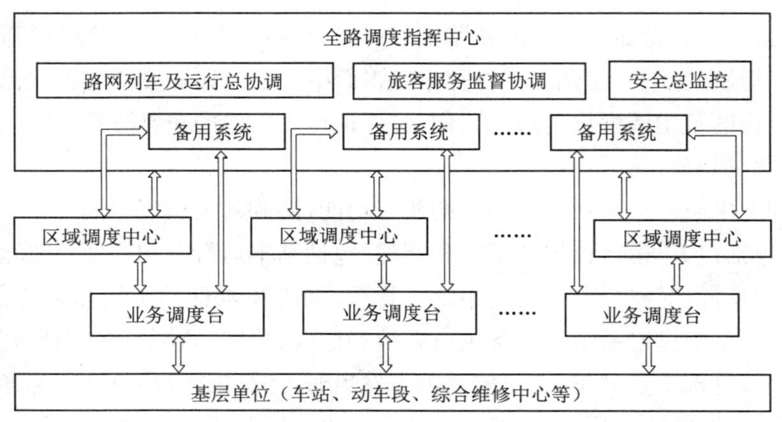

图2-7-3　区域集中调度指挥模式示意图

该模式下区域调度中心是调度指挥的核心，负责指挥日常运输生产，实现列车运行调度的指挥和对调度区域内安全监控的集中统一管理。全路调度指挥中心的主要功能是协调、管理和监督几大区域调度中心的日常工作，其调度设备在正常情况下为区域调度中心备份数据资源，监管全部高速铁路的运行安全，在重大事故及灾害发生时，可以接管调度指挥权限，进行统一指挥。基层站段的调度人员，只受命于区域调度中心，按照区域调度中心的调度命令，组织实施。

各级机构职责划分：

(1)全路调度中心——主要功能是协调、管理和监督几大区域调度中心的日常工作。

主要职责包括：列车运行计划的编制和调整（主要是基本图）；监督管理全部高速铁路的运行安全；管理跨区域的重点列车；在重大事故及灾害发生时，进行集中统一指挥（可行使部分备用中心职能）；对各区域调度中心下达重点事项和要求；对各区域调度中心进行宏观调控；当各区域调度中心意见有冲突时，组织协调，统一处理；为铁总调度中心以及相关机构提供信息资讯。

(2)区域调度中心——是该模式下综合调度系统的核心指挥部门，包括综合调度的所有调整和执行功能，具有承上启下的作用。

主要职责包括：上对铁路总公司调度中心及有关业务部门接收和传递重点信息，下对各业务调度台下达命令，组织和协调工作；跨区域列车的交接等有关业务；列车运行计划的编制和调整（主要是调度日班运行计划）；实现列车运行调度的指挥；对调度区域内安全监控的集中统一管理；对调度区域内动车组和乘务组的运用进行安排；对调度区域内旅客服务相关事务进行管理和调度；对调度区域内牵引供电系统和设备供电系统的监视、控制、监测及管理；监督管理管辖范围内高速铁路的运行安全；管理跨区域重点列车和本区域内重点列车；当调度区域内发生较大事故及灾害时，进行集中统一指挥；当发生重大事故及灾害时，与部调度中心及相邻区域调度中心协调处理和指挥；对调度区域内基层进行宏观调控；当调度区域内各业务调度意见有冲突时，组织协调，统一处理；当与其他区域调度中心意见冲突时，上报铁路总公司调度中心组织协调；为全路中心以及相关机构提供信息资讯。

(3)基层单位——具体包括调度区域内的车站、乘务段、机务段、动车段、司机段和综合设施段等。由于基层单位的调度人员，只能受命于一套系统中的一个相关业务调度台，因此它只受命于区域调度中心，按照区域调度中心的调度命令，组织实施。部调度中心的调度命令必须通过区域调度中心下达才能有效。

主要职责包括：按照区域调度中心发布的调度命令，完成列车进路的办理，确认并监督列车进路的执行；人工操作，完成CTC控制中心不能自动完成的任务；操作与数据记录及统计处理；进行列车车次号跟踪，收集行车运行实际数据，并上传至区域调度中心；监视系统的运行状况，提供设备故障报警功能，并上传至区域调度中心；组织实施本段的乘务计划；组织实施本段的动车组维修，并按照动车组运用计划及时地将状态良好的动车组准备好；组织实施本段的司乘计划；织实施调度区域内线路、通信、信号、电力等设备的综合维修计划。

3. 按通道调度的二级调度指挥模式

按通道调度指挥模式在高速铁路公司或高速铁路通道分别设置独立的调度指挥中心，负责本线或本通道调度指挥工作，通过各专业调度台，向基层站段发布调度命令，基层站段受令后组织实施。各线路或通道调度中心受全路调度指挥中心领导，由全路调度指挥中心监控各高速铁路列车运行状态，协调各高速铁路间及高速铁路与既有线之间的调度指挥工作。按通道调度指挥模式系统构成如图 2-7-4 所示。

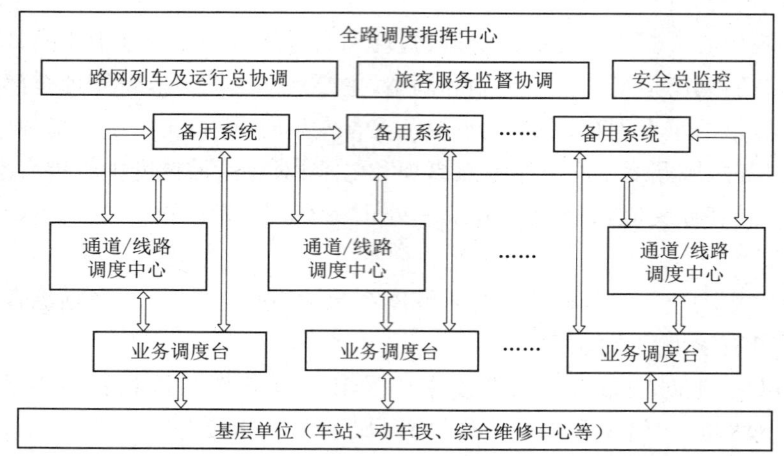

图 2-7-4 按通道调度指挥模式示意图

各通道/线路调度中心是该模式的核心指挥部门，包括综合调度的所有调整和执行功能，具有承上启下的作用。全路调度指挥中心主要功能是协调、管理和监督各线调度中心的日常工作，其调度设备在正常情况下为通道/线路调度中心备份数据资源，必要时可接管指定高速铁路或通道的调度指挥工作。基层单位的调度人员，只能只受命于通道或线路调度中心，按照通道或线路调度中心的调度命令组织实施。

各级机构职责划分：

(1)全路调度中心——主要功能是协调、管理和监督各线调度中心的日常工作。

主要职责包括：协调制定基本运行计划；掌握、控制与协调分界点的正常运行；跨线车的协调指挥和掌握；跨线的统一救援指挥；全网的运行秩序监视。

(2)各通道/线路调度中心——是该模式下综合调度系统的核心指挥部门，包括综合调度的所有调整和执行功能，具有承上启下的作用。

主要职责包括：接收上级指令信息，邻线列车的运行计划及实际信息；列车运行计划，动车运用，乘务运用计划以及综合维修计划的编制及下达；列车安全运行调度指挥；主要设备的安全监视控制。

(3)基层单位——具体包括：调度区域内的车站、乘务段、机务段、动车段、司机段和综合设施段等。由于基层单位的调度人员，只能受命于一套系统中的一个相关业务调度台，因此它只受命于通道或线路调度中心，按照通道或线路调度中心的调度命令，组织实施。全路调度中心的调度命令必须通过各线调度中心下达才能有效。

主要职责包括：按照各线调度中心发布的调度命令，完成列车进路的办理，确认并监督列车进路的执行；人工操作，完成CTC控制中心不能自动完成的任务；操作与数据记录及统计处理；进行列车车次号跟踪，收集行车运行实际数据，并上传至各线调度中心；监视系统的运行状况，提供设备故障报警功能，并上传至各线调度中心；组织实施本段的乘务计划；组织实施本段的动车组维修，并按照动车组运用计划及时地将状态良好的动车组准备好；组织实施本段的司乘计划；组织实施调度区域内线路、通信、信号、电力等设备的综合维修计划。

第二节 高速铁路运营调度系统概述

一、概　　述

高速铁路运营调度系统是高速铁路运营管理和列车运行控制的中枢，是高速铁路高新技术的集中体现；是高速铁路运营管理现代化、自动化、安全高效的标志；对统一指挥列车运行和协调铁路运输各部门的工作作用重大。因此，建立一个高效率的、现代化的运营调度系统，能够充分发挥高速铁路本身所具有的运输能力，确保高速铁路的行车安全和优质服务。

运营调度系统的目的，主要是依靠现代的科学技术，实现系统功能的综合集成，提高系统各种信息的传输速度，提高调度和管理的办公水平和决策科学性。为了实现这个目标，根据当前计算机技术、通信与网络技术、自动化技术的发展，高速铁路运营调度系统的管理与控制功能应覆盖高速铁路全线，不仅负责列车的运行，还应具备完善的管理功能。

高速铁路运营调度系统是高速铁路建设与运营管理的重要组成部份，是保证高速铁路安全、正点、高效运行的现代铁路控制与管理系统，涉及铁路运输组织、通信信号、牵引供电、安全监控、综合维护等诸多专业技术，并具备计划制定、计划调整、行车指挥、设备控制、设备监测、环境监测、设备维护等高速铁路运行管理的主要功能。其支撑技术包括计算机、网络通信、数据库、软件工程、系统信息安全防范等技术。因此高速铁路运营调度系统是一个相当复杂的、包括实时控制系统和信息系统的综合系统。

与调度组织结构和职责、高速铁路运营的具体要求相适应，运营调度系统设计为一体化综合系统，由计划编制子系统、运行管理子系统、动车组管理子系统、供电管理子系统、旅客服务子系统、综合维修子系统组成，遵循以准确的运输计划为核心，实现基本计划、实施计划和运行实绩的统一管理，采用分散自律型结构，通过自动控制方式及时准确地实施调度员的指挥意图，满足高速、高密度运行的需求，符合提高铁路运输业务效率的基本原则，高速铁路运营调度系统构成及功能覆盖范围如图2-7-5所示。

各子系统的功能如下：

1. 计划调度子系统

计划调度子系统主要编制列车运行计划、动车底运用计划和乘务员运用计划，统计分析列车运行情况。列车运行计划的编制工作由于没有货运各项作业以及车流组织作业的干扰，列车类型比较单一，因此列车日常运行基本上是按图行车，调度日(班)计划的编制多为一种确认程序。同时，与列车运行计划有关的动车组运用计划(交路及检修计划)、乘务组乘务计划等都可由计划台一并编制。这样计划调度子系统就是一个综合性的调度子系统，是运营调度中心的先导。

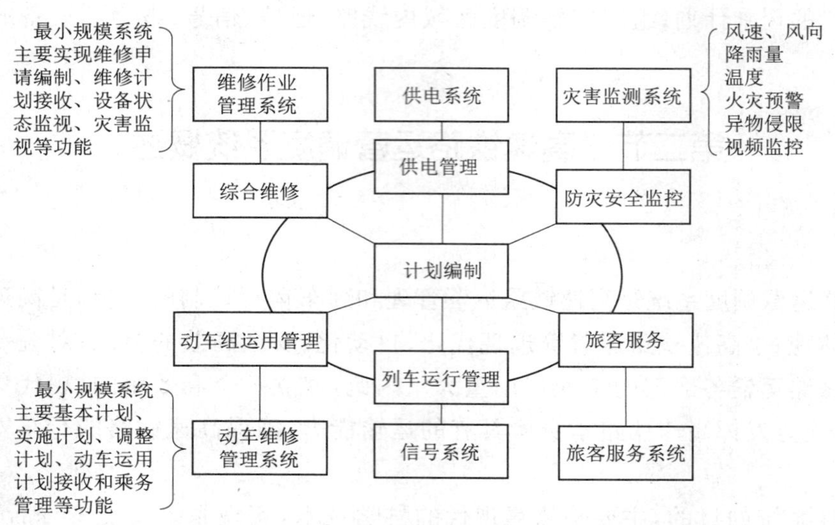

图 2-7-5 高速铁路运营调度系统构成及功能覆盖范围

另一方面，随着国民经济的发展，旅客出行越来越多，加之各类长假的影响，旅客流量的变化越来越频繁，且其客流组成及方向等也经常发生变化，这就要求客运工作能随时对这些变化做出响应。以往铁路客运部门通常是预先编制分号运行图并进行调整，但由于客流情况在不断变化，预先编制好的分号图经常无法适应新的客流情况以及一些突发事件。因此，高速铁路的运营部门必须改变以往主要根据基本图进行调整的组织模式，参考国外调整铁路运营的经验，在尽可能保证基本图不变的前提下，随时根据客流预测情况编制相应列车运行图，以最大限度地适应客流实时变化的需要。

因此，计划子系统作为运营调度系统的核心组成部分之一，是保证调度中心正常、有序运行的基础，也是确保高速铁路日常运输工作正常、有序、高效实现的根本。其基本任务是：接收编制计划所需的相关信息；编制次日和第三日高速铁路列车运行计划(包括编制列车运行图、生成列车时刻表和生成列车运行的计划进路)；编制次日动车底运用计划；编制次日乘务人员乘务计划；向相关业务部门和调度台发送次日列车运行计划指令；进行列车运行计划和运行实绩的指标统计、分析。

2. 运行管理调度子系统

主要完成计划的实时调整、列车运行监视追踪及临时限速的设置等任务。列车运行调度子系统是列车运行的核心子系统，其基本任务是根据列车运行计划组织本调度区段的列车安全、正点运行。在列车运行紊乱情况，编制调整计划，并下达调整命令。正常情况下，行车调度台应能直接控制本调度区段的列车进路，监视其列车运行。列车的运行只受命于本区段的当值调度员。特殊情况下,车站行车人员在调度员授权的情况下,也可办理车站的行车进路,或转达列车调度员的有关命令。行车调度台是运营调度中心的核心。

3. 动车组调度子系统

主要任务是掌握动车组应用;根据跨线动车组的配属情况,还要掌握跨线机车及动车组的应用。具体任务是掌握动车底履历,合理使用动车底;掌握动车底乘务组的运用;跨线动车组运用计划及乘务组乘务计划;根据列车运行调度子系统的调整计划,相应调整上述计划;绘制动车底、跨线动车底实际交路,记录乘务组实绩;掌握动车底、跨线动车底技术状态;通知救援列车待命出发;掌握各动车段的维修工作量,合理调配检修工作。动车组调度子系统是围绕列车运行调度子系统而工作的,也可对列车运行调整方案提出建议。

4. 电力调度子系统

主要是与列车运行调度、运输计划调度、综合维修与救援系统相配合,保证正常供电及维修断电。在牵引供电调度工作站和电力供电调度工作站上通过人机接口设备以图形、图表、文本方式对全线牵引供电系统和电力供电系统主要设备进行实时监控及后台数据处理。根据列车运行计划及其调整计划组织供电;对超过供电臂负荷的列车调整计划提出修正要求;掌握供电系统的技术状态及运行情况,控制相关设备。电力调度子系统必须与列车运行调度子系统紧密联系,为列车运行提供牵引动力,为沿线的通信、信号、机械等设备提供电能。

5. 综合维修调度子系统

主要任务是综合分析检测数据,统一指挥工务、供电、电务综合维修。所谓综合维修是指统一安排线路,供电系统和通信信号系统等固定设施维修计划及维修作业。综合维修段根据人工监测、综合检测车(或检测中心)提供的设备技术状态信息以及段内的监测信息,由各专业提出维修计划,经综合协调后制订出综合维修计划。综合维修调度子系统对各综合维修段上报的综合维修计划进行审核,并与列车运行调度子系统进行协商安排,将安排结果纳入日(班)计划,并以调度命令形式下达;监视维修工作进展情况。综合维修调度子系统,还要随时掌握线路的技术状态,监视通信信号系统的运行情况。对于利用行车间隙进行的小修,要督促施工人员及时复位,以免影响正常行车。并对供电系统、通信信号系统、工务系统等与行车有关的设备与设施的技术状态进行监控,通过防灾安全监控系统对各种自然灾害进行预报预警。

6. 旅客服务调度子系统

主要任务是为旅客提供更高品质、更具人性化的服务。高速铁路的主要服务对象是旅客,满足旅客的不同需求,为旅客提供快速、方便、及时、全面的服务是高速铁路的首要任务,也是其吸引客流、树立良好的企业形象、增强自身竞争力的有力手段。该子系统是针对高速铁路而设置的,他不同于现有铁路调度系统中的客运调度子系统,也不是指车站的旅客服务系统。车站旅客服务系统所需的旅客列车运行、到发信息可直接由列车运行调度子系统提供。旅客服务调度子系统是直接为列车上的旅客进行特殊服务的,如急病救治、人身及财产安全、列车晚点的赔付、事故情况下的旅客疏运与安置等。

高速铁路运营调度系统各子系统的功能如图 2-7-6 所示。

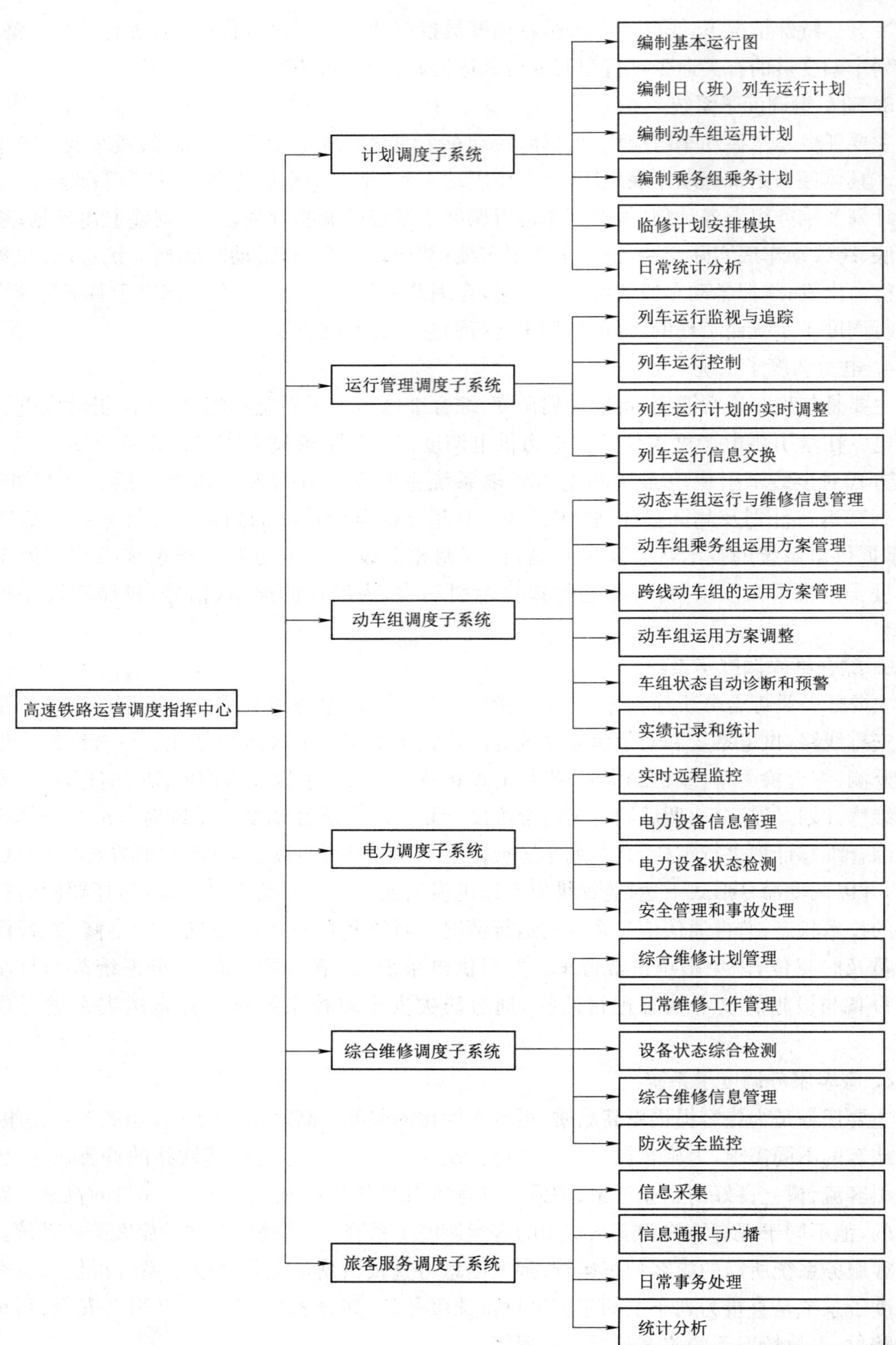

图 2-7-6 高速铁路运营调度系统功能模块层次结构图

二、高速铁路运营调度组织机构

根据高速铁路分级管理、集中统一指挥的原则，我国运营调度组织机构采用两级管理模式，即在铁路总公司设高速铁路调度指挥中心，在北京、上海、武汉、广州设四个高速铁路调度所。其中，北京调度所管辖京哈、京沪及环渤海湾城际等高速铁路；上海调度所管辖长三角城际、浙赣、陇海等高速铁路；武汉调度所管辖京广、沪汉蓉等高速铁路；广州调度所管辖泛珠三角城际、东南沿海等高速铁路。各调度所管辖区域根据各大干线的里程长度、开行列车数量与区段、动车组运用规则划定。

三、高速铁路运营调度系统的业务流程

高速铁路不是封闭的线路运输系统，它与相关铁路相连，构成一个庞大的铁路客运网络。不同高速铁路间、高速铁路与既有线间有跨线列车运行，旅客列车采用动车组方式运行。

根据国外高速铁路运营经验，我国高速铁路必定采用"规划型"运输组织模式。根据国外经验，运输计划兑现率高是规划型运输组织方式的一个重要特征。

高速铁路运营调度系统的业务按时间进程从远至近可以分为三个层次。

(1)第一层：基本计划层。基本任务是编制列车开行计划(运行图)、动车组运用计划、乘务员运用计划等，主要是根据营销部门制定的列车开行方案(基于分析市场需求、经营策略及人员、设备条件)进行的。列车开行方案对季节、节假日、不同工作日等的客流变化有预见性地进行了安排，因此，列车开行计划中的列车可以分为每日开行的列车和带有日期别的列车。动车组运用计划和乘务员计划主要是保证提供质量良好的动车组和合格的乘务员(司机、列车乘务员)，以保证列车开行计划能够实现。由于动车组分配计划及动车组检修计划涉及动车组的实际走行公里数、已经进行过的各类检修次数和动车组实际位置等信息，在基本计划阶段难于编制，即使编制也会由于动车组运用的调整等原因，使计划兑现率很低，因此，一般在不在第一阶段进行。

(2)第二层：实施计划层。基本任务是编制实施计划，即编制具体实施的各类计划。虽然绝大部分列车开行计划已经在基本计划中给予了安排，但为满足一些早期不能预见到的需求(如大型团体旅客需求、公司临时的非营运性列车开行需求等)，需要增加或减少列车(一般不能减少列车，因为车票已经提前售出)，这样就形成实际列车开行计划，同样为完成列车开行任务，必须制定动车组运用计划、乘务计划，为保证动车组能及时出入库、转线等编制车站作业计划，为保证列车电力需求编制供电计划，为保证通信信号、基础设施等状态良好，还必须编制综合检修计划，这些计划供高速铁路实际生产使用。

(3)第三层：调度指挥层。组织实施各种计划，当发生意外偏离原计划时采取措施，尽可能恢复到原计划上来。按工作性质从事调度指挥的人员可分为：列车调度、动车组调度、乘务员调度、牵引供电调度、旅客服务调度、综合维修调度等，在现场还有大量从事具体工作的人员(司机、车站工作人员、各类设备检修人员等)，共同完成运输生产计划顺利完成。

基本业务流程如图 2-7-7 所示。

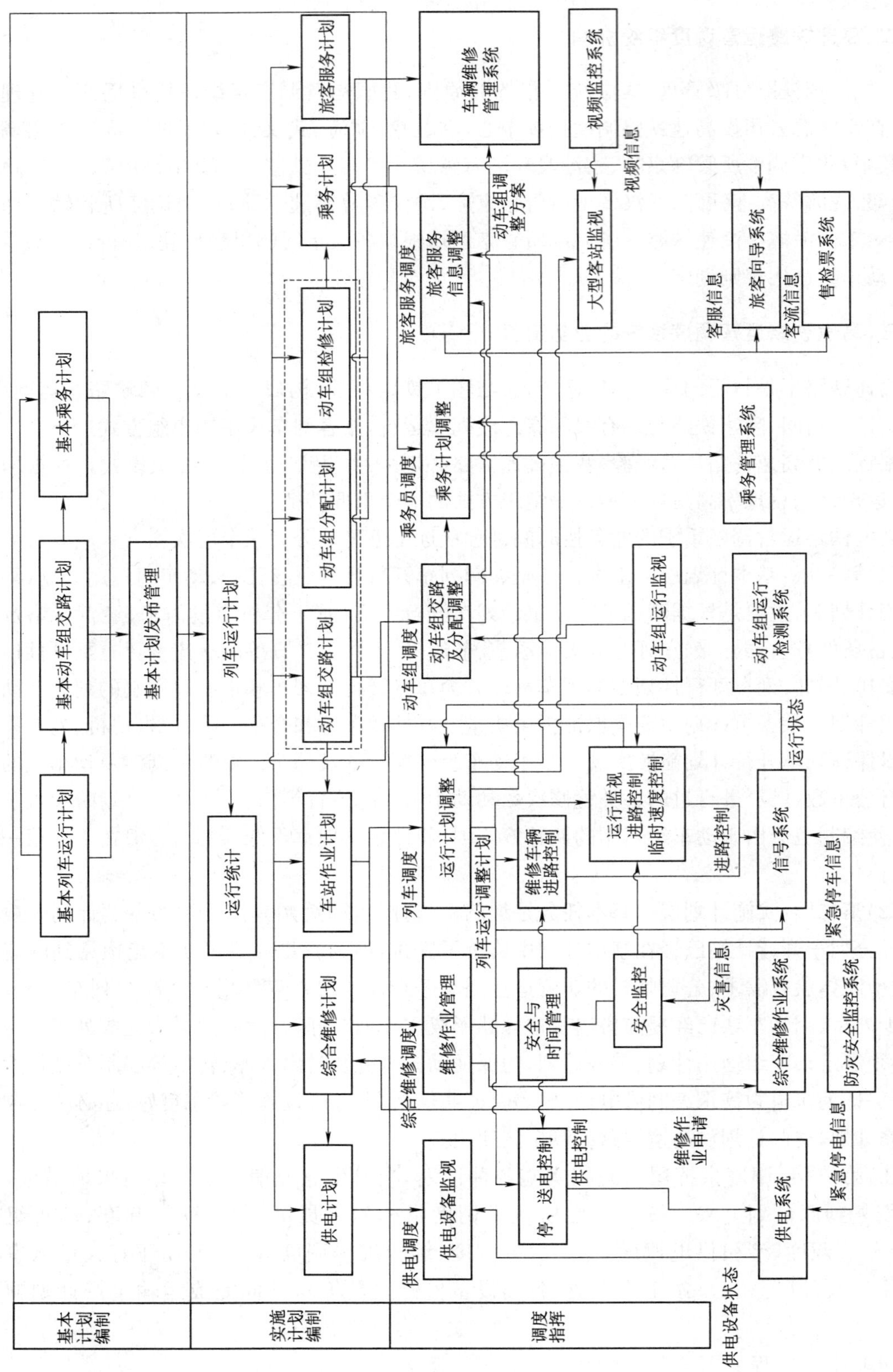

图 2-7-7 高速铁路运营调度基本业务流程

【复 习 题】

1. 我国高速铁路运营调度模式有哪些?
2. 高速铁路运营调度系统包括哪些子系统?
3. 高速铁路运营调度系统的业务流程包括哪些层次?

第三篇 铁路运输统计分析

铁路货车统计是铁路统计的重要组成部分，是铁路运输生产和经营管理的重要基础性工作。

铁路货车统计是根据国家统计局有关制度、铁路运输生产和经营管理的具体情况而建立的，其基本任务是适应铁路运输生产管理和产品结构的发展变化，使用科学的统计方法和先进的统计手段，准确、及时、全面、系统地收集、加工、分析、提供铁路货车运用情况的统计资料，为组织指挥日常生产、企业经营管理和宏观决策等提供依据。

第一章　分界站货车出入统计

第一节　货车统计的基本规定

一、铁路货车及车种分类

铁路货车可以分为以下几类：

（1）铁路总公司配属铁路货车，即属铁路总公司资产，涂有铁路路徽，并按统一规定涂打车型标记、编号的货车。

（2）企业自备货车，凡属企业（包括国家铁路运输企业、合资铁路、地方铁路及其下属企业）资产并取得"企业自备货车经国家铁路过轨运输许可证"（以下简称"过轨运输许可证"）和一次性过轨的货车。

军方特殊用途货车（车体标明客车基本记号者除外）比照企业自备车办理。

（3）内用货车，属企业（包括合资、地方铁路及其下属企业）资产但未取得"过轨运输许可证"，仅在本企业内承担社会运输任务的货车。

（4）外国铁路货车，凡属于国外资产的货车。

货车车种分类见表 3-1-1。

表 3-1-1　货车车种分类

主要类型	棚车	敞车	平车	罐车	冷藏车	集装箱车	矿石车	长大货物车	毒品车	家畜车	散装水泥车	散装粮食车	特种车	其他
基本记号	P	C	N	G	B	X	K	D	W	J	U	L	T	

货车车种分类的说明：货车车种分类根据基本记号确定，分类表以外的车辆按实际车型统计。外国铁路货车、内用货车根据其实际车型参照分类表确定。平车分别按普通平车（N）和两用平车（NX）单独统计。罐车分别按轻油、粘油和其他罐车单独统计。车体上的油种涂有代用字样时，按所代用的油种统计。汽车运输专用车 SQ 型（含 JSQ 型）货车按家畜车（J）统计。行包专用货车（含 P65 和 PB 等）单独统计，不包括在棚车（P）内。

二、列车出发、到达、通过时分的确定

（1）列车出发：以列车机车向前进方向起动，列车在站（场）界内不再停车为准。列车发出站界后，因故退回发站再次出发时，则以第一次出发时分为准。这里所谓的场界系指一站多场的场间分界点，各车场在列车运行图内分别规定有列车发、到（或通过）时分。

(2)列车到达:以列车进入车站,停于指定到达线警冲标内方时分为准。列车超过实际到达线有效长度时,以第一次停车时分为准。列车在区间分部运行时,则以全部车辆到达前方站时分为准;如分部运行将车辆拉向两端车站时,以拉向前方站的最后一部分车辆到达时分为准。

(3)列车通过:以列车机车通过车站值班员室时分为准。

三、货车出入和时分的确定

货车出入是平衡货车现有数和计算货车停留时间的依据。

1. 出入的货车

(1)随同列车(包括单机、轨道车,下同)出入的货车

①铁路局:为经分界站与邻局及国外相互交接的货车。

②编组站、区段站:为在该站进行列车编解或有中转技术作业(指更换机车或换机车乘务员或进行列车车辆技术检查)列车上的货车。

列车运行图规定在该站有中转技术作业的列车临时变为通过或虽有停站时间但不进行中转技术作时,均不计算货车出入;但列车在枢纽地区临时变更发、到站所经过的编组站发生中转技术作业时,计算货车出入;运行图未规定有中转技术作业的列车,虽有停站时间或临时停车,均不计算货车出入。

③中间站:为实际摘挂的货车以及始发、终到或停运列车上的货车。

中间站利用列车停站时间进行装卸作业的货车,虽未进行摘挂,亦统计货车出入。

(2)不随同列车出入的货车

包括新购货车、报废货车、拨交货车以及加入、退出的企业自备货车和内用货车。

2. 货车的出入时分

(1)随同列车的货车出入时分

以列车实际出发、到达或通过时分为准。

列车发出站界后因故退回或列车在区间分部运行的货车出入时分:

①列车发出站界后因故退回摘下部分车辆时,摘下的车辆视为未发出;加挂车辆时,对加挂的车辆以挂车后再次发出时分为准。

②因列车分部运行,先到达前方站的车辆挂于其他列车发出时,该部分车辆以实际到达时分为准;如车辆分别拉向两端车站时,后方站到达的车辆以实际到达时分为准。

(2)不随同列车的货车出入时分

①新购入的货车

由车站在新造车辆移交记录单(车统13)(见表3-1-2)上签字时起加入。

②报废车

根据铁路总公司批准的货车报废记录单(车统3)(见表3-1-3),车站由接到统计部门或车辆部门通知的时分起剔出。报废车未解体前,车辆部门必须在车号下方涂打“报废车”字样及报废铁路总公司令号,严禁编入列车越出站界。

表 3-1-2 新造车辆移交记录 （车统 13）

20______年______月______日______时______分

兹将下列新造车辆由____________工厂移交____________局____________车站

车种	车号	轴数	到达局名及站名	验收员承认	
				月日	记录号码

车辆总数________________

移交人__________部__________工厂代表__________签字

接收人____签字

__________车辆段段长__________签字

表 3-1-3 货车报废记录单 （车统 3）

铁路总公司批准章

本单填写四份，报部运输局装备部。经批准后一份存留；一份送计统部门；两份送回铁路局车辆处或车辆工厂，其中一份经车辆处返回车辆段，或由车辆工厂报铁路局车辆处。

报废车记录

__________现停于____________________地点，由于______________________________（车种、车号）

（年、月、日、地点、____发生事故或自然损耗）

1. 中梁____

2. 侧梁____

3. 端梁____

4. 枕梁____

5. 横梁____

6. 车体（如棚、守车车体、罐体）________________________________

7. 转向架（型号）____

8. 车钩及缓冲器（型号）______________________________________

9. 制动装置____

10. 其他____

参加鉴定人员（单位、姓名）__________________________________

____________ ____________ ____________

铁路局章 车辆段章 铁路工厂章

铁路局（工厂）审核意见______________________________________

说明：铁路车辆处（包括有配属货车的局）接到批准的报废车记录时，必须交计统处登记。

③拨交货车

根据铁路总公司命令拨交其他部门或由其他部门拨交铁路的货车以双方在车辆资产移交记录（车统 70）（见表 3-1-4）上签字时起分别计算转出或转入。

表 3-1-4 车辆资产移交记录

车辆资产移交记录　　　　（车统 70）

第______号

于 20______年______月______日由车辆段段长____________站长____________

企业代表__________组成的委员会，根据铁路总公司 20______年______月______日______字

________________号铁路总公司令编制本记录以便由铁路总公司车辆转入________________的台账内。该车属配于________________局、车种________________、车号________________、轴数________________、载重量________________吨、轴距________________公厘、制动机型________________、车钩性________________、制造年度及厂名________________前次定期修理时间和修程________________、技术状态________________________________

（厂修或段修）　　　　（良或不良）

委员会组成者

__________车辆段段长__________签字

__________车辆段段长__________签字

领收的企业代表__________签字

④企业自备车的加入、退出。

a. 加入。(a)新取得过轨运输许可证的：由该企业自备车过轨车站根据"过轨运输许可证"和"车辆检修合格证明""检修车辆竣工验收移交记录"（车统 33 并车统 36）（见表 3-1-5），核实现车并填制货票后加入；(b)新出厂的：自车站在"新造车辆竣工验收移交记录"（车统 1 并车统 13）（见表 3-1-6）上签字时起加入；(c)一次性过轨的：自车辆送到车站并填妥货票时起加入。

b. 退出。(a)"过轨运输许可证"到期交回注销的：办理过轨车站、车辆存放车站根据铁路总公司定期公布的"不再参加国铁过轨运输的企业自备货车"，核实现车后退出；(b)一次性过轨的：自车辆到达货票记载车站时起退出。运行途中报废的企业自备货车由统计现在车的单位退出并电报通知自备车管理部门及办理过轨站销账。

表 3-1-5 检修车辆竣工验收移交记录　　（车统 33 并车统 36）

第__________号

____________（检修任务委托单位名称）：

根据__________合同（协议），以下××修程的车辆已检修竣工并检查合格，可交付使用，我公司（工厂）承担产品质量责任。兹将下列检修竣工车辆移交给______局______站。

××××公司（工厂）授权负责人名章：　　　　（生产企业质量检查专用章）

日期：　年　月　日

顺号	车种车型	车号	更改项目			加改项目			加价项目			减价项目			配属局段	指定到达局名及站名	备注

本页计××辆。

已按规定实施了监造，同意接受。

××××监造项目部监造人员名章：　　　　（产品监造专用章）

日期：　年　月　日

接收人：××××局×××站代表盖章：　　　　日期：　年　月　日　时　分

表 3-1-6 新造车辆竣工验收移交记录 （车统 1 并车统 13）

第____号

__________（采购单位名称）：

根据______________合同（协议），以下新造车辆已竣工并检查合格，可交付使用，我公司（工厂）承担产品质量责任。兹将下列新造竣工车辆移交给______局______站。

××××公司（工厂）授权负责人名章：（生产企业质量检查专用章）

日期： 年 月 日

顺号	车种车型	车号	加价项目			减价项目			配属局段	指定到达局名及站名	备注

本页计××辆，已按规定实施了监造，同意接受。

××××监造项目部监造人员名章：（产品监造专用章）

日期： 年 月 日

接收人：××××局×××站代表盖章： 日期： 年 月 日 时 分

⑤内用货车的加入、退出。

新购内用货车（含一次性过轨后的货车）自到达本企业时起加入；自内用货车报废时起退出，已办理一次性过轨的货车自离开本企业时起退出。

第二节 分界站货车出入报表

分界站货车出入统计是铁路部门运输调度掌握国家铁路与新线、合资、地方铁路和国外铁路间的货车出入情况，统计铁路局货车现有数、考核列车货车交接计划完成情况及运输财务清算的依据。同时，分界站的列车交接情况直接反映相关铁路地区的运输生产形势。

一、分界站统计的基本要求

（1）分界站必须有专人负责完成各项统计工作任务。

（2）分界站货车出入时分以列车实际出入时分为准。列车出入按列车通过分界站外侧车号自动识别系统 AEI（地面识别设备）的时分计算，列车通过 AEI 后，因故退回再次出（入）时，则按最后出（入）的时分计算。分界站统计要核对车站值班员或车号自动识别系统确定的列车出入时分，如发现采点不准，应提出纠正。如车站值班员不予纠正时，统计人员有权按实际统计，并做出记录备查。

（3）分界站统计必须严格执行“列车编组顺序表”（运统 1）（含确报，下同）与现车或“车号自动识别系统”校核制度，确保货车出入数据准确无误。如发现问题，及时向铁路局上报，以便采取措施纠正。

（4）铁路局要明确责任部门，加强分界站车号自动识别系统、确报系统和统计复示系统管理和维护，必须保证分界站货车出入统计依据“列车编组顺序表”（运统 1）的齐全、正确。

二、分界站货车出入报表

(1)分界站货车出入报表(运报-1)格式见表3-1-7。

(2)分界站货车出入报表的编制依据主要有以下两项:

①列车编组顺序表(运统1)。

②货车出入登记簿(运统4)或号码制货车停留时间登记簿(运统8)。这两个登记簿的填记依据为行车日志。

列车编组顺序表(运统1)是记载列车组成情况,作为车站与车长(或司机)间,铁路局间交接车辆的依据,是运输统计和财务清算的主要原始资料。其具体格式见表3-1-8。

货车出入登记簿(运统4)用于分界站、编组站、区段站以及大量装卸站登记货车出入情况,作为编制"分界站货车出入报表"(运报-1)和"现在车报表"(运报-2)以及登记"非号码制货车停留时间登记簿"(运统9)的资料。具体格式见表3-1-9。

行车日志包括中间站行车日志(运统2)和编组(区段)站行车日志(运统3),是各车站记录列车运行情况的原始资料。记载列车到发时分,作为填记货车出入登记簿(运统4)和号码制货车停留时间登记簿(运统8)的依据。中间站行车日志格式见表3-1-10,编组(区段)站行车日志格式见表3-1-11。

(3)编制说明。

①列车列数:为实际出入分界站的货物列车(小运转列车除外)列数。根据列车车次分别铁路总公司配属列车和企业自备车列车统计。行包专列列数单独统计,不包括在货物列车列数内。

②货车出入数:为出入分界站的所有列车(包括旅客列车、行邮行包专列、单机和路用列车)上所挂货车以及在货车上装载的回送铁路总公司配属的检修车。行包专用货车出入数单独统计,不论重空均在行包专用货车数栏内填报,不包括在货车出入车数内。

③出入货车按运用车、非运用车分别统计。

④对出入的整车装运铁路货车用具(篷布、空集装箱及军用备品等)的货车,按重车统计。

⑤分界站、铁路局对在国境外和设有分界站的地方铁路、合资铁路内的货车现有数按日逐级上报。

⑥对国际联运的外国铁路货车出入,在分界站企业自备货车出入报表(QYB-1)中按运用车列报。

⑦合资、地方铁路分界站,要完善通信、网络传输设施,按要求核对出入现车和线内结存货车数。

⑧分界站上报双方铁路局货车出入报表的数字必须核对一致。报出后如发现错误,需双方协商确认,由分界站订正当日统计数字或在次日报告中调整。未经双方同意,不准单方修改,必须以分界站上报数字为准。

表 3-1-7 分界站货车出入报表

表　　名：运报-1（YB-1）
制表单位：
批准机关：
批准文号：
统一编号：

局名或月日	入																																												
	列车列数	货车合计	运用车																																				非运用车					
			合计	重车																		空车																		合计	其中				
				计	棚车	敞车	普通平车	两用平车	轻油罐车	粘油罐车	其他罐车	冷藏车	集装箱车	矿石车	长大货物车	毒品车	家畜车	散装水泥车	散装粮食车	特种车	其他	计	棚车	敞车	普通平车	两用平车	轻油罐车	粘油罐车	其他罐车	冷藏车	集装箱车	矿石车	长大货物车	毒品车	家畜车	散装水泥车	散装粮食车	特种车	其他		检修车	代客货车	路用车	租出空车	用途空车 军方特殊
	1	2	3	4	5	6	7	8	9	10	11	12	13	14	15	16	17	18	19	20	21	22	23	24	25	26	27	28	29	30	31	32	33	34	35	36	37	38	39	40	41	42	43	44	45

出																																													入		出	
列车列数	货车合计	运用车																																			非运用车						行包专列列数	行包专用货车数	行包专列列数	行包专用货车数
		合计	重车																		空车																		合计	其中								
			计	棚车	敞车	普通平车	两用平车	轻油罐车	粘油罐车	其他罐车	冷藏车	集装箱车	矿石车	长大货物车	毒品车	家畜车	散装水泥车	散装粮食车	特种车	其他	计	棚车	敞车	普通平车	两用平车	轻油罐车	粘油罐车	其他罐车	冷藏车	集装箱车	矿石车	长大货物车	毒品车	家畜车	散装水泥车	散装粮食车	特种车	其他		检修车	代客货车	路用车	租出空车	用途空车 军方特殊				
46	47	48	49	50	51	52	53	54	55	56	57	58	59	60	61	62	63	64	65	66	67	68	69	70	71	72	73	74	75	76	77	78	79	80	81	82	83	84	85	86	87	88	89	90	91	92	93	94

编报单位：　　　　　　　　　　单位领导：
（盖章）　　编报人：　　　　（盖章）　　　　　　上报日期：　　　年　　月　　日

表 3-1-8 列车编组顺序表 （运统 1）

________站编组________站终到 经由站________ ____年____月____日____时____分 ________次列车

自首尾(不用字抹消) 制表者： 检查者：

顺序	车种	罐车油种	车号	自重	换长	载重	到站	货物名称	发站	篷布	收货人或卸线、票据号	车辆使用属性	记事

自编组站出发及在途中站摘挂后列车编组																
站名	客车			货车						其他	合计	自重	载重	总重	换长	铁路篷布合计
	合计	担当局	其中行李车	担当局	重车	空车	非运用车	其中								
								代客	其中 P_{65}							
—合计																
—企																
—铁路总公司																
—集																
—特																
—行																

到达时间 月 日 时 分 交接时间 时 分 车长签章

表 3-1-9 货车出入登记簿 （运统 4）

方向	车次	到发时分	标准换算小时	入 (出)																											
				合计		其中								运用重车																	
						作业车		无调中转		有调中转		非运用																			
				车数	换算车小时	车数	换算车小时	车数	换算车小时	车数	换算车小时	车数	换算车小时	计	棚车	敞车	普通平车	两用平车	轻油罐车	粘油罐车	其他罐车	冷藏车	集装箱车	矿石车	长大货物车	毒品车	家畜车	散装水泥车	散装粮食车	特种车	其他
1	2	3	4	5	6	7	8	9	10	11	12	13	14	15	16	17	18	19	20	21	22	23	24	25	26	27	28	29	30	31	32

入 (出)																										专业运输公司租用车				记事
运用空车													非运用车																	
计	棚车	敞车	普通平车	两用平车	轻油罐车	粘油罐车	其他罐车	冷藏车	集装箱车	…	特种车	其他	计	棚车	敞车	…	集装箱车	矿石车	长大货物车	毒品车	家畜车	散装水泥车	散装粮食车	特种车	其他	集装箱公司	特种公司	特货公司租用集装箱车	快运公司	
33	34	35	36	37	38	39	40	41	42	…	49	50	51	52	53	…	60	61	62	63	64	65	66	67	68	69	70	71	72	73

表 3-1-10 中间站行车日志 (运统 2)

____年____月____日天气____

到达															出发																			
		时分				摘车辆数				电话记录号码							时分				摘车量数			列车编组			电话记录号码							
				本站到达		运用车												本站到达			运用车													
列车车次	接车股道	同意邻站发车	邻站发车	规定	实际	重车	空车	非运用车	占用区间凭证号码	承认闭塞	列车到达补机返回	取消闭塞	出站(跟踪)调车	出站(跟踪)调车完毕	列车车次	发车股道	同意邻站发车	规定	实际	邻站发车	重车	空车	非运用车	换长	总重(t)	占用区间凭证号码	承认闭塞	列车到达补机返回	取消闭塞	出站(跟踪)调车	出站(跟踪)调车完毕	本务机调车时分	列车停站超过规定时间的原因	记事
1	2	3	4	5	6	7	8	9	10	11	12	13	14	15	16	17	18	19	20	21	22	23	24	25	26	27	28	29	30	31	32	33	34	35

车站值班员	值班时间	姓名

表 3-1-11 编组(区段)站行车日志 (运统 3)

____年____月____日天气____

到达																				出发																				
		时分						乘务员姓名		列车编组			电话记录号码									时分						乘务员姓名		列车编组				电话记录号码						
				本站到达																				本站出发																
列车车次	到发线	同意邻站发车	邻站出发	规定	实际	机车入库	机车型号	司机	车长	车数	换长	总重	承认闭塞	列车到达补机返回	取消闭塞	出站(跟踪)调车	出站(跟踪)调车完毕	占用区间凭证号码	记事	列车车次	出发线	机车出库	邻站同意发车	规定	实际	邻站到达	机车型号	司机	车长	车数	换长	总重	列车出发晚点原因	承认闭塞	列车到达补机返回	取消闭塞	出站(跟踪)调车	出站(跟踪)调车完毕	占用区间凭证号码	记事
1	2	3	4	5	6	7	8	9	10	11	12	13	14	15	16	17	18	19	20	21	22	23	24	25	26	27	28	29	30	31	32	33	34	35	36	37	38	39	40	41

车站值班员	值班时间	姓名

【复习题】

1. 铁路货车统计的基本任务是什么？基本内容有哪些？
2. 怎样确定列车出发、到达、通过时分？
3. 怎样确定货车出入及出入时分？
4. 分界站货车出入统计的作用是什么？有哪些基本要求？
5. 编制“分界站货车出入报表”有哪些注意事项？

第二章　现在车统计

现在车统计用以反映车站、铁路局管内以及新线、合资、地方铁路内每日 18:00 当时的货车现有数及运用情况，为运输调度部门调整运用车保有量、编制运输工作日（班）计划提供依据。现在车统计报表包括现在车报表和 18:00 现在重车去向报表。

第一节　现在车报表

现在车是指某一具体时刻（在货车统计工作中为 18:00）处于车站或铁路局管辖范围内的货车。现在车统计是反映车站、铁路局管内以及合资、地方铁路内每日 18:00 货车现有数及运用情况，作为日常调度指挥，编制运输工作计划，调整运力配置以及经营管理的依据。

一、现在车分类

1. 现在车按产权所属分为铁路总公司配属铁路货车、企业自备货车及内用货车、外国货车。内用货车比照企业自备货车进行统计。

2. 现在车按运用状况分为运用车和非运用车。

（1）运用车指参加铁路营业运输的铁路总公司配属铁路货车、企业自备货车、内用货车、外国货车，企业租用、军方特殊用途重车。

运用车分为重车和空车。

重车是指：

①实际装有货物并具有货票的货车。

②卸车作业未完的货车。

③倒装作业未卸完的货车。

④以“特殊货车及运送用具回送清单”（见表 3-2-1）手续装载整车回送铁路货车用具（铁路总公司配属篷布、空集装箱及军用备品等）的货车。

⑤填制货票的游车。

表 3-2-1　特殊货车及运送用具回送清单

<table>
<tr><td colspan="2">发　站</td><td>到站(局)</td><td>经　由</td></tr>
<tr><td colspan="2">车种车号</td><td>铅封数</td><td>回送命令号码</td></tr>
<tr><td colspan="3">回送之货车或运送用具</td><td>附　注</td></tr>
<tr><td>种　类</td><td>号　码</td><td>数　量</td><td rowspan="3"></td></tr>
<tr><td></td><td></td><td></td></tr>
<tr><td></td><td></td><td></td></tr>
<tr><td></td><td></td><td></td><td rowspan="3">发站日期戳　发站负责人签字</td></tr>
<tr><td></td><td></td><td></td></tr>
<tr><td></td><td></td><td></td></tr>
<tr><td></td><td></td><td></td><td rowspan="2">到站日期戳　到站负责人签字</td></tr>
<tr><td></td><td></td><td></td></tr>
</table>

空车是指：

①实际空闲的货车。

②装车作业未完的货车。

③倒装作业未装完的货车。

④运用状态下的机械冷藏车的工作车。

(2)非运用车指不参加铁路营业运输的铁路总公司配属货车(包括租出空车)、企业自备内用检修车和在专用线、专用铁路内的已获得“过轨运输许可证”的企业自备货车、在站装卸作业企业自备空车、在本企业内的内用空车、军方特殊用途空车以及铁路总公司配属特种用途车。具体包括以下九大类：

①备用车。

备用车是指为了保证完成临时紧急任务的需要所储备的技术状态良好的铁路总公司配属空货车。备用货车分为特殊备用车、军用备用车、专用货车(包括罐车、冷藏车、集装箱车、矿石车、长大货物车、毒品专用车、家畜车、散装水泥车、散装粮食车、小汽车运输专用车和涂有“专用车”字样的一般货车)备用车和国境、港口站备用车。

②检修车。

定检(厂修、段修、辅修和轴检)到期或过期而扣下修理、摘车临修、事故破损、等待报废和回送检修等的铁路总公司配属货车、企业自备货车、守车，根据车辆部门填发的车辆检修通知单(车统 23)(见表 3-2-2)统计为检修车(由企业向铁路车辆工厂、段回送检修的企业自各车除外)。

在铁路营业线内的外国车在运行过程中临时发生故障而摘车临修时，按检修车统计。

机械冷藏列车中的车辆或机械发生故障需要扣留时应全组填发车辆检修通知单(车统 23)，按检修车统计。修竣后对未修理的车辆，在车辆修竣通知单(车统 36)(见表 3-2-3)上注明“撤销”字样。

整备罐车超过整备规定时间(6 h)继续整备时，从超过时起按检修车统计。

表 3-2-2　车辆检修通知单

(车统 23)

本通知单由检车人员填写三份，
一份自存，一份交车辆段技术室，
一份交车站

第____号

20____年____月____日

车次________车辆停留在________场________线

(1)车种________(2)车号________

(3)轴数________(4)载重________(5)空重别________

(6)重车之装车站及局到别________

(7)前回定检年月日及处所

厂修	段修	辅修	轴检

(8)主要损坏部分________

(9)修程________(10)需要倒装否________

(11)拨往何处修理________

填发检车员________签章

车站值班员签字时间____月____日____时____分

车站值班员________签章

拨到检车线时间____月____日____时____分

收车人________签章

说明：本通知单为客货车检修扣留之原始根据，并在未发车统 36 前亦是计算检修车根据。

注：原式样上有红色斜杠。

表 3-2-3 车辆修竣通知单 （车统 36）

由厂或段编制二份，一份交车站，一份存于工厂或车辆段

第____号

__________车站__________修理地点 （车辆修理厂段列检所修理线）

车号		轴　数	修　程	修理开始时间	车的位置（场线）
车　种	号　码				

车辆修理工厂厂长

车辆段长签字__________

于 20______年______月______日 验收员______认为检修完了可以由修理线拉出运用

主任验收员签字__________

于 20______年______月______日______时______分已将通知交付值班站长 车站值班员签字__________

说明：1. 厂段改造及各种修程客货车竣工后应立即发本通知单。为撤销“车统 23”之依据。

2. 装备车辆竣工后亦发本通知单，但与其他修程分别编制，于修程栏内填写“装备”字样以示区别（洗罐者除外）。

③代客货车。

代客货车是根据铁路总公司命令用以运送人员、行车及包裹的货车。代客空车根据调度命令以客运车次回送时，按代客统计；以货运车次回送时，按挂运凭证（回送清单、调度命令等）实际统计，无挂运凭证按运用车统计。

“代客货车”装载货物填制货票时，自代客或回送到达时起按运用车统计。

行包专列上编挂的行包专用货车，不论重车、空车，按代客货车统计。

④路用车。

路用车指铁路总公司批准作为铁路各单位运送非营业运输物资或用于特殊用途的货车，分为特种用途车和其他路用车。

“特种用途车”指因为路内特殊用途需要专门制造不能装运货物的特种用途车（包括试验车、发电车、轨道检查车、检衡车、除雪车等）。上述车辆以外的路用车为“其他路用车”。

经铁路总公司批准的“路用车使用证明书”是统计路用车的依据。使用单位应按规定涂打路用车使用标记。路用车只准在批准的使用期限、区段和用途的范围内使用，对违反使用规定的路用车，按运用车统计。

路用车装运货物并填制货票时，在重车状态下按运用车办理。

防洪备料车是根据铁路总公司（铁路局）命令为汛期防洪抢险指定储备一定数量防洪备料的重车，在重车储备停留状态下按路用车统计，其他状态按运用车统计。

⑤洗罐车。

洗罐车指进行清洗的良好罐车。

⑥整备罐车。

整备罐车指在指定地点进行技术整备的整列（成组）固定编组石油直达罐车。

⑦企业租用空车。

企业租用空车包括：

a. 企业租用的铁路总公司配属货车空车。

b. 新造及由国外购置的货车在交付使用前的试运转空车。

c. 部队训练使用的铁路总公司配属货车：使用停留车辆训练，按轴、按日核收使用费时，由交付使用至使用完了交回时止，按企业租用空车统计；在训练期间随同列车挂运核收80%运费时，自列车出发时起至到达时止，对装运物资的货车按运用车统计，运送人员的棚车按“代客”统计；用铁路机车单独挂运核收机车使用费时，按企业租用空车统计。

⑧在本企业内的过轨自备车。

在本企业内的过轨自备车指在本企业专用线、专用铁道内的已批准过轨的该企业自备货车，包括没有（租用）专用线、专用铁道企业的回到过轨站的自备空车。

⑨军方特殊用途空车。

军方特殊用途空车指军方用于军事运输等特殊用途的空货车（车体基本记号标明为客车的除外）。

二、运用车和非运用车转变时刻的确定

1. 备用车的备用和解除时间

根据铁路总公司、铁路局当日调度命令批准，经备用基地检车员检查后，由车站调度员或值班员填写运用车转变记录（运统6）并签字的时分起算，其格式见表3-2-4。

货车转入备用时分不得早于：

(1)车站收到调度命令的时分。

(2)作业车卸车完了的时分。

(3)到达空车为列车到达技检完了的时分。

备用货车解除时分不得迟于：

(1)排空时规定列车开始技检的时分。

(2)装车时调入装车地点的时分。

表3-2-4　运用车转变记录　（运统6）

由______车转入______车　　铁路总公司令第______号局令第______号

车　种	车　号	车　种	车　号	记　事

车站签字______使用单位签字______车辆段签字______

签字时分______月______日______时______分

2. 检修车的起止时分

在有检车人员的车站，由车站在车辆部门送交的车辆检修通知单（车统23）上签字时分起算；也可以由站段双方根据具体情况协议规定间隔时间，自列车技术检查完了时起至将车辆检修通知单交到车站时止，在规定间隔内送到车站按实际交到时分起算，在规定间隔时间后进到时，按规定间隔时间起算；对扣修的重车需要卸车修理时，应在车辆检修通知单中注明，按卸车

完了通知车辆部门的时分起算。

在无检车人员的车站，对临时发生故障的车辆不能挂入列车运行时，不论重空车均由车站值班员通知管辖车辆段或列检人员，由通知时起，站段双方均计算检修车。车站应做出通话记录，记明双方姓名、时间、车种、车号、车辆故障原因，记在当日行车日志空白栏内作为依据。车辆部门接到通知后应立即前往检查，并补发车辆检修通知单，经鉴定不需要修理或重车需要卸空后修理，应填发车辆修竣通知单予以撤销；需要修理的重车（不论在自站或送往他站修理）均自卸空后，由车站通知（做出电话记录）车辆部门时起，填发车辆检修通知单转为检修车。

回送检修货车，根据检修车回送单（车统 26）（见表 3-2-5），在车辆段管界内，自车辆接入时起计算检修车，交出时撤销检修车。没有运输过轨协议的企业自备车出厂、送检和回送时，由车辆接入车站时在企运报-2 第 5 栏转入现在车，交出时在第 9 栏转出，期间接企业自备检修车统计。

修竣的货车由车站在车辆修竣通知单（车统 36）（见表 3-2-3）上签字时起转入运用车。

铁路车辆工厂修竣的货车，如规定以工厂自备机车取送时，由车辆送到规定交接地点，车站在车辆修竣通知单（车统 36）上签字时转入运用车。

表 3-2-5　检修车回送单　　（车统 26）

本单编制二份，一份留存，
一份随同车辆送至到达地点
第____号

车种______车号________________轴数______

发送局及站________________________________

到达局及站（车辆或工厂所在站）________________________________

经由分界站名________________车辆应挂在列车中部或尾部________________________________

前回检修年月日处所及修程________________________________

不良部分________________________________

填发日期　　______年______月______日

车辆段印　　段长________签字

车辆到达工厂或车辆段所在站的时间　　______年______月______日______时______分

车站值班员______签字

车辆送到检修线的时间　　______年______月______日______时______分

收车人________签字

3．“代客”货车的转变时刻

车站接到命令后，由车站和检车人员在运用车转变记录（运统 6）上签字时起转入“代客”，使用完了（指卸空，包括备品）时，填制运用车转变记录（运统 6）转回运用车。代客空车根据调度命令以客运车次回送时，按代客统计；以货运车次回送时，按挂运凭证（回送清单、调度命令等）实际统计，无挂运凭证按运用车统计。

“代客货车”装载货物填制货票时，自代客或回送到达时起按运用车统计。

行包专列上编挂的行包专用货车，不论重车、空车，按代客货车统计。

4. 路用车的转变时刻

自使用单位收到车辆并在运用车转变记录（运统 6）上签字时起，至使用完了交回车辆并填制运用车转变记录（运统 6）转回运用车时止按路用车统计。

5. 洗罐车的转变时刻

由洗罐站填制车辆装备单(车统 24)(见表 3-2-6)送交车站签字时起计算为洗罐车;洗刷完了,由车站人员在罐车洗刷交接记录单(车统 89)(见表 3-2-7)上签字时起转回运用车;企业自备车发生洗罐时,洗罐站一律填发企业自备车装备单(车统 24Q)统计为洗罐车,洗刷完了,填发企业自备车洗刷交接记录单(车统 89Q)转回运用车。为进行检修而洗罐时,应列入检修车内。

表 3-2-6　车辆装备单　(车统 24)

本通知单由检车人员填写三份,一份自存,一份送交车辆段技术室,一份交车站。

第____号

安装事项________________________

指定送往________________________线

(1)车种________(2)车号______________

车种	车号	车辆所在地点

通知送入指定线________月________日________时________分

实际送入________月________日________时________分

安装完了________月________日________时________分

收到单据的车站值班员签字________________________

检修员签字________________________

编制人签字________________________

说明:1. 凡良好车辆送往指定线或厂段线进行装备洗罐等工作时均应填写本单据。不另发车统 23。

2. 安装完了时分根据车统 36 站长签字时分填写。

表 3-2-7　罐车洗刷交接记录单　(车统 89)

本单编制三份,一份自存,一份交车站,一份交段会计室。

20________年________月________日　　第____号

车种	车号	专用种别	轴数	载重吨位	原装油名称	采取的洗罐方法	洗罐后的指定装油名称	洗罐时分					
								入线			竣工		
								月	日	时分	月	日	时分

上述罐车经洗刷完了并验收合格

交车人________洗罐站职名________姓名________签字

验车人部门________职名________姓名________签字

由企业自行洗罐不能执行上述办法时，由铁路局规定平均洗罐时间（最长不能超过 4 h），自货车送入洗罐交接地点至规定时间止按洗罐车统计。

6. 整备罐车的转变时刻

进行技术整备的整列固定编组石油直达罐车，在到达整备站时，按运用车统计；送入配属段整备线进行技术整备时，根据车辆部门填发的车辆装备单（车统 24）送交车站签字时起 6 h 内按整备罐车统计，超过 6 h 车辆部门应填发车辆检修通知单（车统 23）按检修车统计。整备完了由车站在车辆修竣通知单（车统 36）上签字时起转回运用车。

7. 出租车及退租车的转变时刻

由车站与使用单位在运用车转变记录（运统 6）上签字时起转入企业租用车或转回运用车。

8. 企业自备车运用与非运用转变时分的确定

对出入本企业专用线、专用铁道的企业自备车，以将车辆送到交接地点时分为准；对没有企业（租用）专用线、专用铁道的企业自备车回到过轨站，以装卸作业完了时分为准。

三、现在车统计方法

1. 车站现在车统计方法

(1)平衡法

平衡法基于“车站今日 18:00 各类现车数都等于昨日 18:00 该类现车数与今日该类现车净增量之和”的原理，根据精确计算的今日该类现车增加量和减少量，以下式计算：

$$N^{i}_{今日}=N^{i}_{昨日}+U^{i}_{今日增}-U^{i}_{今日减} \tag{3-2-1}$$

例如，“现在车合计”（第 10 栏）采用平衡法时，按下式计算：

$$N_{今日}=N_{昨日}+(U_{到达}+U_{新购}+U_{合同加入}+U_{其他加入})-(U_{发出}+U_{报废}+U_{合同退出}+U_{其他退出}) \tag{3-2-2}$$

式中 $N_{今日}$——今日 18:00 结存现在车数；

$N_{昨日}$——昨日 18:00 结存现在车数；

$U_{到达}$——今日随列车到达管内的货车数；

$U_{新购}$——今日新购入的货车数；

$U_{合同加入}$——今日依据新合同加入的过轨企业自备车数；

$U_{其他加入}$——今日由其他部门拨交铁路和区间装卸加入的货车数；

$U_{发出}$——今日随列车发出离开管内的货车数；

$U_{报废}$——今日报废的货车数；

$U_{合同退出}$——今日转出的过轨企业自备车；

$U_{其他退出}$——今日由铁路拨交其他部门和区间装卸后离去的货车数。

平衡法既适用于人工条件，也适合于计算机条件下编制报表，还可以用来在采用查定法统计的车站验证查定结果是否正确。由于人工统计速度慢，在 18:00 前后无法立即处理大量原始数据，所以采用平衡法时可以按阶段推算各类现车数，这样在 18:00 前只需要处理少量数据就可以得到最后的统计结果。在计算机编制时，可以机内储存全部各类原始数据，于 18:00 前触发处理，获取计算结果。

(2)查定法

查定法不统计现车数从昨日 18:00 至今日 18:00 变化的过程，而是通过直接查定 18:00 当时各类现车的实际数获得现在车报表的各项数据。

查定法适用于建立了现车信息管理系统实行货车追踪的车站，货车数据库可以实时反映站内全部货车的状况：总车数，运用车重车、空车和各类非运用车的车种别数量。在这种情况下，车站现在车报表可通过对货车数据库的查询生成。

2. 铁路局现在车统计方法

铁路局现在车报表(运报-2)采用累加法编制，利用货车动态表检验车站上报数据的正确性。

铁路局根据各站现在车报表(运报-2)和 18:00 管内在途列车确报数据，逐项加总，即

$$N_{局,i} = \sum N_{站,i} + \sum N_{途,i} \tag{3-2-3}$$

式中　$\sum N_{站,i}$——局管内各站第 i 项现在车之和，$i=10\sim92$ 栏；

$\sum N_{途,i}$——局管内 18:00 在途列车中的第 i 项现在车之和，$i=10\sim92$ 栏。

货车动态表(运统 11)是推算区段内各站现在车数量变化情况的工具，用以动态掌握各站货车、守车现有数，其格式见表 3-2-8。

表 3-2-8　货车动态表　(运统 11)

在途列车 车次	在途列车 车数	站名	昨日结存	42061		42063			12035		今日结存	记事
		A		45	42	40	42	36	40	42		
42061	45	a	7			−5					12	
32192	42	b	8	−4 +6		−5 +4		−6			13	
		c	12	−5 +4		−7 +3		+8			9	
		d	10			−3 +6		−4 +5			6	12035 12036 在途
		e	8	−6 +3		+2		−10			19	
在站			45	−15 +13		−20 +15		−20 +13			59	
在途			87								82	
区段计			132								141	
		B		43	42	35	45	43	40	42		
车次					32192		32194	42064		12036		

填记方法如下：“在途列车的车次、车数”栏根据昨日摘录；“昨日结存”栏根据昨日的结存数摘录；各列车的车数根据当日列车运行图和确报按列车开行顺序和各站摘挂车辆实际情况进行填记。定时与分界站及各站逐列核对货车数。圈内为始发列车货车总数；方格内为到达列车货车总数；在中间站摘挂时，在本列车线上注明摘挂辆数，用“＋”表示挂车辆数、“－”表示摘车辆数。

到本日结束(当日 18:00)时按下式推算出该区段总计及各站的现在车数：

$$N_{结存}^{今日} = N_{结存}^{昨日} + U_{入}^{今日} + U_{出}^{今日} \tag{3-2-4}$$

式中　$N_{结存}^{今日}$——各站日末结存车数；

$N_{结存}^{昨日}$——各站昨日结存车数；

$U_{入}^{今日}$——今日各站摘下和加入的货车数；

$U_{出}^{今日}$——今日各站挂出和剔出的货车数。

每日18:00时,将各车站"今日结存"车数与18:00在途车数相加,即得该区段(不包括两端技术站)18:00现在车数。

四、现在车报表的格式及编制

1. 现在车报表(运报-2)格式见表3-2-9。

2. 编制依据。

(1)车站编制:

①列车编组顺序表(运统1)(见表3-1-8)。

②行车日志(运统2或运统3)(见表3-1-10或表3-1-11)。

③货车出入登记簿(运统4)(见表3-1-9)。

④检修车登记簿(运统5)(见表3-2-10)。

⑤运用车转变记录(运统6)(见表3-2-4)。

⑥非运用车登记簿(运统7)(见表3-2-11)。

⑦部备用货车登记簿(运统7-A)(见表3-2-12)。

⑧号码制货车停留时间登记簿(运统8)(见表3-2-13)。

⑨非号码制货车停留时间登记簿(运统9)(见表3-2-14)。

⑩新造车辆竣工验收移交记录(车统1并车统13)(见表3-1-6)。

⑪车辆资产移交记录(车统70)(见表3-1-4)。

⑫车辆报废通知等有关资料。

(2)铁路局编制:

①分界站货车出入报表(运报-1)(见表3-1-7)。

②车站的现在车报表(运报-2)(见表3-2-9)。

③18:00在途列车确报。

④货车动态表(运统11)(见表3-2-8)。

3. 编制说明。

(1)本表分别铁路总公司配属货车(BYB-2)、企业自备货车(QYB-2)、内用货车(NYB-2)、综合(YB-2)逐级上报,格式同运报-2。其中企业自备货车现在车报表中的非运用车数只填记检修车、洗罐车、在企业内货车数、军方特殊用途空车栏;内用货车现在车报表中的非运用车数只填记检修车、在企业内货车栏。

(2)企业租用车的加入和退出,按路企双方签订的租用合同办理。途中发生报废时,在发生站退出,同时通知签订租用合同车站销账。

(3)国家铁路运输企业及其所属企业的自备货车空车填报在QYB-2"租出空车"栏(90栏)。回到过轨站、装卸作业站的企业自备货车空车填报在QYB-2"在企业内货车"栏(91栏)。内用空车填报在NYB-2"在企业内货车"栏(91栏)。

(4)其他部门拨交铁路或铁路拨交其他部门的货车在"其他"栏(5及9栏)填报。

(5)国外货车在交付使用前的试运转空车、由车辆工厂向企业或国外回送的新造及修复的货车(装载在货车上的车辆除外),在QYB-2第5栏、第9栏中填报。

(6)为确保检修车数的准确,列检与车站、车辆调度及铁路局统计应核对一致上报。

(7)本表为日、旬、月、季、年报。

表 3-2-9 现在车报表

表　　名：运报-2(YB-2)

制表单位：

批准机关：

批准文号：

统一编号：

局名或月日	现在车									现在车计	运用车合计	运用车																																			
	昨日结存	入				出						重车																		空车																	
		到达	新购货车	新许可加入	其他	发出	报废车	退出企业自备车	其他			计	棚车	敞车	普通平车	两用平车	轻油罐车	粘油罐车	其他罐车	冷藏车	集装箱车	矿石车	长大货物车	毒品车	家畜车	散装水泥车	散装粮食车	特种车	其他	计	棚车	敞车	普通平车	两用平车	轻油罐车	粘油罐车	其他罐车	冷藏车	集装箱车	矿石车	长大货物车	毒品车	家畜车	散装水泥车	散装粮食车	特种车	其他
													P	C	N	NX	GQ	GN	GT	B	X	K	D	W	J	U	L	T			P	C	N	NX	GQ	GN	GT	B	X	K	D	W	J	U	L	T	
	1	2	3	4	5	6	7	8	9	10	11	12	13	14	15	16	17	18	19	20	21	22	23	24	25	26	27	28	29	30	31	32	33	34	35	36	37	38	39	40	41	42	43	44	45	46	47

非运用车																																												
	备用车																		检修车																									
非运用车合计	计	棚车	敞车	普通平车	两用平车	轻油罐车	粘油罐车	其他罐车	冷藏车	集装箱车	矿石车	长大货物车	毒品车	家畜车	散装水泥车	散装粮食车	特种车	其他	计	棚车	敞车	普通平车	两用平车	轻油罐车	粘油罐车	其他罐车	冷藏车	集装箱车	矿石车	长大货物车	毒品车	家畜车	散装水泥车	散装粮食车	特种车	其他	代客货车	行包专用货车	路用车	洗罐车	整备罐车	租出空车	在企业内货车	军方特殊用途空车
		P	C	N	NX	GQ	GN	GT	B	X	K	D	W	J	U	L	T			P	C	N	NX	GQ	GN	GT	B	X	K	D	W	J	U	L	T									
48	49	50	51	52	53	54	55	56	57	58	59	60	61	62	63	64	65	66	67	68	69	70	71	72	73	74	75	76	77	78	79	80	81	82	83	84	85	86	87	88	89	90	91	92

编报单位：　　　　　　　　　　单位领导：

（盖章）　　编报人：　　　　　（盖章）　　　　　　上报日期：　　年　月　日

表 3-2-10　检修车登记簿　　（运统 5）

顺序	车种	车号	到达		重或空	签收车辆检修通知单月日时分	送到检修线月日时分	签收车辆修竣通知单或报废命令月日时分	车辆发出月日时分	记事
			列车车次	月日时分						
1	2	3	4	5	6	7	8	9	10	11

表 3-2-11　非运用车登记簿　　（运统 7）

车种	车号	使用单位	类别	入					出					记事
				到达车次	月日	时分	命令号码	转入时分	命令号码	转出时分	发出车次	月日	时分	
1	2	3	4	5	6	7	8	9	10	11	12	13	14	15

表 3-2-12　铁路总公司备用货车登记簿　　（运统 7-A）

转入备用车				车种	车号	未备满 24 或 48 h 调回时分		实际解除备用车				注
转入日期		命令号码						解除日期		命令号码		
月日	时分	局令	部令			月日	时分	月日	时分	局令	铁路总公司令	
1	2	3	4	5	6	7	8	9	10	11	12	13

表 3-2-13　号码制货车停留时间登记簿　　（运统 8）

货车		到达			调入站线		站线作业完了		调入专用线		专用线作业完了		发　出			作业种类	中转车停留时间	作业车停留时间	货物作业过程别				非运用车			记事
													车次	月日	时分				入线前停留时间	作业时间		出线后停留时间	转入月日时分	转出月日时分	停留时间	
车种	车号	车次	月日	时分	月日	时分	月日	时分	月日	时分	月日	时分								站线	专用线					
1	2	3	4	5	6	7	8	9	10	11	12	13	14	15	16	17	18	19	20	21	22	23	24	25	26	27

表 3-2-14　非号码制货车停留时间登记簿　　（运统 9）

项目 / 每小时合计	货车出入总数						其　中															
	到达		发出		结存	停留时间	货物作业车										无调中转				结存	停留时间
							入				出				结存	停留时间	到达		发出			
							到达		转入		发出		转出									
	车数	换算小时	车数	换算小时			车数	换算小时	车数	换算小时	车数	换算小时	车数	换算小时			车数	换算小时	车数	换算小时		
1	2	3	4	5	6	7	8	9	10	11	12	13	14	15	16	17	18	19	20	21	22	23
昨日结存																						

续上表

<table>
<tr><td colspan="20">其　中</td><td rowspan="5">记事</td></tr>
<tr><td colspan="10">有调中转</td><td colspan="10">非运用车</td></tr>
<tr><td colspan="4">入</td><td colspan="4">出</td><td rowspan="3">结存</td><td rowspan="3">停留时间</td><td colspan="4">入</td><td colspan="4">出</td><td rowspan="3">结存</td><td rowspan="3">停留时间</td></tr>
<tr><td colspan="2">到达</td><td colspan="2">转入</td><td colspan="2">发出</td><td colspan="2">转出</td><td colspan="2">到达</td><td colspan="2">转入</td><td colspan="2">发出</td><td colspan="2">转出</td></tr>
<tr><td>车数</td><td>换算小时</td><td>车数</td><td>换算小时</td><td>车数</td><td>换算小时</td><td>车数</td><td>换算小时</td><td>车数</td><td>换算小时</td><td>车数</td><td>换算小时</td><td>车数</td><td>换算小时</td><td>车数</td><td>换算小时</td></tr>
<tr><td>24</td><td>25</td><td>26</td><td>27</td><td>28</td><td>29</td><td>30</td><td>31</td><td>32</td><td>33</td><td>34</td><td>35</td><td>36</td><td>37</td><td>38</td><td>39</td><td>40</td><td>41</td><td>42</td><td>43</td><td>44</td></tr>
<tr><td></td><td></td><td></td><td></td><td></td><td></td><td></td><td></td><td></td><td></td><td></td><td></td><td></td><td></td><td></td><td></td><td></td><td></td><td></td><td></td><td></td></tr>
</table>

第二节　现在车统计相关报表

本节主要介绍现在车统计相关的统计报表，包括18:00现在重车去向报表、专业运输公司租用货车统计报表和现在车辆日统计报表。

一、18:00现在重车去向报表

18:00现在重车去向报表（运报-3）反映18:00管内重车及移交重车去向，作为铁路局组织卸车及掌握重车车流的依据，格式见表3-2-15，其内容包括管内工作车数和移交外局重车数。

1. 编制依据

(1)车站：根据18:00当时运用重车货票、列车编组顺序表或其他货运单据上记载的到站编制。

(2)铁路局：根据车站报送的“18:00现在重车去向报表（运报-3）”及18:00在途列车确报编制。

表3-2-15　18:00现在重车去向报表　　（运报-3）

<table>
<tr><td rowspan="3">局名或月日</td><td colspan="5">自局管内卸车</td><td colspan="4">移交外局车数</td><td rowspan="3">合计重车数</td></tr>
<tr><td rowspan="2">车数</td><td colspan="4">其中</td><td rowspan="2">局</td><td rowspan="2">局</td><td rowspan="2">……</td><td rowspan="2">移交重车合计</td></tr>
<tr><td>棚车</td><td>敞车</td><td>平车</td><td>罐车</td></tr>
<tr><td></td><td></td><td></td><td></td><td></td><td></td><td></td><td></td><td>……</td><td></td><td></td></tr>
</table>

编表单位：　　　　编表人：　　　　单位领导：　　　　上报日期：　年　月　日
（盖章）　　　　　　　　　　　　　（签章）

2. 编制说明

(1)整车分卸按最终到站统计。

(2)对到达国外、合资、地方铁路的重车按所到达分界站（无分界站时为交接站）所属局统计。

(3)到达本局管内的重车经由邻局运送时，按到达邻局统计。

(4)重车到站不明时，按到达列车运行方向前方编组站径路统计。

(5)本表合计重车应与现在车报表（运报-2）重车数字一致。

(6)本表为日、旬、月、季、年报。

二、专业运输租用车统计报表

专业运输公司租用货车是指专业运输公司租用的非该专业运输公司所属的铁路总公司配属货车。车站、国家铁路运输企业管内以及合资铁路、地方铁路内为每日18:00专业运输公司租用铁路总公司配属货车的结存数。专业运输公司有专用货场或线路的自车辆调入装车地点(线)时起,无专用货场或线路的自装车完了时起,统计为专业运输公司租用车;卸车完了时分恢复原属性。

报表格式见表3-2-16。

表3-2-16 专业运输公司租用货车报表 (运报-2ZY)

站名、局名或年月日	集装箱公司租用					特货公司租用					特货公司租用集装箱车	快运公司租用				
	合计	其中				合计	其中					合计	其中			
		棚车	敞车	平车	其他		棚车	敞车	平车	其他			棚车	敞车	平车	其他
	1	2	3	4	5	6	7	8	9	10	11	12	13	14	15	16

编表单位: 编表人: 单位领导: 上报日期: 年 月 日
(盖章) (签章)

编制依据说明:

1. 车站编制依据

(1)列车编组顺序表(运统1)。

(2)行车日志(运统2或运统3)。

(3)装(卸)车清单(货统2),格式见表3-2-17。

(4)货车出入登记簿(运统4)、号码制货车停留时间登记簿(运统8)或车号自动识别系统等有关资料。

(5)专业运输公司租用车登记簿(运统8-A)。

表3-2-17 装卸车清单 (货统2)

_____年_____月_____日_______站

车种	车号	标记载重	货物名称	货物重量			发送(到达)局名及站名	调到时分	装卸车完了时分	记事
				整车	零担					
					自站	中转				
1	2	3	4	5	6	7	8	9	10	11

2. 铁路局编制依据

(1)车站的专业运输公司租用货车报表(运报-2ZY)。

(2)18:00在途列车运统1(确报)。

3. 表内关系

(1)集装箱公司租用计(第1栏)= 第2栏+第3栏+第4栏+第5栏。

(2)特货公司租用计(第6栏)= 第7栏+第8栏+第9栏+第10栏。

(3)快运公司租用计(第12栏)= 第13栏+第14栏+第15栏+第16栏。

三、现在车辆日统计报表

现在车辆日统计按实际占用时分计算并反映现在车在铁路局管内(含合资、地方铁路及股份制公司)的停留时间。现在车辆日为各铁路局每辆现在车货车与每天实际停留时分的乘积之和除以 24 h。其按铁路总公司配属货车、企业自备货车分别统计。铁路总公司配属货车中单独反映专业运输公司所属货车(不含租用车)。统计范围以铁路局为单位进行统计。统计依据为现在车报表(YB-2),分界站出入列车编组顺序表(运统 1,电子确报)、行车日志(运统 2、3),新造车辆竣工验收移交记录(车统 1 并车统 13),货车车辆报废通知(车统 3),货车加入、剔出资料(运统 4-1)等。

计算方法如下:

1. 车辆小时计算

$$\sum Mt=24N_{昨日}+\left(\sum_{i}m^{i}_{接入}t^{i}_{接入}+\sum_{j}m^{j}_{加入}t^{j}_{加入}\right)-\left(\sum_{k}m^{k}_{交出}t^{k}_{交出}+\sum_{l}m^{l}_{剔出}t^{l}_{剔出}\right) \quad (3\text{-}2\text{-}5)$$

式中 Mt——现在车辆小时数,单位为辆小时;

$N_{昨日}$——昨日 18:00 局管内结存现在车数,辆;

$m^{i}_{接入}$——当日接入的第 i 列列车挂来的车辆数,辆;

$t^{i}_{接入}$——当日接入的第 i 列列车自到达分界站时起,至当日 18:00 止的时间间隔,h;

$m^{j}_{加入}$——当日不随列车加入的第 j 批车辆数,辆;

$t^{j}_{加入}$——当日不随列车加入的第 j 批车辆加入时起,至当日日 18:00 止的时间间隔,h;

$m^{k}_{交出}$——当日交出的第 k 列列车带走的车辆数,辆;

$t^{k}_{交出}$——当日交出的第 k 列列车自交外局时起,至当日 18:00 止的时间间隔,h;

$m^{l}_{剔出}$——当日不随列车剔出本局的第 l 批车辆数,辆;

$t^{l}_{剔出}$——当日不随列车剔出本局的第 l 批车辆自剔出时起,至当日 18:00 止的时间间隔,h。

2. 车辆日计算

$$N=\frac{\sum Mt}{24} \quad (3\text{-}2\text{-}6)$$

式中 N——铁路局现在车辆日,单位为辆日。

计算结果四舍五入取整。

货车现在车辆日统计表格式见表 3-2-18。

表 3-2-18 现在车辆日统计表

年　　月　　日

铁路局	合资地铁	车种	车型	车辆日	车数	备注
1	2	3	4	5	6	7

编制说明:1. 车数(第 6 栏)为铁路局 18:00 现在车数(与计算车辆日数对应的车数),根据各铁路局当日现在车增减变化自动计算,并应与 YB-2 相关栏一致。如遇货车清查,按清查时点数据进行调整。

2. 核对关系:在加入和剔出货车辆数仍按 24 h 计算时,全路现在车辆日数等于全路现在车数。

【复 习 题】

1. 现在车按产权所属分为几类？按其运用状况分为几类？
2. 各类运用车与非运用车之间的转换时间如何确定？
3. 怎样保证货车现有数统计的准确性？
4. 编制现在车报表(运报-2)的依据是什么？怎样编制？
5. 编制 18:00 重车去向报表(运报-3)的依据是什么？怎样编制？

第三章 货车停留时间统计

第一节 货车停留时间分类与计算

货车停留时间统计反映运用车的货物作业和中转作业停留时间完成情况,作为检查、分析、改善车站运输组织工作,提高货车使用效率的依据。

货车停留时间是指在车站出入的运用车由到达、转入或加入之时起,至发出、转出或退出之时止的全部停留时间(不包括其中转入非运用车的停留时间)。在中间站利用列车停站时间进行装卸,装卸完了仍随原列车继续运行时,只计算作业次数不计算停留时间。

一、货车按作业性质分类

1. 货物作业车

在车站进行货物作业(即装卸作业)的货车。

(1)一次货物作业车:在车站只装不卸或只卸不装的货车。

(2)双重货物作业车:在站卸后又装的货车。因一装一卸各算一次货物作业,故一辆双重货物作业车在站进行了两次货物作业。应当说,进行双重作业是有利的,因为它避免了空车在区段内的走行,而空车走行是不产生吨公里的;同时,它有利于缩短一次货物作业平均停留时间。因此,应提倡车种代用,增加双重作业车的比重。

2. 中转作业车(简称中转车)

在车站不进行货物作业,而只进行中转作业的货车。

(1)无调中转车:随某一列车到达车站,进行无调中转技术作业之后又随该列车继续运行的中转车。这里的无调中转技术作业是指该列车在车站到发线上所进行的到发技术作业,主要内容有摘挂机车及试风,车辆技术检查及修理,货运检查,车号员和对现车、列车的交接等。

(2)有调中转车:随某一列车到达车站,进行有调中转技术作业之后随另一列车运行的中转车。有调中转技术作业包括列车到达作业、解体作业、货车集结、列车编组作业及列车出发作业,简记为"到→解→集→编→发"。像这样由各个作业环节组成的有序"链条"在运输组织学中称为技术作业过程。那么,一次货物作业车的技术作业过程是到达→解体→送车→装(或卸)→取车→集结→编组→出发。双重货物作业车的技术作业过程是到达→解体→送车→卸车→调移→装车→取车→集结→编组→出发。其中,调移是指把卸后空车从卸车地点调送到装车地点的调车作业。

二、货车停留时间的分类

货车停留时间按作业性质,分为货物作业停留时间和中转停留时间。

1. 货物作业停留时间

货物作业停留时间是指为运用车在站线(包括区间)及专用线(包括路产专用线)内进行装

卸、倒装作业所停留的时间。

为了对车站货物作业组织进行考核和分析，以便改进工作，货物作业车在站停留时间按下列作业过程统计：

(1)入线前停留时间：由货车到达时起至送到装卸地点时止以及双重作业货车由卸车完了时起至送到另一装车地点时止的时间。

(2)站线作业停留时间：由货车送到装卸地点时起至装卸作业完了时止的时间。

(3)专用线作业停留时间：由货车送到装卸地点时起至装卸作业完了时止的时间。如规定以企业自备机车取送车辆时，以双方将货车送到规定地点的时分计算。

(4)出线后停留时间：由货车装卸作业完了时起至发出时止的时间。

2. 中转停留时间

中转停留时间是指为货车在车站进行解体、改编、中转技术作业及其他中转作业(包括变更到站、装载整理、专为加冰及洗罐消毒的货车，按规定进行洗罐的罐车除外)所停留的时间。计算中转停留时间的货车应为本站计算出入的货车。

中转停留时间按中转作业性质分为无调中转车停留时间和有调中转车停留时间。无调中转车停留时间和有调中转车停留时间的加权平均值，即货车在站中转一次平均停留的时间，简称为中时。

技术站的无调中转车为是指：

(1)在编组站或区段站原列到开的列车上的货车(摘走的车辆除外)。

(2)在编组站或区段站进行补、减轴调车作业的原中转列车上的货车(补、减轴的车辆除外)。

(3)停运列车上的货车。

(4)在中间站进行拆组或组合的长大重载列车上的货车。

凡不符合上述无调中转作业条件的中转货车均按有调中转货车统计。

在中间站产生下列中转作业时必须统计中转停留时间(不论是否有中转停留时间指标计划)：

(1)停运列车上的货车。

(2)列车在中间站折返原方向所挂的不属于本站办理装卸作业的货车。

(3)不是本站装卸作业而摘下的货车。

停时和中时是衡量车站在一段时间间隔内作业效率的指标。在日常运输组织中考核班工作业绩采用的统计时间间隔是该班的 12 h，在 18:00 统计中为昨日 18:00 至今日 18:00 的 24 h。

三、货车停留时间的计算方法

1. 一次货物作业平均停留时间($t_{货}$)

$$t_{货} = \frac{\sum Nt_{货}}{\sum N_{次}} \quad (\text{h}) \tag{3-3-1}$$

式中 $\sum Nt_{货}$——当日本站货物作业车总停留车小时；

$\sum N_{次}$——当日本站货物作业次数，计算公式如下：

$$\sum N_{次} = U_{装} + U_{卸} + \Delta U_{使} + \Delta U_{卸空} + N_{其他} \tag{3-3-2}$$

其中 $U_{装}$、$U_{卸}$、$\Delta U_{使}$、$\Delta U_{卸空}$、$N_{其他}$ 各为当日本站完成的装车数、卸车数、增加使用车数、增加卸空车数和其他货物作业次数。

2. 中转车平均停留时间($t_{中}$)

(1)有调中转车平均停留时间($t_{有}$)

$$t_{有} = \frac{\sum Nt_{有}}{\sum N_{有}} \quad (h) \tag{3-3-3}$$

式中 $\sum Nt_{有}$——当日本站有调中转车总停留车小时;

$\sum N_{有}$——当日本站办理有调中转作业的车数。

(2)无调中转车停留平均停留时间($t_{无}$)

$$t_{无} = \frac{\sum Nt_{无}}{\sum N_{无}} \quad (h) \tag{3-3-4}$$

式中 $\sum Nt_{无}$——当日本站无调中转车总停留车小时;

$\sum N_{无}$——当日本站办理无调中转作业的车数。

(3)中转车平均停留时间($t_{中}$)

$$t_{中} = \frac{\sum Nt_{有} + \sum Nt_{无}}{\sum N_{有} + \sum N_{无}} \quad (h) \tag{3-3-5}$$

第二节 货车停留时间统计方法及报表

计算货车停留时间需要分别统计当日中转货车和本站作业车在站停留时间、装卸作业次数和中转车数。目前统计各种货车停留时间有号码制和非号码制两种方法。

一、号码制统计方法

利用号码制统计时,是利用号码制货车停留时间登记簿(运统8)(见表3-2-13)逐车统计货车停留时间。其统计结果可供使用"非号码制货车停留时间登记簿(运统9)"的车站用以统计货物作业车的作业过程,也是编制"货车停留时间报表(运报-4)"的资料。

1. 号码制货车停留时间登记簿的填记依据

(1)列车编组顺序表(运统1)中的列车车次、车种、车号。

(2)行车日志(运统2、3)中的列车到发时分。

(3)装(卸)车清单(货统2)及货车调运单(货统46)或专用线取送车辆记录中的货车调到交接地点及装卸完了时分。

(4)运用车转变记录(运统6)及非运用车登记簿(运统7)中的转变时分。

2. 号码制货车停留时间登记簿的填记方法

(1)货车到、发及货物作业过程的记载

①货车的车种、车号,到达和发出的车次,运用车与非运用车间的转变以及各种货物作业过程的起止时分均按原始资料的记载填写。

②在站线卸车后调入专用线装车或在专用线卸车后调入站线装车时,分别填记其各个作

业过程的起止时分。在站线卸车后调入另一站线装车或在专用线卸车后调入另一专用线装车时，在第 6 至 9 栏或第 10 至 13 栏内，另以分子填记第二次的起止时分。

③作业过程不全的货物作业车，需在第 6 至 13 栏及第 20 至 23 栏内画一横线。

④作业种类(17 栏)按下列简称填记：装车——"装"，卸车——"卸"，双重作业——"双"，货物倒装——"倒"，未计算装卸车的零担作业车——"零"，无调中转——"无"，有调中转——"有"。

(2)货车停留时间的结算

①中转车、作业车停留时间均为发出时分与到达时分的差数，减转入非运用车的时间。

②对于货物作业车作业过程的统计：入线前停留时间为调入装卸地点的时分与到达时分的差数；站线作业时间、专用线作业时间为作业完了时分与调入装卸地点时分的差数；出线后停留时间为发出时分与作业完了时分的差数；双重作业车自卸车完了至调入装车地点时止的时间也为入线前停留时间；作业过程不全货物作业车的车数与停留时间，单独加以结算。

各项停留时间均按小时为单位，小时以下四舍五入，不保留小数；货物作业过程各停留时间进为小时后的合计，与作业车停留时间(19 栏)尾数不等时，按第 19 栏调整各作业过程时间。为便于总结，每日开始时应将昨日未发出的货车用红笔移入当日最前部，然后再继续填记当日到发货车。

(3)中时和停时的计算方法

采用号码制统计方法时，作业车停留时间为当日发出的作业车自到达本站至由本站发出时止的全部停留时间(发出作业车 19 栏)之和，作业次数为当日发出的本站作业车在站期间的全部装卸次数；中转货车停留时间为当日发出中转货车自到达本站至由本站发出时止的全部停留时间，中转车数为当日发出的中转车数。

二、非号码制统计方法

1. 非号码制统计原理

非号码制统计方法与号码制统计方法的区别在于它不是按每一辆货车统计停留时间，而是按小时(阶段、班或日)采取批处理方法统计同一性质所有车辆总停留车小时。采用非号码制统计车辆停留时间时，先假定：

(1)这一小时(阶段、班或日)开始时结存的车辆每车在本小时(阶段、班或日)内停留 1 h。

(2)本小时(阶段、班或日)内到达或转入的车辆全部停留至本小时(阶段、班或日)结束。

(3)以结存货车和到达货车在本小时(阶段、班或日)内的停留时间之和作为该小时此类货车的总停留时间，然后减去本小时(阶段、班或日)发出或转出车辆从发出或转出之时起至本小时(阶段、班或日)结束时止多算的停留车小时，即得各种性质车辆在本小时(阶段、班或日)的停留时间。

计算公式如下：

$$\sum Nt = N_{结存} \times t + \sum (N_{到} \times t_{到}) - \sum (N_{发} \times t_{发}) \tag{3-3-6}$$

式中 $\sum Nt$ ——某性质货车在本小时内(阶段、班或日)的总停留车小时；

$N_{结存}$ ——本小时(阶段、班或日)初结存的该性质的货车数；

t ——计算时间间隔(1 h、3 h、12 h 或 24 h)；

$N_{到}$ ——本小时(阶段、班或日)内一批到达和转入的该性质货车数；

$t_{到}$ ——该批货车自到达或转入时起至本小时(阶段、班或日)结束时止的换算小时；

$N_{发}$——本小时(阶段、班或日)内随某次列车发出或转出的该性质车数；

$t_{发}$——该批货车自随列车出发或转出时起，至本小时(阶段、班或日)结束时止的换算小时。

换算小时是指计算机时间间隔内某一时刻至该时间间隔结束的十进制小时数，按逆算十进制小时换算表(见表 3-3-1)计算。

表 3-3-1　逆算十进制小时换算表

实际分数	58～60	52～57	46～51	40～45	34～39	28～33	22～27	16～21	10～15	4～9	1～3
十进制小时	0	0.1	0.2	0.3	0.4	0.5	0.6	0.7	0.8	0.9	1.0

按非号码制计算停时和中时指标时：当日实际装卸次数作为当日装卸次数，到达和出发中转车数之和的一半作为当日的中转车数，计算公式见式(3-3-7)，小数后一位四舍五入。

$$N_{中} = \frac{N_{到}^{中} + N_{发}^{中}}{2} \tag{3-3-7}$$

式中　$N_{到}^{中}$——当日到达的中转车数；

$N_{发}^{中}$——当日发出的中转车数。

2. 非号码制货车停留时间登记簿

非号码制货车停留时间登记簿(运统 9)，是按阶段(小时)统计货物作业停留时间及中转停留时间，作为编制“货车停留时间报表(运报-4)”的资料，其格式见表 3-2-14。

(1)非号码制货车停留时间登记簿的填记依据

①“货车出入登记簿”(运统 4)中的货车到发时分、车数及换算小时。

②“检修车登记簿”(运统 5)、“非运用车登记簿”(运统 7)、“备用车登记簿”(运统 7-A)中的货车转变时分。

(2)非号码制货车停留时间登记簿的填记方法

①凡计算出入车数的一切运用及非运用车，均需在本簿内登记。每日 18:00 开始登记前，先将昨日各项结存车数移入本日“昨日结存”行各栏内。

②各到达和发出的车数、换算小时栏根据“货车出入登记簿”(运统 4)结算每一小时的随同列车和不随同列车出入的车数和换算车小时的总数，填入本小时的有关栏内。

③各转入和转出的车数、换算车小时栏根据“检修车登记簿”(运统 5)、“非运用车登记簿”(运统 7)、“备用车登记簿”(运统 7-A)及装卸车情况，结算每一小时由运用车转入非运用车、非运用车转回运用车以及中转车转入作业车、作业车转入中转车的车数和换算车小时总数，填入本小时有关栏内。

④转入、转出各栏按下列规定填记：

a. 由非运用转回运用的货车，按转入非运用前的作业种别填记，但进行装车时，必须转入作业车(包括解除备用时间不满的货车)；到达的非运用车和由运用车转非运用、非运用转回运用车前后作业种别不同时，则按转回运用的实际作业种别填记。

b. 由于转入、转出需要倒退时间订正时，为了简化手续，不倒退时间涂改，可在记事栏内注明原因、车数及时间，在当日总结时一次调整计算；同一小时内产生转入、转出时，也应在记事栏注明原因。

⑤每行的出入车数及换算小时数填记完了后，按下列方法结算：

a. 以上一行的各结存车数加本行入的车数，减本行出的车数，等于本行各结存车数；各类别作业车数的和应等于总的结存车数。

b. 以上一行的各结存换算小时加本行入的换算小时数,减本行出的换算小时数等于本行的各停留时间;各类别作业停留时间的和,应等于总的停留时间。

⑥每日 18:00 终了后,用结存车数(6 栏)及(42 栏)与“现在车报表”(运报-2)的现在车数(10 栏)及非运用车数(48 栏)核对一致。

⑦每日终了后,将一日间的各行数字加以总结(结存栏不加昨日结存车数),填记在合计行内,并按以下方法编制“货车停留时间报表”(运报-4):

a. 用无调中转、有调中转到达与发出栏合计车数(不加转入与转出栏的车数)被 2 除,分别求得当日的无调、有调中转车数(四舍五入,保留一位小数),两者的和为合计中转车数。

b. 用货物作业、无调中转和有调中转停留时间合计数作为各该作业种别的全日停留时间数。无调中转与有调中转的和为中转车合计停留时间。

三、两种统计方法的比较

号码制统计方法精确地记载了每一辆货车的到、发时刻及货物作业车在各个作业环节的停留时间,便于进行运输工作分析以改善车站作业组织。但其方法烦琐,而且由于每辆货车从车站出发时才统计停留时间,所以计算出的指标往往不能反映车站当日的实际作业情况。因而,这种统计方法只在出入车数较少的中间站采用,或在出入车数较多、采用非号码制统计的车站用于统计本站货物作业车的入线前、货物作业和出线后停留时间。

非号码制统计方法简洁、计算工作量小,得出的指标能反映当日车站工作的实际成绩。但由于不记载货物作业车的作业过程,无法分析作业车工作组织存在的问题。这种方法适用于出、入车数较多的车站统计货车停留时间。

现行统计制度存在以下问题:采用不同统计方法得出的统计结果在含义上存在差异,因而结果不同;采用非号码制统计的车站还需要用号码制记录货物作业车的作业过程,不仅烦琐也没有必要。无论采用何种方法,应当规定同一的指标含义,在保证得到正确的统计结果的前提下尽量简化统计方法。

四、货车停留时间报表编制

货车停留时间报表格式见表 3-3-2。

表 3-3-2 货车停留时间报表 (运报-4)

<table>
<tr><th rowspan="3">局名或月日</th><th colspan="3">一次货物作业停留时间</th><th colspan="9">中转车停留时间</th><th colspan="15">装卸量较大的车站货物作业车作业过程</th></tr>
<tr><th rowspan="2">作业次数</th><th rowspan="2">车辆小时</th><th rowspan="2">一次平均</th><th colspan="3">无调中转</th><th colspan="3">有调中转</th><th colspan="3">合计</th><th rowspan="2">作业车数</th><th rowspan="2">车辆小时</th><th rowspan="2">一次平均</th><th colspan="3">入线前停留时间</th><th colspan="3">站线作业时间</th><th colspan="3">专用线作业时间</th><th colspan="3">出线后停留时间</th></tr>
<tr><th>车数</th><th>车辆小时</th><th>一车平均</th><th>车数</th><th>车辆小时</th><th>一车平均</th><th>车数</th><th>车辆小时</th><th>一车平均</th><th>车数</th><th>车辆小时</th><th>一车平均</th><th>车数</th><th>车辆小时</th><th>一车平均</th><th>车数</th><th>车辆小时</th><th>一车平均</th><th>车数</th><th>车辆小时</th><th>一车平均</th></tr>
<tr><td></td><td>1</td><td>2</td><td>3</td><td>4</td><td>5</td><td>6</td><td>7</td><td>8</td><td>9</td><td>10</td><td>11</td><td>12</td><td>13</td><td>14</td><td>15</td><td>16</td><td>17</td><td>18</td><td>19</td><td>20</td><td>21</td><td>22</td><td>23</td><td>24</td><td>25</td><td>26</td><td>27</td></tr>
</table>

编表单位: 编表人: 单位领导: 上报日期: 年 月 日

(盖章) (签章)

1. 编制依据

号码制货车停留时间登记簿(运统 8)或非号码制货车停留时间登记簿(运统 9)提供中转车和货物作业车在站停留时间,号码制货车停留时间登记簿(运统 8)还可提供货物作业车的作业过程和作业次数。装卸车报表(货报-1)为采用非号码制的车站提供装卸作业次数。随着信息技术的发展,还可以借助车号自动识别系统及车站管理信息系统提供数据。

2. 编制说明

本表由车站采取号码制编制。未上车站管理信息系统的出入货车较多的车站亦可按非号码制编制。

(1)货车停留时间的统计方法:根据当日发出车辆的实际,按车号逐车统计货车由实际到达时起至发出时止的全部停留时间、作业车数、作业次数及中转车数。采用非号码制计算停留时间时,按换算小时统计当日货车所停留的时间、作业次数和中转车数。

(2)中转车转为货物作业车或货物作业车转为中转车:由实际到达时起转入。采用非号码制计算停留时间的车站,当日到达的由到达时起转入;当日以前到达的,则由当日 18:01 起转入。

(3)采用非号码制的车站,作业次数(第 1 栏)根据“装卸车报表”(货报-1)第 44 栏的数字填写。第 13～27 栏一律用号码制编制。

(4)本表车数、车辆小时栏以整数填记。车辆小时满 30 min 进为 1 h,不满 30 min 舍去;平均停留时间四舍五入保留一位小数。

(5)本报表中的各项平均停留时间计算方法:

①一次货物作业平均停留时间(3 栏)= 货物作业车辆小时(2 栏)÷货物作业次数(1 栏)。

②无调中转车平均停留时间(6 栏)= 无调车辆小时(5 栏)÷无调车数(4 栏)。

③有调中转车平均停留时间(9 栏)= 有调车辆小时(8 栏)÷有调车数(7 栏)。

④中转车平均停留时间(12 栏)= 中转车辆小时(11 栏)÷中转车数(10 栏)。

⑤货物作业车及其中作业过程的一车平均停留时间=车辆小时÷车数。

货车停留时间报表为日、旬、月、季、年报。分别铁路总公司配属车(BYB-4)、企业自备车(QYB-4)、内用货车(NYB-4)、综合(YB-4)编制并逐级汇总上报,格式同运报-4。

【复 习 题】

1. 货车停留时间统计的作用是什么? 简述货车停留时间的内容。
2. 货车停留时间报表的编制依据是什么?
3. 货车停留时间统计方法有哪些? 有什么不同?

第四章 货车运用效率统计

第一节 货车运用效率指标

货车运用效率统计反映货车运用效率情况，为考核货车运用计划及分析货车运用效率提供数据，为运营业绩考核提供依据。

1. 列车公里：为货物列车在各区段内的走行公里之和。

2. 旅行时间：为货物列车在各区段内的运行时间之和(即纯运转时间及中间站停留时间)。

3. 旅行速度：为货物列车在区段内平均每小时所走行的公里数。

4. 运用车辆公里：为运用货车总走行公里数，等于运用车数乘以该车辆的走行公里，应包括各种列车和单机所挂的运用货车。

5. 空车走行率：为空车走行公里对重车走行公里的比率。

6. 货车全周转距离：为运用货车平均每周转一次走行的公里。

7. 工作量：为每天的货运工作循环次数，为使用车数和接运重车数之和。

注：运输企业接运重车数包括企业间分界站(交接站)接运的重车数及跨企业分流接运的重车数，不包括在分界站(交接站)重新起票运输的重车。

现在车包括管内合资、地方铁路时，铁路局接运重车数为局间分界站接运的重车数及跨局分流接运的重车数。

8. 重车周转距离：为运用货车平均每周转一次重车走行公里。

9. 货车中转距离：为运用货车平均每中转一次走行的公里。

10. 管内装卸率：为每一工作量平均装卸作业次数。

11. 运用车辆日：为全日平均每小时运用车数。

12. 货车周转时间：为货车自第一次装车完了时起至再一次装车完了时止(即运用货车平均每周转一次)所消耗的时间，计算单位为 d。

其计算方法有两种：

(1)车辆相关法。

货车周转时间 = 运用车辆日÷工作量。

注：现在车包括管内合资、地方铁路时，铁路局周转时间计算所用工作量还包括管内合资、地方铁路自装自卸产生的装车数。

(2)时间相关法。

货车周转时间包括旅行时间、货物作业停留时间、中转停留时间等三部分。

①旅行时间 =(全周转距离÷旅行速度)÷24。

②货物作业停留时间 =(管内装卸率×货车平均一次作业停留时间)÷24。

③中转停留时间 =(全周转距离÷中转距离×货车平均中转停留时间)÷24。

在一般情况下，以上两种方法求得的数字应接近，如差误较大，需查找原由。

13. 运用货车日产量：为平均每一运用货车每日产生的货物吨公里。

14. 货车运用率：为运用货车占现在车的比率。

第二节　货车运用效率报表

货车运用效率统计的报表为“货车运用成绩报表”（运报-5），其格式见表 3-4-1。货车运用效率统计报表全面反映货车运用效率情况，为考核货车运用计划及分析货车运用效率提供数据，为经营业绩考核提供依据。本报表按铁路总公司配属车（BYB-5）、企业自备车（QYB-5）、内用货车（NYB-5）、综合（YB-5）分别统计上报，四张报表统计范围不同，但是格式同运报-5。货车运用成绩报表为日、月、季、年报，由铁路局计统处编制，每日 18:00 逐级汇总上报。

表 3-4-1　货车运用成绩报表　　运报-5(YB-5)

局名或月日	货物列车			运用车辆公里（千辆·km）			空车走行率	货车全周转距离（km）	重车周转距离（km）	货车中转距离（km）	管内装卸率	中转车数	装卸作业次数	运用车辆日	工作量	货车周转时间（d）	运用货车日产量（万t·km/辆）	货物周转量（万t·km）	现在车辆日	货车运用率
	列车公里	旅行时间	旅行速度	合计	重车	空车														
	1	2	3	4	5	6	7	8	9	10	11	12	13	14	15	16	17	18	19	20

编表单位：　　编表人：　　单位领导：　　上报日期：　年　月　日
（盖章）　　（签章）

1. 货车运用成绩报表（运报-5）的编制依据

(1)列车运行分析表（运统 10），格式见表 3-4-2。

列车运行分析表（运统 10）按列车运行区段、分上下行方向统计各次列车在区段内的走行公里、编挂的运用重车和空车辆数及出发、运行正晚点情况，为编制货车运用成绩报表（运报-5）、货物列车正晚点报表（运报-6）和货物列车公里统计表（运报-10）提供数据。

表 3-4-2　列车运行分析表　　（运统 10）

年　月　日

区段	车次	列车公里	运用车辆数			出发									运行										记事
						中转列车到达时分			出发时分			成绩		晚点原因	到达时分			旅行时分				成绩		晚点原因	
			重车	空车	合计	定点	实际	早晚点时分	定点	实际	早晚点时分	正点	晚点		定点	实际	早晚点时分	定点	实际	十进制时分	车小时	正点	晚点		
1	2	3	4	5	6	7	8	9	10	11	12	13	14	15	16	17	18	19	20	21	22	23	24	25	26
			/	/	/																/				

填写列车运行分析表(运统 10)依据的原始资料包括:

①路局运输调度工作日(班)计划及有关调度命令,提供路局列车工作计划规定开行的列车车次及始发、终到时刻。

②计划和实绩列车运行图,提供各区段开行车次、图定和实际到发点。

③列车编组顺序表,提供净载重、重空辆数、走行公里。

在填记运用车辆数(4、5、6 栏)和旅行车小时(22 栏)时,企业自备车填在斜线上方、铁路总公司配属货车填在斜线下方。

(2)运报-1、运报-2、运报-4、货报-1。

运报-1、运报-2、运报-4,提供分界站接入重车数、车站中转车和作业车数及停留时间、运用车数和现在车数;货报-l 提供使用车数、卸空车数、装卸作业次数。

2. 货车运用成绩报表(运报-5)的编制说明

(1)计算单位:列车公里(1 栏)以 km 为单位,旅行时间(2 栏)以 h 为单位;运用车辆公里(4～6 栏)以千辆・km 为单位;旅行速度、空车走行率、运用货车日产量、货物周转量、货车运用率四舍五入保留一位小数;管内装卸率、货车周转时间四舍五入保留两位小数;货物周转量、运用车日产量以万 t・km 为单位。

(2)报表各栏的计算方法和数据来源为:

列车公里(1 栏)、旅行时间(2 栏)、旅行速度(3 栏)摘自货物列车公里报表(运报-10)。

运用车辆公里"合计"(4 栏)="重车公里"(5 栏)+"空车公里"(6 栏),以车・km 为单位。运用车总走行公里、重车走行公里、空车走行公里数据分别为列车运行分析表(运统 10)运用车辆数(4、5、6 栏)分别与列车公里数(3 栏)的乘积。

空车走行率(7 栏)= 空车公里(6 栏)/重车公里(5 栏),保留一位小数。

货车全周转距离(8 栏)= 运用车辆公里(4 栏)/工作量(15 栏)。

重车周转距离(9 栏)= 重车公里(5 栏)/上作量(15 栏)。

货车中转距离(10 栏)= 运用车辆公里(4 栏)/中转车数(12 栏)。

管内装卸率(11 栏)= 装卸作业次数(13 栏)/工作量(15 栏)。

中转车数(12 栏)、装卸作业次数(13 栏)摘自货车停留时间报表(运报-4)的中转车数(10 栏)、作业次数(1 栏),货物周转量采用 18:00 统计每日速报数。

运用车辆日(14 栏)=(运用车旅行车辆小时+中转车辆小时 + 货物作业车辆小时)/24。其中:运用车旅行车辆小时摘自为列车运行分析表(运统 10)中运用车合计(6 栏)与列车旅行车小时(21 栏)的乘积;中转车辆小时和货物作业车辆小时分别摘自货车停留时间报表(运报-4)的 11 栏和 2 栏。

工作量(15 栏)摘自装卸车统计报表(货报-1)使用车数(4 栏) + 分界站货车出入报表(运报-1)接入重车(4 栏)。

货车周转时间(16 栏)= 运用车辆日(14 栏)/工作量(15 栏)。

运用货车日产量(17 栏)= 货物周转量(18 栏)/运用车辆日(14 栏)。

货物周转量(18 栏)= $\sum$(列车净载重×列车公里)。列车净载重取自当日各区段列车编组顺序表,列车公里为列车运行区段的公里数。

现在车辆日(19 栏)= 现在车报表(运报-2)的 10 栏。

货车运用率(20 栏)＝ 运用车数(运报-2 第 11 栏)/现在车(运报-2 第 10 栏)×100%,保留一位小数。

【复 习 题】

1. 货车运用效率的指标有哪些？分别有什么含义？

2. 货车运用效率报表的编制依据是什么？

第五章　铁路运输工作分析

运输分析是根据统计资料对运输生产所进行的效果评价。货车运用统计是运输分析的基础和前提；通过分析，可以总结经验，改进工作，提高管理水平。铁路运输工作分析包括对基层站、段和路局运输组织效果的分析和铁路总公司宏观决策效果的分析。

第一节　车站工作分析

车站分析工作的目的在于肯定车站各方面工作的成绩，找出工作中的缺点，总结执行日班计划、技术作业过程、列车运行图和列车编组计划的经验和问题，检查安全行车情况，从而据以制定改进车站工作的有效措施。

一、主要内容

车站工作分析的主要内容包括：

1. 安全情况分析

对发生的事故和事故苗子找出发生的原因，提出今后防止的措施和落实措施的组织保证，对于防止事故的好人好事加以肯定。

2. 列车正晚点及调车工作完成情况分析

对列车出发晚点的原因（车流不足、车流接续时间紧、编组不及时、等机车、等技柱、临时甩车、违反编组且发现过迟），列车违编的情况，到发线的运用是否合理、调车作业的组织工作、作业方法及效率进行分析。

3. 装卸情况分析

对装卸车数，品类别、去向别装车计划，成组、直达装车计划的完成情况，挂线装卸计划的兑现情况及没有实现的原因，待卸车数、积压货物数量及待卸、积压原因进行分析。

4. 中时、停时完成情况的分析

检查中、停时是否完成计划，分析没有完成的原因。可着重分析班计划中列车出发计划规定的开行车次是否符合车站的车流性质、是否在计划车次开完以后仍有积压车流，车站装、卸安排是否符合出发列车的编组需要，是否有因车站工作失误导致始发列车晚点甚至运休的情况，根据分析结果，提出加速车辆周转的具体措施。

5. 运用车保有量分析

车站运用车保有量应当与其办理的中转和作业车数相适应。但由于每天的作业情况不同，车站运用车保有量偏离技术计划值并不一定说明保有量不正常。日常车站应保有的运用车数量可按下式推算：

$$N_{中}=\frac{t_{中}\times u_{中}}{24} \tag{3-5-1}$$

$$N_{货}=\frac{t_{货}\times u_{货}}{24} \tag{3-5-2}$$

式中 $N_{中}$、$N_{货}$——车站合理的中转货车和货物作业车保有量,车;

$t_{中}$、$t_{货}$——技术计划规定的车站中时和停时,h/车或h/次;

$u_{中}$、$u_{货}$——车站每日办理的中转车数和进行装卸作业的次数,车或次。

运用车数量波动超过10%,就可能对车站作业造成不利影响。如果保有量过多,应找出作业不畅的原因,及时消除;保有量过少,往往是由于到达车流量减少,将难以完成装卸和列车编组任务,需要从路局或全路范围查找原因。

6. 车站作业计划编制和执行情况的分析

检查计划的编制质量、兑现程度以及指挥失误的情况。例如,班计划制定的运输组织措施是否得当,阶段计划的解编顺序和时机、取送时机和内容的安排与出发列车编组是否协调,调车作业计划的效率等。

二、车站工作分析的分类

车站工作分析有日常分析、定期分析和专题分析三种。

1. 日常分析

日常分析是对本班和本日运输工作的分析。班分析在交班会上进行,由站长(副站长)或值班主任、车间主任主持,分析全班工作完成的情况。日常分析由车站技术室负责,针对一定问题,例如装车、卸车、排空、列车出发晚点、调车作业重点地分析作业效率、安全隐患等问题。

2. 定期分析

定期分析是指旬分析和月分析,由车站技术室进行。主要分析车站运输指标完成情况,车站采取的技术组织措施是否有效,存在的问题,及应进一步采取的改进措施。

车流分析是旬分析的一项重要内容,依据旬计划车流资料编制的车流汇总表进行,目的在于掌握车流变化的规律,以便及时对车站设备运用方案进行调整。分析的内容包括:车站办理车数,各方向到发车流量及所占比重、中转车和作业车数量及所占比重、中转车的有调比等。

3. 专题分析

专题分析为不定期分析,针对车站工作的某一薄弱环节,分析其原因及造成的影响,并对此提出技术设备和作业组织方法的改进意见。例如,车站中时、停时长期不能完成任务,就需要根据列车运行图出发列车运行线、货车在站作业各个环节进行分析,找出作业延误的原因;如果车站近来安全形势不好,事故频发、存在安全隐患,就应针对这一问题进行分析,从设备、作业条件、计划管理、人员素质等方面查找原因,确定对策。

第二节 路局运输工作分析

路局运输工作分析的目的在于通过铁路运输工作和机车车辆指标的分析,提高对铁路与运输客观规律的认识,总结先进经验,查明工作中的缺点和原因,以便采取措施,改进工作。

路局调度所设分析室负责局运输工作分析。

路局运输工作分析也分为日常分析,定期分析和专题分析。

日常分析是铁路局调度所于日班工作终了时,在交班会上对日班计划执行情况所做的总结和分析。日常分析能及时地发现当前运输工作中存在的问题及原因,并立即采取措施加以纠正。

定期分析是铁路总公司、铁路局按旬、月对月度运输计划、技术计划、旬计划完成情况的分析。

定期分析能比较深入地对计划指标完成情况及影响指标的因素进行分析,从而能较全面地发现问题,采取对策。

专题分析则针对路局运输中存在的较为突出的问题,制定对策。

分析内容一般包括装车分析、卸车分析、分界站交接车分析、列车运行图完成情况分析、运用车保有量分析、货车周转时间分析、机车运用质量指标分析及安全情况分析等。

一、装车和卸车分析

1. 装车分析

装车计划是国家运输计划的主要内容,完成装车计划是铁路完成国家运输计划最直接的体现。同时,装车又是整个铁路运输过程的开始,装车计划完成情况将直接影响运输过程其他环节(如重车输送、交接和卸车等)的进行。因此,在日常分析和定期分析中都要分析装车的完成情况,其分析的主要内容有:

(1)装车数量分析

计算装车数及超额或未完成的百分数,找出装车计划落空的原因。

(2)装车质量分析

①主要物资品类别装车计划完成情况。国民经济的发展需要各类物资,因而国家运输计划规定了铁路应完成的品类别货物发送任务。在进行运输工作分析时,需要按 28 个品类分析完成的装车数。

②去向别装车计划完成情况。为了保证各铁路区段的车流量都处于一个正常的水平,各局在组织装车时不仅应在数量上完成装车计划,还应做到按去向均衡装车。所以在进行装车分析时,应分析各去向的装车数。

③均衡装车情况。均衡装车是指一昼夜内各阶段、一旬内各日、一月内各旬均衡地组织装车。均衡装车是改善铁路通过能力和车站作业能力利用的重要途径。分析时,应检查均衡装车的情况,找出造成不均衡装车的原因。

④始发、阶梯直达列车和成组装车计划完成情况。装车地直达列车及成组装车是提高运输效率、缓解编组站能力紧张的有效措施,在运输分析中应着重分析未完成的原因,以便加强作业组织。

2. 卸车分析

卸车是货运过程的重要环节和主要的空车来源,做好卸车工作是完成装车和排空计划的重要保证。因此,在日常分析和定期分析中,均应进行卸车分析,以查明卸车计划的完成情况,总结组织卸车工作的经验,找出未完成计划的原因,以便据以制定相应的措施,提高运输组织水平。

卸车分析主要包括卸车数完成情况、18:00 管内工作车保有量及车站待卸车数。首先应将实际完成数与计划数加以比较,确定完成卸车计划的百分数。为进一步总结完成计划的经验,查明未完成计划的原因,还应分别就管内自装自卸车数及接入自卸车数计划完成情况、管内工作车保有量及车站 18:00 待卸车情况、管内重车输送计划完成情况进行分析。

分析未完成卸车的原因，如自装管重或接入管重数量不足，管内重车挂运不及时，车站送车延误，缺乏卸车机械或劳力等。

应着重分析引起管内工作车保有量膨胀、造成待卸车积压的原因，制定消除的措施。

二、分界站车辆和列车交接分析

按计划规定的标准完成分界站车辆和列车交接任务，是合理分配各铁路局的运用车，保证完成运输生产计划的重要条件。任何一个分界站的车辆和列车交接任务完成不好，都将给有关铁路局的工作带来不良影响。因此，及时地考核和分析分界站车辆和列车交接标准的完成情况，解决分界站车辆和列车交接工作中存在的问题，是一项十分重要的工作。

分界站车辆和列车交接分析的内容主要有：分界站车辆和列车交接标准的完成情况；车辆和列车交接的均衡性；车种别排空任务的完成情况。和装卸车分析一样，分界站车辆和列车交接分析也应首先从数量上进行考核，按分界口计算重、空车辆交接任务完成的百分数。

分界站移交重车包括接运通过和自装交出两部分。交出空车包括接运通过和本局排出两部分。车辆和列车接入情况，除与邻局交车有关外，也与本局接车有关，因此应分别对它们作进一步分析。为保证各局间运输的均衡和协调，分界站车辆和列车交接，不仅要求总数量完成，而且要求在时间上均衡，所以还应对分界站车辆和列车交接的均衡性进行分析。

在分析排空任务完成情况时，除需按分界站别分析完成车数及时间上的均衡性外，还应按车种别进行分析，判明车种别排空任务完成情况。对于规定编组空车直达列车的编组站、区段站和货物站，还应分析空车直达列车编组计划的完成情况。按计划规定的标准完成分界站车辆和列车交接任务，是保持各局运用车相对稳定，保证完成月度运输计划的重要条件。分界站车辆和列车交接又是运输形势的晴雨表，分界口交接任务完成良好标志着铁路运输畅通，区段、技术站和货运站作业秩序正常，反之则肯定存在需要纠正的不利因素。

三、列车运行图完成情况分析

列车运行图是铁路行车组织工作的基础。列车正常运行是整个运输组织工作的关键。因此，列车运行图完成情况是反映运输工作质量的重要内容。

列车运行图完成情况分析的主要内容有：旅客列车和货物列车出发和运行正晚点情况；旅行速度完成情况；行车安全情况；调度指挥质量分析。

列车出发和运行正晚点情况的考核指标为列车出发正点率和列车运行正点率，并按旅客列车和货物列车分别统计。

旅行速度是列车运行图的主要质量指标。对旅行速度完成情况的分析，应对旅行速度、技术速度、速度系数几项指标同时进行，以查明影响旅行速度的两部分因素(技术速度和中间站停站时间)的完成情况。

行车安全情况的日常分析，主要可根据调度员填写的"行车事故概况"登记表进行。应查明事故原因和责任者，并及时做出处理。对于重大、大事故一般应在进行深入调查后，做出专门的事故分析。

当有列车晚点或增开时，往往会影响到其他列车的运行，如果阶段计划考虑不周就可能引起运行秩序混乱。调度指挥质量分析通常由分析室中经验比较丰富、曾任过行车调度员的人员担任，在指出运行图中调度不当之处的同时，还应提出台理的运行调整方法，为行调人员提供参考。

四、货车周转时间完成情况分析

货车周转时间是反映货车运用效率的综合指标，由于货车周转时间的完成情况受到客观因素的影响，因而仅从完成的数值往往不能反映路局运输工作的真实成绩。

表 3-5-1 为 R 铁路局 12 月运输指标完成情况。该局货车周转时间较技术计划缩短 0.111 d，似乎完成得还好，但从单项指标可以看出货车周转时间缩短的主要原因是全周距减少、管内装卸率降低，虽然技术站中转时间缩短，旅行速度和停时指标均未完成计划。

表 3-5-1 R 局货车周转时间完成资料

指标	全周距（km）	旅行速度（km/h）	中转距离（km）	中转时间（h）	停时（h）	管内装卸率（次）	装车数（车）	卸车数（车）	接运重车数（车）	工作量（车/d）	运用车保有量（车）	货车周转时间（d）
计划	269.39	45	160.53	5.3	8.7	1.53	976	982	301	1 277	1 510	1.176
实际	232.78	42	160.53	4.6	9.1	1.46	987	983	358	1 345	1 433	1.065

为了客观地评价货车周转时间的完成情况，可用固定因素法进行分析，即将货车周转时间计算公式中客观因素按实际完成值，将主观因素按计划值，以计算出的换算指标作为标准来衡量运输生产的工作质量。计算结果见表 3-5-2。

表 3-5-2 R 局货车周转时间固定因素法分析表

项目		计算公式	时数：计划	时数：实绩	时数：换算	实绩比计划	实绩比换算
运行途中(h)		$T_{旅}=l/v_{旅}$	$269.39/45=5.986$	$\frac{232.78}{42}=5.542$	$\frac{232.78}{45}=5.173$	−0.444	+0.369
在技术站(h)		$T_{技}=\frac{l}{L_{中}}t_{技}$	$\frac{269.39}{160.53}\times 5.3=8.894$	$\frac{232.78}{160.53}\times 4.6=6.670$	$\frac{232.78}{160.53}\times 5.3=7.685$	−2.224	−1.015
在装卸站(h)		$T_{货}=k_{管}\,t_{货}$	$1.53\times 8.7=13.311$	$1.46\times 9.1=13.286$	$1.46\times 8.7=12.702$	−0.025	+0.584
合计	时数(h)		28.191	25.498	25.560	−2.693	−0.062
	天数(d)		1.175	1.062	1.065	−0.112	−0.003

由该表可见换算周转时间正确地反映了路局运输工作的质量：换算的货车周转时间标准应为 1.065 d，比实绩 1.062 d 多 0.003 d，所以 R 铁路局 12 月份完成货车周转时间指标。从各指标来看，旅行速度和停时未完成规定的指标，但是技术站中转车作业组织较好完成指标，一定程度上弥补了旅行速度和停时带来的影响，使得总体的指标得以完成。不过，该局还是应当加强行车调度指挥，提高列车正点率，同时注意及时组织货物作业车的取送和装卸。

五、运用车保有量分析

运用车保有量分析的目的在于考察铁路局的运用车保有量是否与其完成的工作量相适应，以便制定合理的车流调整措施。

由于技术计划规定的运用车保有量是依据月平均运量计算的，而日常运量则处于经常的波动中，所以路局运用车保有量偏离技术计划值不一定意味着运用车分布不正常。应当根据完成的工作量，计算出换算运用车保有量，以此作为衡量的标准。

当实际完成的货车周转时间的客观因素与技术计划依据的原始数据相比变化不大时，可按下式计算换算保有量 $N_{换算}$：

$$N_{换算} = u_{实绩} \times \theta_{计划} \tag{3-5-3}$$

式中　$u_{实绩}$——路局实际完成的工作量；

$\theta_{计划}$——技术计划规定的货车周转时间。

变化较大时，按换算周转时间计算换算保有量：

$$N_{换算} = u_{实绩} \times \theta_{换算} \tag{3-5-4}$$

式中　$\theta_{换算}$——按变化的客观因素计算的货车周转时间。

六、机车运用质量指标分析

机车运用质量分析主要考核机车周转时间、机车日车公里、机车日产量等项指标的完成情况及机车运用调度的质量。

机车实绩周转图记录了机车运用情况，可据以分析机车途中运行和在基本段、折返段的非生产停留时间。

机车运用未完成质量指标，可能由于机车保养质量差、故障率上升，机车运用调度不当，单机走行增加等，要找出原因加以消除。

此外，还应分析机车乘务组工作时间，是否有超劳现象及其发生的原因。

【复 习 题】

1. 车站运输工作分析的内容有哪些？
2. 车站运输工作分析的分类及内容有哪些？
3. 路局运输工作分析的内容有哪些？

参考文献

[1] 杨浩.铁路运输组织学.3版.北京:中国铁道出版社,2011.
[2] 胡思继.铁路行车组织.2版.北京:中国铁道出版社,2009.
[3] 胡思继.列车运行组织及通过能力理论.北京:中国铁道出版社,1993.
[4] 曹魁久,孔庆铃.货物列车编组计划.北京:中国铁道出版社,1992.
[5] 胡思继.交通运输技术管理.成都:西南交通大学出版社,1993.
[6] 王甦男,贾俊芳.旅客运输.北京:中国铁道出版社,1998.